TRADE

应用型本科财经类规划教材

新编国际贸易理论教程

刘妤 主编

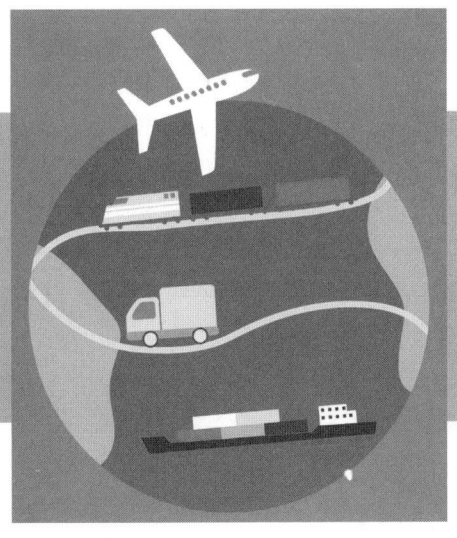

厦门大学出版社 国家一级出版社
XIAMEN UNIVERSITY PRESS 全国百佳图书出版单位

图书在版编目(CIP)数据

新编国际贸易理论教程/刘妤主编.—厦门:厦门大学出版社,2018.9
ISBN 978-7-5615-7087-6

Ⅰ.①新…　Ⅱ.①刘…　Ⅲ.①国际贸易　Ⅳ.①F74

中国版本图书馆 CIP 数据核字(2018)第 204053 号

出版人	郑文礼
责任编辑	吴兴友
封面设计	李嘉彬
技术编辑	朱　楷

出版发行	厦门大学出版社
社　　址	厦门市软件园二期望海路 39 号
邮政编码	361008
总 编 办	0592-2182177　0592-2181406(传真)
营销中心	0592-2184458　0592-2181365
网　　址	http://www.xmupress.com
邮　　箱	xmupress@126.com
印　　刷	厦门集大印刷厂

开本	787 mm×1 092 mm　1/16
印张	11.75
字数	239 千字
版次	2018 年 9 月第 1 版
印次	2018 年 9 月第 1 次印刷
定价	35.00 元

本书如有印装质量问题请直接寄承印厂调换

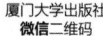
厦门大学出版社
微信二维码

厦门大学出版社
微博二维码

前　言

随着所处的国际经济贸易环境发生重大变化，国家"一带一路"倡议的提出以及全面深化对外开放水平，我国作为贸易大国的地位迅速崛起并不断巩固和提高，这对从事国际经济贸易的人才素质和知识结构提出了更高和更新的要求。为了适应新形势和满足新时代的需要，本书根据 WTO 规则和国内外最新修订和公布的有关国际贸易法规和国际惯例，结合国际贸易发展的新情况、新事物进行编著。

全书注重知识的系统性和完整性，按照学习目标、教学内容、本章小结以及课后习题的结构编排各章节内容以及解释相关知识点。全书共分四篇、九章。主要围绕基础理论、发展理论、管理理论以及组织理论四个部分展开，包括：国际贸易基本概念、传统国际贸易理论、当代国际贸易理论、国际贸易政策相关理论、关税与非关税、鼓励出口与出口管制、区域经济一体化以及国际贸易协定与世界贸易等内容。

本书既可以满足高等院校国际经济与贸易专业、电子商务专业、市场营销专业等经管类专业的教学需要，同时对从事对外经济贸易的实际工作者也是一本比较实用的参考书。

本书参考前人研究成果，并结合编者多年教学积累所成，得到了西藏民族大学财经学院领导郭宏伟教授、陈爱东教授、魏小文教授的悉心指导与鼎力支持，以及为本书资料收集和整理做了大量工作的 2016、2017 级财经学院研究生董改改、付琴、陆志伟、王怡然、张文彬、李亚宁、高尚钦、周文彤、张光胜等同学的宝贵帮助，在此一并表示衷心感谢。

由于编者理论水平与能力有限，书中纰漏之处在所难免，恳请广大读者提出宝贵意见和建议，使之更臻完善。

此书完稿之际，欣逢西藏民族大学建校 60 周年盛典，谨以此书献给中华民族先贤同胞，以及亲爱的老师和同学们！

编者

目 录

第一篇　国际贸易基础理论部分

第一章　国际贸易概论 ······ 3
　第一节　国际贸易的产生和发展 ······ 3
　第二节　国际贸易的分类 ······ 8
　第三节　国际贸易的相关概念 ······ 13

第二章　国际分工和世界市场 ······ 18
　第一节　国际分工 ······ 18
　第二节　世界市场 ······ 25

第二篇　国际贸易理论部分

第三章　传统国际贸易理论 ······ 35
　第一节　古典国际贸易理论 ······ 35
　第二节　新古典国际贸易理论 ······ 43

第四章　当代国际贸易理论 ······ 56
　第一节　技术差距理论 ······ 56
　第二节　产品生命周期理论 ······ 58
　第三节　需求偏好相似理论 ······ 62
　第四节　产业内贸易理论 ······ 64
　第五节　国家竞争优势理论 ······ 67

第五章　国际贸易政策相关理论 ······ 73
　第一节　对外贸易政策概述 ······ 73
　第二节　国际贸易政策相关理论 ······ 76

第三篇 国际贸易管理理论部分

第六章 关税与非关税壁垒 ……………………………………………………… 87
第一节 关税壁垒 ………………………………………………………… 87
第二节 非关税贸易壁垒 ………………………………………………… 96

第七章 鼓励出口和出口管制 …………………………………………………… 113
第一节 鼓励出口 ………………………………………………………… 113
第二节 出口管制 ………………………………………………………… 124

第四篇 国际贸易组织理论部分

第八章 区域经济一体化 ………………………………………………………… 131
第一节 区域经济一体化概述 …………………………………………… 131
第二节 区域经济一体化组织 …………………………………………… 138
第三节 区域经济一体化理论 …………………………………………… 148

第九章 国际贸易协定与世贸组织 ……………………………………………… 157
第一节 国际贸易条约与协定 …………………………………………… 157
第二节 世界贸易组织 …………………………………………………… 161

课后练习及参考答案 ……………………………………………………………… 174

参考文献 …………………………………………………………………………… 181

第一篇 国际贸易基础理论部分

第一章　国际贸易概论

学习目标

(1) 了解国际贸易产生和发展过程
(2) 了解当代国际贸易发展的特点
(3) 理解和掌握国际贸易的分类及相关概念

教学内容

第一节　国际贸易的产生和发展

一、国际贸易的概念和产生条件

(一) 国际贸易与对外贸易

国际贸易(international trade)亦称"世界贸易",是指世界各国(地区)之间进行的货物和服务的交换活动。它由各国(地区)的对外贸易构成,是世界各国(地区)对外贸易的总和。

对外贸易亦称"国外贸易",是指一个国家(地区)同其他国家(地区)所进行的货物和服务的交换。海岛国家,如英国、日本等,也常用"海外贸易"表示对外贸易。从国际范围来看,这种货物和服务的交换活动就称为国际贸易或世界贸易。因此,对外贸易是以一个国家(地区)为主体,相对于国内贸易而言的。国际贸易由出口和进口两部分组成,对运出货物和服务的国家(或地区)来说,就是出口;对运进货物和服务的国家(或地区)来说,就是进口。

国际贸易和对外贸易有广义与狭义之分:包括货物与服务的国际贸易和对外贸易称为广义的国际贸易和对外贸易;如不把服务贸易包括在内,则称为狭义的国际贸易和对外贸易。

(二) 国际贸易产生的基本条件

国际贸易属于历史范畴,是人类社会发展到一定历史阶段的产物。国际贸易的产生有两个基本条件:一是经济条件,即随着社会生产力的发展能够提供交换的剩余产品;二是社会条件,即开始出现各自为政的国家实体。社会生产力的发展、剩余产品的出现、社会分工的扩大以及国家的形成是国际贸易产生的基础。

二、国际贸易的起源

对外贸易的出现与人类历史的三次社会大分工密切相关。在原始社会初期,人类处于自然分工状态,生产力极度低下,人们只能依靠集体劳动来获取有限的生活资料,然后按照平均的原则在公社成员之间进行分配。因此,在那时没有剩余产品,没有私有制,没有阶级和国家,也就不存在对外贸易。

在人类历史上农业和畜牧业分离的第一次社会大分工后,原始社会的生产力得到了发展,产品开始有了少量剩余,在氏族公社、部落之间出现了剩余产品的交换。随着生产力的继续发展,手工业从农业中分离出来,形成了人类社会的第二次大分工。

手工业的出现,便产生了直接以交换为目的的生产——商品生产。商品生产和商品交换不断扩大,产生了货币,商品交换由物物交换变成了以货币为媒介的商品流通。私有财产和阶级的产生与商品流通的扩大,便产生了专门从事贸易的商人,出现了第三次社会大分工。原始社会末期出现了阶级和国家,商品流通超出了国界,从而产生了对外贸易。

三、国际贸易的发展

(一)奴隶社会的国际贸易

奴隶社会的国际贸易表现为时间的偶然性、地域的局限性和品种的单一性的特点。在奴隶社会,自然经济占统治地位,奴隶主占有奴隶和生产资料,生产的目的是满足直接消费,商品的生产在整个生产中微不足道,进入流通领域的商品是有限的。奴隶主阶级所需要的宝石、装饰品、各种织物和香料等奢侈品是当时各国贸易的主要商品。奴隶社会时期,地中海地区的国际贸易最为发达,当时的贸易大国主要有腓尼基、迦太基、希腊、罗马等国。中国在夏、商时代,对外贸易主要集中在黄河流域各国之间。

(二)封建社会的国际贸易

封建社会的经济仍然是自然经济,农业在各国经济中占据主导地位,商品生产仍处于从属地位,比奴隶社会有了进一步发展。封建社会国际贸易的发展,对参与贸易的欧亚各国的经济发展起到了积极的推动作用,促进了资本主义生产方式的产生。但由于生产力发展水平低下,交通工具简陋,国际贸易的商品种类和贸易范围仍有较大的局限性。

在封建社会早期,封建地租采取劳役和实物形式,进入流通领域的商品不多。到封建社会中期,随着商品生产的发展,封建地租转变为货币地租的形式,对外贸易得到了发展。这一时期,国际贸易的范围由原来的地中海沿岸扩大到北海、波罗的海和黑海沿岸各国。欧洲的威尼斯、佛罗伦萨、君士坦丁堡,东方的大马士革,中国的长安等是当时出现的较大的国际贸易中心。

到了封建社会晚期,随着城市手工业的发展,商品经济和对外贸易又有了新的起色。贸易商品的种类和范围不断扩大,除了少量的奢侈品外,许多生活日用品和原料也进入了国际市场,西方国家以呢绒、酒类等换取东方国家的丝绸、香料等。

(三)资本主义社会的国际贸易

资本主义社会的国际贸易包括资本原始积累时期、自由资本主义时期和垄断资本主义时期的国际贸易,起讫时间大体为从 16 世纪开始到第二次世界大战结束。在资本主义生产方式下,国际贸易急剧扩大,贸易活动遍及全球,交易的商品日益增多,国际贸易成为资本主义扩大再生产的重要组成部分。

1.资本主义原始积累时期的国际贸易

资本主义生产方式虽然萌芽于 14—15 世纪西欧一些城市中,但资本主义的发展却是从 16 世纪开始的。16—18 世纪是西欧各国封建制度的瓦解时期,也是资本原始积累和资本主义工场手工业的大发展时期。

这一时期,在对外贸易范围扩大的同时,对外贸易额和对外贸易的商品品种也在迅速增加。1715—1787 年,法国的进口贸易额增加了 10 倍,出口贸易额也增加了 7~8 倍。英国的进出口贸易额在 1698—1775 年增长了 5~6 倍。对外贸易的商品由原来的少量奢侈品向大量的初级产品和工业制成品转变。大量的初级产品主要是由亚非拉美国家运往欧洲的胡椒、茶叶、大米、可可、咖啡、染料和香料构成,而工业制成品主要是由欧洲运往上述地区的纺织品、火柴、金属器具、船舶等构成。

对外贸易的扩大和对产品需求的增长,不仅为欧洲国家的产品提供了广阔的海外市场,而且极大地促进了商品生产的发展。贸易中心由原来的地中海地区扩大到了大西洋沿岸,从而形成了具有世界性的国际贸易。

2.资本主义自由竞争时期的国际贸易

资本主义自由竞争时期是指从 18 世纪 60 年代英国产业革命开始到 19 世纪 70 年代(1873 年)为止,是资本主义制度的确立和发展时期。在这一时期,英国作为产业革命的先驱者,从纺织机、蒸汽机的发明和使用开始,逐渐在冶炼、采煤、化工、交通运输等部门普遍采用机器和蒸汽动力来从事生产。继英国之后,在 19 世纪,法国、德国、美国、日本等国也相继完成了工业革命。

机器大工业迅速提高了社会生产力,商品极大丰富,奠定了国际贸易大发展的物质基础。同时,交通运输和通信工具的进步,如火车代替马车、轮船代替帆船,使得载运量大大增加。运输的时间与距离大为缩短,从而为国际贸易的发展提供必要的物质条件。

随着机器大工业的建立,国际工农业分工的格局已经初步完成。这时期因分工引起的商品交换范围已不再局限于贵族和商人阶级的奢侈品和少数日用品,而扩大到包括小麦、棉花、羊毛、咖啡、铜、木材等大宗产品。

3.资本主义垄断时期的国际贸易

19 世纪 70 年代以后,资本主义自由竞争逐渐向垄断阶段过渡,到 19 世纪末 20 世纪初,资本主义发展到帝国主义阶段,正是在这个时期,以电力的发明和使用为标志的第二次科技革命再次推动了欧美各国的工业生产。新的科技成果广泛应用于生产,电的发明、新的炼钢法、发电机和内燃机的发明和应用等,大大加快了钢铁工业、电力工业的发展,使世界工业生产量成倍增长。

19 世纪末,重工业在世界工业中开始居重要地位,美、英、德等先进工业国成了以重工业为主导的工业国。科技和工业的发展促进了交通运输业的发展,铁路运输的普及、海运航速的加快和运费的降低,为进一步扩大资本输出、开拓销售市场、掠夺原料创造了有利条件。

这一时期国际贸易再次呈现持续而全面发展的态势,世界各国之间的经济依赖关系空前加强,垄断集团开始对国际贸易形成重大影响,美、德在国际贸易中的地位不断上升,英国的垄断地位开始动摇并呈现下降趋势。

(四)当代的国际贸易

第二次世界大战以后,国际政治经济形势发生了巨大的变化,第三次科技革命给经济带来了前所未有的生机和活力,国际分工、生产国际化的深化和扩大,贸易自由化的加强,跨国公司的加速发展,这些使国际贸易出现了空前的增长。这一时期国际贸易呈现出了许多新的特点,发生了许多新的变化。

1.国际贸易迅速增长,贸易规模不断扩大

第二次世界大战以后,国际贸易获得了迅速发展,世界贸易的增长速度超过了世界生产的增长速度。第二次世界大战前的1913—1938年间,国际贸易量的年均增长速度只有0.7%,而战后的1957—1983年,国际贸易量的年均增长速度达到了11.5%,其中1957—1973年年均增长率达到了20%以上。1988年以来,国际贸易进入相对稳定的增长时期,年均增长率为6%左右,其中1994年增幅最大,达到9%。从世界贸易总额的增长来看,1950年世界贸易总额为602亿美元,1980年为18691亿美元,30年间增长了30多倍。而1900—1937年的世界贸易总额仅从115亿美元增长到160亿美元,30多年中,增长不到40%。据世界贸易组织的统计,2017年的世界贸易总额达到了17万亿美元。

2.国际贸易结构发生了重大变化

随着国际贸易的急剧增长,国际贸易结构也发生了重大变化,主要体现在以下两个方面。

(1)货物贸易中工业制成品的比重大大提高

第二次世界大战以后,国际贸易结构最明显的变化是工业制成品在国际贸易中的比重超过了初级产品。第二次世界大战以后,初级产品的贸易约占全部贸易的2/3,到1953年工业制成品的比重略大于初级产品,以后制成品贸易的发展一直快于初级产品,其比重不断提高。到21世纪初,制成品出口已占世界出口总量的3/4以上。

(2)技术密集型商品发展迅速

由于技术密集型商品贸易所带来的利润率远远高于一般商品,为了增强本国商品的国际竞争力,各国都竞相鼓励产业结构升级换代,以提高产品的科技附加值。如在20世纪90年代美国国内生产总值增长的1/3来自高科技产品出口,高科技产品出口支持和创造了更多的就业机会。技术贸易额在1960年只有20亿美元,1980年达到500亿美元,1990年超过1000亿美元,而今技术贸易额已过4000亿美元。进入21世纪,世界技术贸易以更大幅度迅速增长。

(3)服务贸易迅速增长,出现了与货物贸易平分天下的局面

第二次世界大战以后,随着科学技术革命的发展,第三产业获得了迅速发展,国际服务的贸易量迅速增长。统计资料显示,1967—1980年,国际服务贸易额由700亿~900亿美元猛增到6500亿美元,1997年再增至13200亿美元,2005年则进一步达到24147亿美

元,2016年为4.8万亿美元。服务贸易占世界贸易的比重也从20世纪80年代的17%左右上升到2016年的25%左右。1979年国际服务贸易的增长速度首次超过了商品贸易。20世纪80年代以后,国际服务贸易的增长速度一直快于商品贸易的增长。

3.国际贸易方式多元化

第二次世界大战以后,随着国际贸易的发展,国际市场上的贸易方式不断增多,而且不断变化,出现许多新的贸易方式。除传统的国际贸易方式,如包销、代理、寄售、招标、拍卖、展卖等外,又出现了一些新的方式,如补偿贸易、加工装配贸易、对等贸易和租赁贸易等。这些新型贸易的发展,不仅扩大了国际贸易的范围,而且拓展了国际贸易的深度,使经济发达国家和经济落后的发展中国家都能借助不同的贸易方式加入到国际分工体系和国际贸易合作的队伍中来。

此外,国际贸易交易方式网络化。国际贸易日益借助国际互联网来完成,出现了所谓的网络交易、无纸贸易。其交易的产品主要是数字化产品,如金融服务、网上娱乐、售票服务、音像书刊、软件设计、咨询服务、信息传递等;也有实物产品交易,实物产品交易则是交易磋商、签约、货款支付在网上进行,实物支付在具体地点进行。在国际贸易中利用EDI(电子数据交换),可以大量减少甚至消除传统贸易过程中的各种纸面文件和单据,避免数据的重复输入,简化工作流程,便于管理。

4.区域性自由贸易迅速发展

随着第二次世界大战后国际竞争程度的日益加剧,世界主要贸易国为保持其在全球市场上的竞争力,不断寻求与其他国家联合,通过优惠贸易安排、自由贸易区、关税同盟、共同市场等不同方式,组建区域贸易集团,实现区域内贸易自由化。自1957年欧共体成立以来,世界区域性自由贸易在全球迅速蔓延。进入20世纪90年代以后,区域经济合作不断向深度和广度推进,各种形式的区域合作越来越多,贸易集团化步伐进一步加快,区域内贸易日益活跃和扩大。据世界贸易组织统计,到2002年年底,全球共签署了255个区域贸易协定,其中90%是双边自由贸易协定。欧盟(EU)、北美自由贸易区(NAFTA)和亚太经合组织(APEC)是世界上最大的三个区域性集团。全球区域贸易额已占世界贸易总额的一多半。这些区域经济贸易集团以减少贸易壁垒、推进贸易自由化为宗旨,极大地推动了世界贸易的发展。

5.跨国公司的作用显著增强

跨国公司是当代国际贸易发展的主要推动器,由跨国公司所引发的公司内贸易和公司外贸易在国际贸易中所占比重很大,仅跨国公司的公司外销售额就相当于世界出口总额的70%,而国际技术贸易更是75%以上属于与跨国公司有关的技术转让。因此,跨国公司的发展是战后国际贸易迅速增长的重要原因之一。

6.国际贸易协调机制趋于规范化,而贸易保护主义更加隐蔽

随着国际贸易的发展,其中所能遇到的问题及问题的解决越来越要求有章可循,从《关税与贸易总协定》发起的八轮谈判到世界贸易组织的贸易规则,国际贸易的协调机制越来越趋于规范化、国际化。目前,世界贸易组织的规则和制度已成为世界各国共同承诺和遵守的贸易规则,这些贸易规则从有形贸易到无形贸易,从关税制度到非关税措施,都有明确的规定。而在世界贸易组织的协调管理下,贸易手段也日趋规范化,正因为贸易规

则和制度越来越规范化,国际贸易保护主义必须更加隐蔽才能不违反国际惯例。20世纪90年代兴起的技术贸易壁垒就是典型的贸易保护主义隐蔽化的表现。

第二节 国际贸易的分类

一、按货物移动的方向划分

按货物的移动方向不同,国际贸易可分为出口贸易、进口贸易和过境贸易。

(一)出口贸易

出口贸易(export trade)又称输出贸易,是指将本国生产和加工的商品(包括服务)输往国外市场进行销售的贸易业务。不属于外销的商品则不算,如运出国境供驻外使领馆使用的货物,旅客个人使用带出国境的货物均不列入出口贸易。此外,在国际贸易中,一国从外国进口的商品不经任何实质性加工,再向外出口时,称为复出口。

(二)进口贸易

进口贸易(import trade)又称输入贸易,是指将外国生产和加工的商品输入本国市场销售的贸易业务。同样,不属于内销的货物则不算,如外国使领馆运进自用的货物,旅客带入供自用的货物均不列入进口贸易。此外,在国际贸易中,一国的产品销往别国后未经加工又被该国重新购回时,称为复进口。

(三)过境贸易

过境贸易(transit trade)又称通过贸易,是指贸易货物通过一国国境,不经加工地运往另一国的活动。如甲国经过乙国国境向丙国运送货物,对乙国来说便是过境贸易,因为这种贸易对乙国来说,既不是进口也不是出口,仅仅是商品的过境而已。过境贸易分为直接与间接两种。外国商品纯系转运关系经过本国,不经本国海关保税仓库存放就直接运往另一国的为直接过境贸易;间接过境贸易是指外国商品运到国境后,曾存放在海关仓库,之后未经加工从仓库提出运往另一国。

有些国家把开展过境贸易作为吸引外国人才流、物流、信息流的重要手段,以此来促进本国的发展。如中国利用亚欧大陆桥、俄罗斯利用欧亚大陆桥分别吸引日本、韩国输往西欧、中亚的货物过境,以加快铁路沿线经济的发展。

二、按国境或关境划分

按国境或关境可以将国际贸易分为总贸易和专门贸易。

(一)总贸易

总贸易(general trade)是指以国境为标准划分进口与出口的一种统计方法,也称为总贸易体系。总贸易可分为总进口和总出口。凡是进入一国国境的商品一律列入总进口,包括进口后供国内消费的部分和进口后成为转口或过境的部分;凡是离开一国国境的商品一律列入总出口,包括本国产品的出口、外国商品的复出口及转口或过境的部分。总进口额加总出口额构成总贸易额。目前,采用总贸易统计方法的有美国、英国、日本、加拿大、澳大利亚等 90 多个国家和地区。

（二）专门贸易

专门贸易(special trade)是指以关境作为划分进口与出口标准的统计方法，也称专门贸易体系。专门贸易又可分为专门进口与专门出口。

专门进口是指外国商品进入关境并向海关缴纳关税，由海关放行后才能成为专门进口；专门出口是指从本国运出关境的本国产品及进口后未经加工又运出关境的复出口商品。专门进口额加专门出口额构成一国的专门贸易总额。

目前，采用专门贸易统计方法的有德国、意大利、瑞士、法国等 80 多个国家和地区。一般情况下，一国关境和国境完全重合，但也有不一致的情况。自由港、出口加工区、保税区、经济特区虽在国境之内，但却在关境之外，因此，设有经济特区的国家，关境的范围要小于国境。另一个情况，当几个国家结成关税同盟，参加关税同盟的国家的领土合并成一个统一关境，对内取消一切贸易限制，对外建立统一关税制度，这时的关境要大于某一国的国境。

由于各国在编制统计时采用的方法不同，所以联合国发表的各国对外贸易额资料，一般都注明是按何种贸易体制编制的。总贸易和专门贸易反映的问题各不相同。前者包括所有进出该国的商品，反映一国在国际贸易商品流通中所处的地位；后者只包括那些进口用于该国生产和消费的商品，出口由该国生产和制造的商品，反映一国作为生产者和消费者在国际贸易中所起的作用。

三、按商品形式划分

（一）有形贸易

有形贸易(visible trade)是指以具有物质形态的商品为买卖对象的贸易，即国际贸易中的货物贸易。因为货物具有看得见、摸得着的物质属性，如汽车、服装等，所以把实物商品的贸易称为有形贸易。有形贸易的进出口必须通过海关，海关依据海关税则对商品征收关税，并反映在海关的贸易统计上，它是一国国际收支中最主要的项目。

（二）无形贸易

无形贸易(invisible trade)是指一切不具备自然属性的、无实物形态的商品进出口所形成的交易活动，如教育、通信、旅游、保险、金融、运输、技术有偿转让等。一般来说，无形贸易包括服务贸易和技术贸易。无形贸易不经过海关手续，其金额通常不显示在海关的贸易统计上，而显示在一国的国际收支表上。

四、按贸易参加国的多少划分

按参加国的多少可以把国际贸易分为双边贸易、三角贸易和多边贸易。

（一）双边贸易

双边贸易(bilateral trade)是指由两国参加，双方的贸易是以相互出口与相互进口为基础进行的。贸易支付在双边交易基础上进行核算，自行进行外汇平衡。这类方式多使用于外汇管制国家。现在，有时也泛指两国之间的贸易关系。

（二）三角贸易

三角贸易（triangular trade）是双边贸易的扩大，是指在三个国家之间相互出口和相互进口，并进行合理搭配，以实现外汇平衡的一种方式。此方式往往因为双方在交易时，商品不能适销对路，或者因进出口不能平衡造成外汇支付的困难，而把交易活动扩大到第三个国家，这类方式往往是以三个国家共同签订相互贸易协定来保证其顺利进行的。

（三）多边贸易

多边贸易（multilateral trade）是指三个以上国家之间相互进行若干项目的商品交换，相互进行多边结算的贸易行为。此类方式有助于若干个国家在进行相互贸易时，用对某些国家的出超支付对另一些国家的入超，从而寻求外汇平衡。当贸易项目的多边结算仍然不能使外汇平衡时，也可用非贸易项目的收支来进行多边结算。

五、按贸易是否有第三国参加划分

按贸易是否有第三国参加可以将国际贸易分为直接贸易、间接贸易和转口贸易。

（一）直接贸易

直接贸易（direct trade）是指商品生产国与消费国不通过第三方直接买卖货物的贸易活动。贸易的双方直接洽谈、直接结算，货物从生产国直接卖给消费国。直接贸易对生产国来说是直接出口，对消费国来说是直接进口。

（二）间接贸易

间接贸易（indirect trade）是指商品生产国与商品消费国通过第三国所进行的买卖货物的贸易活动。此类贸易因为各种原因，出口国与进口国之间不能直接进行洽谈、签约和结算，必须借助于第三国参加。贸易货物既可由出口国经由第三国运送到进口国，也可由出口国直接运送到进口国。对生产国来说是间接出口，对消费国来说是间接进口。

（三）转口贸易

在间接贸易中，商品生产国与商品消费国通过第三国进行的贸易，对于第三国来说就是转口贸易（entrepot trade）。进口商和出口商并未直接发生关系，而是由第三国转口商分别同它们发生贸易关系。转口贸易不同于过境贸易，两者的区别为：转口贸易中，货物的所有权因转口商的买卖而发生转移，它有第三国贸易商参与，并且不论货物是否经由第三国运送；而过境贸易中，货物所有权没有发生转移，没有第三国贸易商参与，也不列入第三国进出口统计内。

六、按清偿方式划分

按清偿工具的不同可以将国际贸易分为现汇贸易和易货贸易。

（一）现汇贸易

现汇贸易是指以货币作为清偿工具的贸易，又称自由结汇贸易。国际贸易中能够作为清偿的货币主要是美元、欧元、日元等，这些货币在国际支付中具有普遍接受性，这是国际结算中的主要结算方式。这种贸易方式通常不用现金支付，一般通过银行进行转账和收款业务，世界上大多数国家都采用现汇贸易方式。

(二)易货贸易

易货贸易(barter trade)是指经过计价的货物互相作为清偿工具的国际贸易,又称为换货贸易。采用这种贸易方式,大多起因于某些国家外汇不足,无法以自由结汇方式或者外汇支付方式与其他国家进行交易。政府间的易货贸易也称协定贸易,需要签订贸易协定与支付协定。民间的易货贸易(包括补偿贸易)也可以采用部分现汇、部分易货贸易相结合的方式,通常采用进出口结合的方式,双方易货总额尽可能对等平衡。它的特点是:把进口与出口直接联系起来,贸易双方有进有出,一方既是卖方,又是买方,进出口平衡,基本不以外汇支付,以达到节省外汇资金的目的,这就要求互换的货物品种相当,换货的总金额相等。这种方法一般较多在外汇支付困难、外汇管制较严格的国家使用。

七、按贸易伙伴经济水平划分

按贸易伙伴的经济水平可以将国际贸易分为水平贸易和垂直贸易。

(一)水平贸易

水平贸易(horizontal trade)是指经济发展水平比较接近的国家之间开展的贸易活动。如发达国家之间及发展中国家之间所展开的贸易活动。各个发达国家之间尽管生产力水平相近,但仍存在着各种差异,如各工业部门发展水平不平衡,技术水平各有长短,资源供应也各不相同,需要通过国际贸易来取长补短,弥补不足。各发展中国家之间的水平贸易,则是为了相互支持,相互弥补民族工业部门的短缺,以改变国际分工中的不利地位,与发达国家相抗衡。

(二)垂直贸易

垂直贸易(vertical trade)是指经济发展水平不同的国家之间开展的贸易活动。发达国家与发展中国家之间进行的贸易大多属于这种类型。由于这些国家在国际分工中所处的地位以及经济技术发达程度相差甚远,因此,一般是发达国家从发展中国家进口农产品、工业原料或劳动密集型的工业产品,而向这些国家出口工业制成品,特别是资本密集型或技术密集型的工业产品。

八、按贸易方式的性质划分

按贸易方式的性质可以将国际贸易分为商品贸易、加工贸易、补偿贸易和租赁贸易。

(一)商品贸易

商品贸易(goods trade)是指以以商品买卖为目的的纯商业方式所进行的贸易活动。此种性质的交易方式又包含着一些具体的交易方式,如经销、代理、寄售、拍卖、投标及展卖等。

(二)加工贸易

加工贸易(process trade)是指利用本国的人力、物力或技术优势,从国外输入原材料、半成品、样品或图纸,在本国内加工制造或装配成成品再向国外输出的,以生产加工性质为主的一种贸易方式。加工贸易又可分为来料加工、来样加工和来件装配。

(三)补偿贸易

补偿贸易(compensation trade)是指参与两国间贸易的双方,一方用对方提供的贷款购进机器、设备或其他技术,或者是用对方提供的机器、设备或技术进行生产和加工活动,待一定时期后,该方用该项目下的产品或其他产品或者是产品销售后的收入去偿还对方的贷款或设备技术款项的一种贸易方式。此种贸易方式对解决买方资金的暂时不足,帮助卖方推销商品均有一定的作用。

(四)租赁贸易

租赁贸易(renting trade)的本质是租,它是由租赁公司以租赁的方式将商品出租给国外的用户,国外租户不交付商品货款而交付商品租金的一种交易方式,因此也被称为租赁信贷。这种贸易方式的特点是:出租的商品一般都是价格较为昂贵的设备或交通工具等,租赁公司享有该商品的所有权,并可按期收回稳定的资金;租户可避免积压大量的设备资金,并可及时更新、使用新技术。租赁贸易在国际贸易活动中发展迅速,并逐渐发展为租购结合,即先租,到一定时期后,该商品所有权转为租户所有,变成了买卖关系。

九、按有无纸单证划分

按有无纸单证可以将国际贸易分为有纸贸易和无纸贸易。

(一)有纸贸易

有纸贸易(documentary trade)也称单证贸易,是指在国际贸易交易过程中,通过单证等商业文件的交接进行结算支付并履行合同的一种贸易方式。在国际贸易中常见的结算单据有汇票、发票、提单、装箱单、重量单、保险单、商检单等。另外,信用证和合同本身也都是书面文件。由于国际贸易的复杂性,不易做到一手交钱一手交货,在信用证支付方式下,往往是单据的买卖,即一手交单一手付款,因此单据在交易过程中就成了双方履行权利和义务的重要依据。

(二)无纸贸易

无纸贸易(paperless trade)也称为电子数据交换(electronic data interchange,EDI)贸易,是一种将贸易、运输、保险、海关、银行等部门的电脑通过互联网(Internet)对商务信息按国际统一标准进行格式化处理,并把这些数据通过电脑网络进行商业文件相互交换和自动处理,在不使用纸质单证的情况下完成询问、订单、托运、投保、报关、结算等一系列业务手续的一种现代化方式的新型贸易。

现行贸易方式是通过书面贸易文本、单证的传递实现的,其间的环节重要、程序复杂、周转缓慢,难免出现错漏。EDI,即电子数据交换则是以电脑和数据通信技术为基础发展起来的现代信息处理和信息通信技术。经贸活动的各种商务信息通过信息网络传送到各有关部门、公司、企业,进行必要的处理后,即可完成包括订货、生产、库存、市场需求、销售、进出口、报关、运输、保险、海关电报乃至银行支付、结算、收据等全部贸易业务活动。EDI将标准化的商贸文件,通过信息网络,实现从电脑到电脑的电子文件交换,能使商贸活动进程在最短的时间内准确完成,免除了传统贸易中各种单据、票证等纸质文件的烦琐往来,是今后国际贸易发展的趋势。

第三节 国际贸易的相关概念

一、对外贸易值与对外贸易量

对外贸易值(value of foreign trade)也称对外贸易额,是用货币金额表示的一国在一定时期内进出口的规模,是衡量一国对外贸易状况的重要指标。在一定时期内一国从国外进口商品的全部价值,称为进口贸易总额或进口总额;在一定时期内一国向国外出口商品的全部价值,称为出口贸易总额或出口总额。两者相加为进出口商品贸易总额。目前,有的国家用本国货币表示,有的国家用外国货币表示。联合国编制和发表的世界各国对外贸易值的统计资料是以美元表示的。

把世界上所有国家的进口总额或出口总额用同一种货币换算后加在一起即得世界进口总额或世界出口总额。就国际贸易来看,一国的出口就是另一国的进口,如果把各国进出口相加作为国际贸易总值就是重复计算。因此,一般是把各国的出口额相加,作为国际贸易总额。在计算时,出口额一般按 FOB(free on board)计算,进口额一般按 CIF(cost insurance freight)计算。因此,世界出口总额要略小于世界进口总额。

对外贸易量是以一定时期的不变价格为标准来计算的对外贸易值。对外贸易量原意是用进出口商品的数量、重量、长度、面积、体积等计算单位来表示进出口商品的多少和变化的实际情况。然而,世界各个国家进出口商品成千上万,计量单位也不一样,因此无法用统一的计量单位来表示世界或某个国家在一定时期的实际贸易量。

以货币表示的对外贸易值经常受到价格变动的影响,因而不能准确地反映一国对外贸易的实际规模,更不能将不同时期的对外贸易值直接进行比较。为了反映进出口贸易的实际规模,通常以贸易指数表示,其计算方式是以固定年份为基期计算的进口或出口价格指数去除当时的进口额或出口额,得出按不变价格计算的贸易值,从而得到剔除了价格变动因素的贸易量。然后以一定时期为基期的贸易量指数同各个时期的贸易量指数相比较,就可以得出能够比较准确地反映贸易实际规模变动的贸易量指数。

二、贸易差额

贸易差额是指一国在一定时期内出口总值与进口总值的差额。当出口总值与进口总值相等时,称为"贸易平衡"。当出口总值大于进口总值时,出现贸易盈余,称为"贸易顺差(a favorable balance of trade)"或"出超(excess of export over import)"。当进口总值大于出口总值时,出现贸易赤字,称为"贸易逆差(an unfavorable balance of trade)"或"入超(excess of import over export)"。通常,贸易顺差以正数表示,贸易逆差以负数表示。

一国的进出口贸易收支是其国际收支中经常项目的重要组成部分,是影响一个国家国际收支的重要因素。

三、净出口与净进口

净出口(net export)是净进口(net import)的对称。一个国家在同种商品上往往既有出口又有进口,在一定时期内,如果该商品出口数量大于进口数量,其差额称为净出口;反之,如果该商品出口数量小于进口数量,其差额称为净进口。净出口和净进口都是以数量表示的,它们反映了一国在某种商品的贸易上是处于出口国地位,还是处于进口国地位。

四、对外贸易商品结构、国际贸易商品结构

对外贸易商品结构(composition of foreign trade)是指一定时期内(通常为一年)一国进出口贸易中各种商品的构成,即某大类或某种商品进出口贸易与总进出口贸易之比,以份额表示。一国对外贸易商品结构可以反映出该国的经济发展水平、产业结构状况、科技发展水平等。

国际贸易商品结构(composition of international trade)表示在一定时期(如一年)内各类商品分别在进出口贸易总额中所占的比重。为便于分析比较国际贸易商品结构与对外商品结构,世界各国和联合国《国际贸易商品标准分类》公布了国际贸易和对外贸易商品结构进行分析比较。

在国际贸易中,进出口贸易通常被分为两大类:一类为初级产品,即没有加工或很少加工的农、林、牧、渔、矿产品;另一类为工业制成品,即经过充分加工的工业品。当今世界已是制成品贸易为主的世界,工业制成品比重上升意味着以出口工业制成品为主的发达资本主义国家在国际贸易中的地位不断上升。

五、国际贸易地理方向

国际贸易地理方向(direction of foreign trade)是指国际贸易的地理分布和商品流向,也就是各个国家、地区在国际贸易中所占的比重,通常用它们的出口额(或进口额)占世界出口贸易总额(或进口贸易总额)的比重来表示。它表明了各国和各地区在国际贸易中的地位。在世界贸易总额中所占的比重方面,欧洲一直名列榜首,而非洲最为落后。就国别来说,美、中、日、德、法、英等主要国家占比重最大,少数几个国家的贸易额比世界其余所有国家的总和还要大。

从一国角度而言,国际贸易地理方向是指一国对外贸易的地区分布和国别分布状况,具体地说,是它的进口商品来源国和出口商品目的国的分布状况,它表示一国与不同地区和国家的经济贸易联系的程度。计算方法如下:

进口方向=(从某国或地区的进口额/进口总额)×100%

出口方向=(从某国或地区的出口额/出口总额)×100%

就一国而言,如果商品的进出口集中在某一个或几个国家,就说明该国的对外贸易地理方向比较集中;反之,则对外贸易地理方向比较分散。对外贸易地理方向的集中与分散各有利弊。以出口为例,对外贸易地理方向比较集中有利于出口厂商的信息交流,降低交易成本。但出口的集中往往会带来国内厂商之间为了争夺客户,相互压价,从而造成出口国内部的恶性竞争。而无论是出口还是进口,一国对外贸易地理方向过于集中,都会使得

该国容易受制于人,从而在对外贸易中处于不利的境地。对外贸易地理方向分散则可以降低一国所面临的政治与经济风险,避免进出口商之间的恶性竞争,但其不利之处是交易成本比较高。

六、国际贸易条件

国际贸易条件(terms of trade,即 TOT)是指一国在一定时期内的出口商品价格指数与进口商品价格指数之间的比率,也就是说,一个单位的出口商品可以换回多少单位的进口商品,因此国际贸易条件又被称为"进出口交换比价"或简称"交换比价"。由于一个国家的进出口商品种类繁多,难以直接用进出口商品的价格进行比较,因此,人们通常用一国在一定时期内的出口商品价格指数同进口商品价格指数对比进行计算。其公式为:

$$交换比价 = 出口价格指数 \div 进口价格指数$$

例如,以 2005 年为基准年,其进出口价格指数均为 100%,2006 年,出口商品价格上涨 7%,进口商品价格下降 3%,即 2006 年出口价格指数为 107%,进口价格指数为 97%,则 2006 年的国际贸易条件 TOT=107%÷97%=1.103。

如果 TOT>1,表明该国国际贸易条件好转,出口一个单位的产品能换回超过一个单位的进口产品,则该国出口越多,交换越有利。

如果 TOT=1,表明国际贸易条件不变。

如果 TOT<1,表明国际贸易条件恶化,出口越多,从商品交换来看越不利,国际贸易条件甚至可以恶化到出口增加越多收入反而越少的地步。针对这种现象,政府应积极采取措施,调整进出口商品结构,以改善对外贸易的不利情况。

七、对外贸易依存度

对外贸易依存度(degree of dependence on foreign trade)也称外贸系数,是指一国在一定时期内进出口贸易值在该国同期国民生产总值(GNP)或国内生产总值(GDP)中所占的比重。它是衡量一国国民经济对进出口贸易的依赖程度的一个指标,其计算公式为:

$$对外贸易依存度 = (进出口贸易总额/GDP 或 GNP) \times 100\%$$

随着经济全球化进程的加快,国际分工在世界各国之间得到了迅速发展,各国之间的相互依赖程度也在不断加深,从而导致各国对外贸易依存度不断提高。美国 1970 年对外贸易依存度仅为 8.2%,1996 年则上升为 20.8%。我国实行对外开放政策后,对外贸易依存度先升高后下降,2017 年年末达到 33.6%。

一般来说,对外贸易依存度受到该国的人口多少、地域辽阔与否、自然资源多寡、对外开放程度高低等各种因素的制约。一个国家对外贸易依存度高说明该国经济的外向性强,但不能说对外贸易依存度越高越好;对外贸易依存度过高,国内经济发展易受国外经济的影响或冲击,世界经济不景气对本国经济冲击较大;对外贸易依存度降低,则说明没有很好地利用国际分工的好处。各国应根据本国国情,探究不同阶段如何选择本国最佳的对外贸易依存度。

对外贸易依存度又可以区分为进口依存度和出口依存度。进口依存度是一国一定时期进口值与国内生产总值之比。

进口依存度＝（进口额/GDP）×100%

出口依存度是一国一定时期出口值与国内生产总值之比。它反映一国在一定时期内（如 1 年），国内新创造的商品和劳务总值中有多少比重是输出到国外的，也反映一国国民经济活动与世界经济活动的联系程度。出口依存度越高，说明该国国民经济活动与世界经济的联系程度越高。

出口依存度＝（出口额/GDP）×100%

值得注意的是，实际工作中，人们往往更重视出口依存度，它比外贸依存度更强调出口贸易对经济发展的带动作用，而且可以避免进出口贸易值的重复计算。使用出口依存度来研究一国参与世界经济的程度，已经成为一种惯例。

八、显示性比较优势指数（RCA 指数）

美国经济学家巴拉萨（Balassa）于 1965 年提出了显示性比较优势指数（revealed comparative advantage index，简称 RCA 指数）。它是衡量一国产品或产业在国际市场竞争力最具说服力的指标。它旨在定量地描述一个国家内各个产业（产品组）相对出口的表现。通过 RCA 指数可以判定一国的哪些产业更具出口竞争力，从而揭示一国在国际贸易中的比较优势。所谓显示性比较优势指数是指一个国家某种商品出口额占其出口总值的份额与世界出口总额中该类商品出口额所占份额的比率，用公式表示为：

$$RCA_{ij} = (X_{ij}/X_{tj}) \div (X_{iw}/X_{tw})$$

其中，X_{ij} 表示国家 j 出口产品 i 的出口值，X_{tj} 表示国家 j 的总出口值；X_{iw} 表示世界出口产品 i 的出口值，X_{tw} 表示世界总出口值。

一般而言，RCA 值接近 1 表示中性的相对比较利益，无所谓相对优势或劣势可言；RCA 值大于 1，表示该商品在国家中的出口比重大于该类商品在世界的出口比重，则该国的此产品在国际市场上具有比较优势，具有一定的国际竞争力；RCA 值小于 1，则表示在国际市场上不具有比较优势，国际竞争力相对较弱。

九、贸易竞争优势指数（TC 指数）

贸易竞争优势指数（trade competitive index），是对某种产品国际竞争力分析时比较常用的测度指标之一，它表示一国进出口贸易的差额占进出口贸易总额的比重，用公式表示为：

$$TC_i = (X_{it} - M_{it})/(X_{it} + M_{it})$$

其中，TC_i 是某国 i 产品的贸易竞争指数，X_{it} 是某国 i 产品的出口值，M_{it} 是某国 i 产品的进口值。

该指标均在 $-1 \sim 1$ 之间。其值越接近于 0 表示竞争力越接近于平均水平；该指数为 -1 时表示该产业只进口不出口，越接近于 -1 表示竞争力越弱小；该指数为 1 时表示该产业只出口不进口，越接近于 1 则表示竞争力越强大。

本章小结

国际贸易是指不同国家(和/或地区)之间的商品和服务的交换活动。国际贸易是商品和劳务的国际转移,也叫世界贸易。从一个国家的角度看国际贸易就是对外贸易。

国际贸易属于历史范畴,是人类社会发展到一定历史阶段的产物。随着社会生产力的发展、剩余产品的出现、社会分工的扩大以及国家的形成,最早的对外贸易就形成了。经过奴隶社会和封建社会特别是资本主义社会,伴随着生产力的巨大发展和商品经济的不断成熟,国际贸易获得长足发展。

关于国际贸易的分类,按商品移动的方向国际贸易可划分为进口贸易、出口贸易和过境贸易。按商品的形态国际贸易可划分为有形贸易和无形贸易。按生产国和消费国在贸易中的关系国际贸易可分为直接贸易、间接贸易和转口贸易。按清偿方式不同可分为现汇贸易和易货贸易,等等。

关于国际贸易中最常见的概念,有贸易差额、贸易顺差和逆差、贸易商品结构与地理分布、贸易条件、外贸依存度、RCA 指数和 TC 指数等。

【思考练习】

1. 货物贸易与服务贸易有何区别?
2. 过境贸易和转口贸易有何区别?
3. 总贸易与专门贸易有何区别?
4. 国际贸易产生的前提条件和产生发展的基础是什么?
5. 分析影响对外贸易依存度的主要因素。

第二章 国际分工和世界市场

学习目标

(1) 了解国际分工形成与发展的影响因素
(2) 了解国际价值概念及影响因素
(3) 掌握国际价格类型及影响因素
(4) 了解世界市场的构成及特征

第一节 国际分工

一、国际分工的概念与作用

(一)国际分工的概念

国际分工(international division of labor)指世界上各国(地区)之间的劳动分工,是各国生产者通过世界市场形成的劳动联系,是国际贸易和各国(地区)经济联系的基础。它是社会生产力发展到一定阶段的产物,是社会分工从一国国内向国际延伸的结果,是生产社会化向国际化发展的趋势。它也是国民经济内部分工超越国家界限而形成的国家之间的分工,其表现形式是各国货物、服务和生产要素的交换。

(二)国际分工的作用

1.国际分工是国际贸易的基础

国际分工源于对外贸易的发展。在资本主义生产方式下,国际分工又变成对外贸易的基础。各国参与国际分工的形式和格局决定了该国对外贸易的结构、对外贸易的地理方向和贸易利益的获得等。与此同时,各国对外贸易又是国际分工利益实现的途径,各国对外贸易的模式与措施影响着国际分工的发展。由此,国际分工与国际贸易是相辅相成、互为因果的关系。

2.国际分工促进国内分工的发展

国际分工是发达国家国内社会分工发展的结果。发达国家国内各种产业分工超越国界形成国际分工。再把这种分工延伸到其他的国家,形成国际分工体系。这种分工体系对发达国家而言,促进了它们国内的分工,扩大了国内市场,促进了新兴产业的产生;对后进国家而言,冲击了原有的社会分工体系,促使新的国内分工体系形成,以及新产业出现。

3.国际分工推进世界市场的扩大

国际分工是社会生产力发展的结果。国际分工使各国在其具有相对优势的部门或产品上扩大生产规模,形成规模经济,增加产品数量,取得规模效益。国际分工使各国生产要素得到有效的配置,节约了社会资本,提高了效率,大大推动了整个世界社会生产力的发展。世界社会生产力的发展加深了国际分工的深度和广度,从而扩大了世界市场。

4.国际分工影响国际贸易格局

在国际分工的基础上,不同国家国民经济参与国际分工的形式和格局的差异形成了。发达国家一般处于国际分工体系中的优势地位和格局中心,发展中国家处于劣势地位和格局中的外围。这种差异决定了各类国家在国际贸易中的主次地位和贸易利益获得的多寡,形成了国际贸易中的秩序和矛盾,这种秩序和矛盾又推动着国际分工的改善,推动着国际贸易秩序的改革和重构。

二、国际分工的产生与发展

(一)萌芽阶段(16—18世纪中叶)

社会分工产生于原始社会末期,但由于当时的生产力水平低,还没有从社会分工发展到国际分工。随着社会生产力的发展,11世纪欧洲城市兴起、手工业与农业逐步分离,商品经济有了较快的发展。特别是15世纪末到16世纪上半叶的"地理大发现"和随后的殖民地开拓,使市场大大地扩展,并促进了手工业向工场手工业的过渡。这种过渡也体现了社会分工水平的进一步提高。从此,资本主义进入了资本原始积累时期。殖民主义国家用暴力和超经济的强制手段,在亚、非、拉美殖民地开采矿山,建立甘蔗、烟草等农作物种植园,为本国提供其不能生产的农作物原料,以扩大本国工业品的生产和出口。宗主国和殖民地之间最初的垂直型国际贸易形式出现了。

(二)形成阶段(18世纪60年代—19世纪60年代)

这个阶段发生的第一次工业革命首先出现在英国,接着迅速扩展到其他国家。伴随着工业革命的完成,资本主义经济体系得以确立,它加快了商品经济和社会分工的发展,促进了国际分工,由此促成了真正意义上的国际分工的形成。其特点如下:

1.机器工业为国际分工的发展奠定了物质基础

大机器生产使生产能力不断增强,生产规模迅速扩大,源源不断地生产出来的大批商品使国内市场饱和,需要寻求新的市场。大机器工业改革了运输方式,提供了电报等现代化通信工具,使国际分工成为可能,把原料生产国和工业品生产国联系在一起。大机器工业成为开拓市场的"重炮",打破了以往地方和民族的自给自足、闭关自守的市场,把各类型的国家卷入世界市场中。

2.国际分工的中心基本上是以英国为中心形成的

由于英国首先完成了工业革命,其生产力和经济迅速发展,在国际经济竞争中处于绝对优势地位。英国放弃了长期推行的重商主义政策,转向自由贸易政策。它通过殖民统治和强大的经济贸易实力,将亚、非、拉美国家落后的农业经济纳入国际分工和世界市场的旋涡中,成为国际分工的中心。

3.世界市场上交换的商品日益为大宗商品所代替

这些商品包括小麦、棉花、羊毛、咖啡、铜、木材。19世纪中叶后,随着英国全面自由贸易政策的实施,加强了对棉花和谷物的进口依赖,其他资本主义国家也在不同程度地寻找、开发海外原料和食物资源,从而使得大宗商品在世界市场上的交易额迅速增长。

(三)形成阶段(19世纪中叶—第二次世界大战)

这个时期发生了第二次工业革命,石油、汽车、电力、电器工业的建立,交通运输工具的更新,苏伊士运河(1869年)和巴拿马运河(1914年)的开通,电报、海底电缆的出现,大大促进了资本主义生产的发展,推动了资本主义经济体系的确立。这一时期垄断代替了自由竞争,资本输出加强,形成了国际分工体系,其特点如下:

1. 进入国际分工的中心国家增多

这一时期完成工业革命的法国、德国、美国、日本等发达国家都进入了国际分工中心国家的行列。这些国家制约着国际分工的机制。

2. 发达国家间出现部门分工

挪威专门生产铝,比利时专门生产铁和钢,芬兰专门生产木材和木材加工产品,芬兰和丹麦专门生产肉产品(主要是肉类和乳品),美国成为谷物的生产大国。

3. 亚、非、拉美国家垂直型分工加深

随着国际分工中心国家的增多,亚、非、拉美殖民地和后进国家原有的垂直型分工加深,其产品生产进一步单一,主要生产和出口一两种中心国家生产和生活所需的农产品、矿产品,而所需的工业品和消费品则从中心国家进口。

4. 生产和消费变成世界性的

随着国际分工体系的形成,参与国际分工的每个国家都有许多生产部门,首先是为世界市场生产的,而每一个国家所消费的生产资料和生活资料,都全部或部分地依靠其他国家供应。其结果是,世界各国间的相互依赖关系加强,生产和消费逐渐变成世界性的了。

(四)深化阶段(二战后)

第二次世界大战以来,世界经济和政治发生了重大变化。这一时期发生了第三次科技革命,出现了电子、信息、宇航、生物工程、服务等新型产业,产业分工日益细化。发达国家通过工厂外迁等方式,进行经济结构的调整和优化,促使国际资本流动加速,形成全球化的生产和流通体系。殖民地和落后国家取得政治独立,开始发展民族经济。这一时期,市场经济成为世界各国经济体制的主流,为各国市场的相互融合和分工提供了基础,其特点如下:

1. 国际分工的基础深化

世界性产业结构升级与调整,出现了高技术化、服务化、融合化和国际化的趋势,促使整个社会分工向纵深发展;经济全球化快速发展,建立起了全球性的生产体系和贸易体系及管理和协调机构与机制;市场经济体制被普遍接受,对外开放政策成为各国对外经济贸易政策的主流。

2. 国际分工的参与度扩大

参与国际分工的国家和地区遍及世界,包括各种类型的国家,并且各国参与国际分工的程度在加深。货物贸易和服务贸易占国内生产总值的比重在低收入国家从1990年的30.6%提高到2004年的47.2%,在中等收入国家该比重同期从39.5%提高到71.6%,在高收入国家该比重同期从40.3%提高到52.0%。

3. 发达国家处于国际分工的主导地位

二战后,国际分工出现多样化趋势,但发达国家由于一直处于世界生产力发展的最高水平,在国际分工中的主导地位并未改变。主要体现在:发达国家处于科技发展的领先地位;以发达国家为母国的跨国公司是当代国际分工的营造者;发达国家是经济全球化的引导者;以发达国家为中心的地区经济贸易集团在众多地区经济贸易集团中效益最为显著,影响也最大。

4. 国际分工格局出现层次化

第二次世界大战以前,在传统的国际分工格局中,国际经济交往最主要的形式是商品贸易,而第二次世界大战后,国际经济联系无论是广度还是深度都大大超过了以往的国际经济联系,主要表现在:

(1)部分发展中国家和地区离开外围。第二次世界大战前,殖民主义宗主国处于国际分工的中心,殖民地、附属国和落后国家处于国际分工的外围,界限比较清楚。第二次世界大战后,随着发展中国家的经济发展,新兴的工业化国家和地区出现了,它们发展成制成品出口的主要国家和地区,其中包括:巴西、中国、印度、韩国、马来西亚、墨西哥、菲律宾、新加坡、泰国和土耳其。这些国家与其他发展中国家正在形成垂直型分工。如2003年,这些国家对非洲的出口中,制成品占到80.0%;而同年从非洲国家的进口中,燃料占到64.7%。

(2)区域性经贸集团内部分工加强。经贸集团内部通过经贸和投资等的自由化,实施各种计划,协调和扩大成员内部产业之间的分工,使内部贸易占整个对外贸易的比重不断提高。欧盟内部贸易占整个对外贸易的比重从1980年的60.9%提高到2004年的67.0%。同期,东盟该比重从17.4%提高到22.0%,亚太经合组织该比重从57.9%提高到72.2%。

(3)地区性区域分工在加强。日本在汽车业的生产中形成了与东南亚国家之间的分工。例如,在日本丰田汽车部件中,印度尼西亚和泰国生产踏脚和电动设备;菲律宾生产传动系统;马来西亚生产驾驶连杆和电动设备;新加坡办事处协调和管理各种交易。

(4)服务分工尚未形成固定形式。20世纪80年代以后,国际分工从有形商品领域向服务业领域扩展,并出现了相互结合、相互渗透的趋势,但尚未形成固定的形式。服务业的国际分工出现了两个特点:第一,发达国家居于世界服务业分工的主导地位。发达国家的服务业相当发达。在国内生产总值中,2003年服务业所占比重已高达71%,而同年发展中国家服务业占国内生产总值的比重为48%。第二,在服务业的国际分工中,发达国家以高新技术、金融、信息和资本密集型的服务参与服务业国际分工;而一些发展中国家以建筑工程承包、劳务输出等劳动密集型服务参与服务业国际分工。

三、国际分工的基本形式

(一)垂直型国际分工

垂直型国际分工(vertical international division of labor)是指经济发展水平不同的国家之间的纵向分工。具体而言,就是发达国家主要生产具有较高技术水平的工业制成品,而发展中国家则主要生产技术水平较低的农矿业初级产品。发达国家使发展中国家成为其工业品的销售市场和原料供应地,并凭借其在国际市场上的垄断地位,通过垄断价格在不等价交换中获取超额利润。当然,发展中国家利用初级产品的自然优势同发达国家进行贸易,可以扩大收入和进口本国所需的先进技术设备,从而促进本国经济的发展。

19世纪形成的国际分工就属于垂直型分工。第二次世界大战后,随着发展中国家的经济发展,这种类型的分工有所削弱,但仍然是发达国家与新型工业化经济体以外的发展中国家之间的一种主要的分工类型。2003年,初级产品占整个发展中国家出口的比重为28.6%。但同年,非洲55个发展中国家的出口中,初级产品出口占总出口的比重高达70.2%(燃料为49.7%)。

(二)水平型国际分工

水平型国际分工(horizontal international division of labor)是指经济发展水平相近的发达国家之间的横向分工,主要指发达国家之间在工业部门上的分工。第二次世界大战前,表现为产业间的分工。第二次世界大战后,由于科技进步与产业的迅速发展,这种类型的分工深化到产业内部,形成国际工业部门内部的分工。具体也可以说成,主要是指经济发展水平相同或接近的国家(如发达国家以及一部分新兴工业化国家)之间在工业制成品生产上的国际分工。其表现形式如下:

1.不同型号、规格产品的分工

一般来说,同样的产品往往具有不同的型号和规格,不同国家对同一类产品按不同型号或规格进行分工,从事专业化生产,以适应国内外市场的需要。例如:拖拉机,大体上美国着重发展大功率的轮式和履带式拖拉机;英国发展中型轮式拖拉机;德国发展小功率的轮式拖拉机。

2.零配件和部件生产的分工

由于各国科技和工艺水平的差异,一国在某一种零配件或部件的生产上具有优势,另一国对另一种零配件或部件可以进行专业化生产。第二次世界大战后,这种形式的专业化生产在许多产品的生产中得到了较大的发展。例如:喷气式飞机、原子能发电站设备、汽车、拖拉机、收音机、电视机、电脑等大批量生产所需的各种零配件或部件,往往在不同国家中进行专业化生产。

3.工艺过程的分工

这种分工是指不同国家对生产过程的不同阶段进行专业化生产。例如,在化学工业方面,某国一些工厂专门生产半成品,然后出口这些半成品供给设在其他国家的化工厂去生产各种化学制成品。举世闻名的德国拜耳公司所生产的中间产品提供给世界各地上万家的化工厂制造各种化学成品,就属于工艺过程的专业化。水平型国际分工已成为当今主流的国际分工形式。参与这种分工的国家除了发达国家,还有一些新兴工业化国家。

(三)混合型国际分工

混合型国际分工(mixed international division of labor)是指垂直型与水平型混合起来的国际分工。从一国角度看,若它在国际分工体系中既参与垂直分工,又参与水平分工,即为混合型国际分工。目前世界上绝大多数国家既参与垂直型国际分工,又参与水平型国际分工,属于混合型国际分工。

许多发达资本主义国家都属于这一类型。它们同发展中国家交换产品属垂直型分工,它们之间相互交换产品属于水平型分工。德国是"混合型"的典型代表。它对第三世界是"垂直型"的,向发展中国家进口原料,出口工业品,而对发达国家则是"水平型"的,在进口中,主要是机器设备和零配件,其对外投资主要集中在西欧发达的资本主义国家。

四、影响国际分工的因素

(一)自然条件是国际分工产生和发展的基础

自然条件包括气候、土地、水流、自然资源、地理位置和国土面积等是一切经济活动的基础,没有一定的自然条件,无法进行任何的经济活动,自然条件对各国产业结构的影响是显而易见的。如只有地处热带的国家,才能生产热带作物;只有沿海且渔业资源丰富的国家,才有可能发展海洋渔业和养殖业。国土面积小的国家,可能只拥有少数几种自然资源,也就只能以有限的自然资源发展某几种产业;相反,国土辽阔的大国,如俄罗斯、中国、加拿大、美国、巴西等国,国内各地区自然条件具有多样性,自然资源也很丰富,为发展多种产业和建立相对完整的工业生产体系提供了必要条件。

应当指出,随着社会生产力的发展,人类利用和开发自然的能力在不断提高,自然条件的制约作用逐渐在减弱。

(二)社会生产力是国际分工形成和发展的决定性因素

1.社会生产力促进国际分工的发展

生产力的发展是社会分工的前提条件。一切分工,其中包括国际分工,都是社会生产力发展的结果。它突出地表现在科学技术的重要作用上。迄今为止出现的三次科学技术革命,都深刻地改变了许多生产领域,不断地改善生产技术、工艺过程和生产过程,使社会分工和国际分工随之发生变革。或者说社会生产力是决定国际分工的决定性因素。生产力水平的高低决定着该国家或者地区可以在国际分工中扮演什么样的角色,承担什么样的分工和职能。

2.社会生产力决定国际分工的地位

在历史上,英国最早完成工业革命,生产力得到巨大发展,使其成为"世界工厂",英国在国际分工中居于主导地位。继英国之后,欧美资本主义国家的工业革命相继完成,生产力迅速发展。它们便与英国一起成为国际分工的中心国家与支配力量。第二次世界大战以后,原来的殖民地半殖民地国家在政治上取得独立,努力发展经济,生产力得到较快发展,出现了一些新兴工业化国家,它们在国际分工中的不利地位得到逐步改善。

3.社会生产力影响国际分工的参与度

随着生产力的发展,各种经济类型的国家都加入国际分工行列。国际分工已把世界各国紧密地结合在一起,形成了世界性的分工。随着各国生产力的发展,各国参与国际分工的形式从垂直型向水平型过渡;从国际货物分工向国际服务业分工延伸;从单一类型的国际分工向多层次的国际分工形式发展。

4.社会生产力提高国际分工的层次

以高科技为核心的知识作为一种要素,在生产中的作用大大超过了自然资源,使各国的经济活动在更大程度上依靠科学技术和人的智力,促使国际分工向高层次发展。

(三)人口分布、生产规模和市场发育程度与规模影响各国参与国际分工的能力

1.人口分布

人口分布的不均衡会使分工和贸易成为一种需要。人口稀少、土地广阔的国家往往偏重发展农业、牧业、矿业等产业;而人口众多、资源贫乏的国家往往大力发展劳动密集型产业。于是,在国家间就有进行国际分工与国际贸易的必要。

2.生产规模

现代大规模的生产使分工成为必要的条件,这种分工跨越了国界,就形成了国际分工。随着劳动规模越来越大,分工会越来越细,任何一个国家都不可能包揽所有的生产,必须参与国际分工。

3.市场发育程度与规模

在自给自足的自然经济条件下,由于商品经济不发达,市场狭小,各国参与国际分工的动力不足。在市场经济条件下,商品经济日益发展,市场不断扩大,分工向纵深发展,各国参与国际分工的愿望日益强烈。

(3)国际资本流动是国际分工深入发展的关键

资本国际化促进了国际分工的迅速发展。自19世纪末以来,资本输出就成为世界经济中重要的经济现象。第二次世界大战后,跨国公司迅猛发展,发展中国家和经济转型国家对外资开放,这些都大大加速了资本的国际化进程,使国际分工向深度和广度发展,出现了世界性的分工。

(四)政府行为可以推进和延缓国际分工的发展

政府是奉行开放政策,还是封闭政策;是实行自由贸易,还是保护贸易;是积极参与多边行动,还是独立作战,都将对一国参与分工的方式、在国际分工中的地位和获取的利益产生影响,甚至是决定性的影响。政府行为对国际分工的影响主要是通过政府经济政策的制定和实施体现的:

1.政府可以通过单边行动,调整和改变一国参与分工的方式和在国际分工中的地位。例如政府可以通过宏观经济政策,特别是产业政策的制定,确立优先发展、扶持发展、维护发展、抑制发展产业目录,通过政策倾斜或导向,影响资源流向,改变或调整产业结构,从而对一国参与国际分工的方式和在国际分工中的地位产生影响。

2.政府可以通过与其他国家协商、缔约的方式,共同推进区域性分工、贸易的发展。现实中有许多实例,如欧洲经济一体化的发展,加强了成员国之间分工的发展,贸易的扩大。欧盟在1970年,实现关税同盟之初,成员国内部贸易占集团总贸易的比例为59.5%,1980年为60.8%,1990年为65.9%。

3.政府通过参加国际组织、缔结国际协定改善、加强其在国际分工中的地位。如中国加入WTO后,整个贸易环境发生改变,趋向自由化,中国企业和商品可以根据比较优势,

或竞争优势参与世界市场的角逐,在国际分工体系中更客观、准确地定位。

第二节 世界市场

一、国际价值

(一)国际价值的概念

国际价值(international value)是世界市场范围内的商品市场价值,它是由在世界经济现有条件下,在各国劳动者的平均劳动熟练程度和强度下,生产某种商品所需要的世界社会必要劳动时间决定的。由于世界社会必要劳动时间是随着世界劳动生产力的变化而变化的。所以,国际价值是一个动态的概念,以国际分工为联系的世界市场的形成和发展是国际价值形成的重要条件。

(二)国际价值与国内价值

商品的国际价值与国内价值和国别价值在本质上是相同的,都是一般人类劳动的凝结,由参加国际贸易的各国国内价值或国别价值的平均数形成的,由世界劳动的平均单位或国际社会必要劳动时间决定的。

商品的国际价值与国内价值或国别价值在量上是有差异的。商品的国内价值或者国别价值是由该国生产商品的社会必要劳动时间——在该国经济现有条件下,用社会平均的熟练程度生产该商品所花费的劳动时间决定的。因此,在同一国内,在同等的劳动熟练程度和强度下,用相同的时间所生产的各种产品具有同等的价值,而商品的国际价值是由生产商品世界社会必要劳动时间决定的。因此,在世界范围内,不同国家因国民劳动强度不同,在同一劳动时间内生产出不同的国际价值。

此外,商品的国际价值与国内价值或国别价值在量上表现形式上的差异在于,商品的国内价值或国别价值是以该国的货币表示的,而商品的国际价值在世界市场上是以世界货币的形式进行表示。

(三)影响国际价值的因素

1.国际分工和世界市场联系的广度和深度

以国际分工为联系的世界市场的形成和发展是国际价值形成的最为重要的条件。正是在世界市场上,国内劳动才具有世界劳动的资格,国内价值才体现为世界价值。因此,商品的国际价值量大小受到国际分工和世界市场联系的广度和深度的直接影响。国际分工和世界市场联系越广、越深,各国国内价值便越多地体现出来。

2.劳动生产率

商品的国际价值受到劳动生产率的影响。劳动生产率越高,单位时间内生产的商品就越多,则生产单位商品所需要的社会必要劳动时间越少,单位商品的价值量便越小;反之,劳动生产率越低,单位时间内生产的商品越少,则生产单位商品所需要的社会必要劳动时间越多,单位商品的价值量便越大。由于劳动生产率又受到劳动者的熟练程度、生产资料尤其是生产工具的装备水平、生产组织状况、科学技术发展和应用程度、原料优劣,以及各种自然条件等影响,因此,国际价值也间接受到这些因素的影响。

3.劳动强度

劳动强度是指单位时间内劳动消耗的程度。各国劳动强度的变化影响世界劳动强度的改变,从而影响国际价值的变化。劳动强度与国际价值成正比例关系,劳动强度越大,意味着单位时间内消耗的劳动越多,因而价值也越大;反之,劳动强度越小,单位时间内消耗的劳动就越少,价值也就越小。

4.贸易参加国的贸易量

一种商品的国际价值主要受到出口大国的国别价值的影响,受其他出口小国的国别价值影响较小。

二、国际价格

(一)国际价格的概念

商品的国际价格(international price)是指在一定条件下世界市场上形成的价格,它是国际价值的货币表现,即以货币表现的商品的国际价格。国际价格与国际交换、国际分工都是世界商品经济体系中经济上相互依赖关系的最基本表现形态。国际价格这一范畴表现出世界范围的相互依赖关系的建立和世界市场以及世界经济体系的形成。

(二)影响国际价格的因素

如前所述,商品的国际价格是以国际价值为基础,并围绕国际价值上下波动的。但是除国际价值,即生产商品的国际社会必要劳动时间之外,还有许多因素对国际价格起影响作用。

1.国际供求关系及其变动

商品的国际价格是由世界市场上的供求关系决定的。世界市场上某商品的供求关系及其变化均会直接影响这种商品的国际价格。若世界市场上某商品供过于求则该商品的国际价格将会下降;相反,若供不应求,则价格上涨;在其他条件不变或变化极微小的情况下,当世界市场上某商品的供给增加时,该商品的国际价格会下跌,供给减少,价格上涨,当该商品的需求增加时,其国际价格便会上涨,需求减少,价格下跌。例如,铜主要产于智利、赞比亚,因此,如果智利发生地震,铜减产,铜的国际价格就会上涨,如果赞比亚发现新的铜矿,铜的产量增加,则铜的国际价格就会下跌;反之,如果因铜的替代品大量开发并生产,而使世界市场减少对铜的需求,铜的国际价格便会下跌。

2.世界市场上的竞争

在世界市场上,商品的竞争包括各国卖主之间的竞售、各国买主之间的竞购和各国买主和卖主之间的竞争。这三方面的竞争均会影响商品的国际价格。在世界市场上,各国卖主竞销某一商品的结果是这种商品的国际价格下跌;各国买主竞购某一商品则会使这一商品的国际价格上涨。各国买主与卖主之间的竞争对某一商品的国际价格的影响则取决于两者竞争力量的对比,当某一商品处于"买方市场"时,买方会凭其在交易上的有利条件压低商品的国际价格;反之,当某一商品出现"卖方市场"时,卖方会凭其有利条件抬高价格。

3. 世界市场上的垄断力量

在世界市场上，国际垄断组织为了追求最大限度的利润，往往凭借它们所具有的经济力量，通过相互协议或联合，采取瓜分销售市场、规定统一价格、限制商品产量、销售量、购买量和采购时间等措施直接或间接地控制某一部门或几个部门产品的国际价格。对于劳务技术的提供、价格和市场，它们也采用种种办法进行操纵和控制。例如，成立于1930年的国际电气协会（IEA）一直统治着世界电机市场，参加该协会的电机设备制造商通过协会规定了对发达资本主义国家以外的国家的市场划分办法和出口价格，卡特尔的出口价格约比竞争条件下的价格高出15%或15%以上。而且，它们对发展中国家所规定的价格经常超过对发达国家的定价。

4. 资本主义经济周期

资本主义经济要经过一定的周期性循环。经济周期不同阶段产销的变化直接影响世界市场上商品的供求关系，从而影响商品的国际价格。在危机阶段，生产下降。商品滞销，使大部分商品的国际价格下降。危机过后，经过一段时期的萧条，逐渐复苏，以至高涨，生产逐渐上升，需求逐渐增加，价格便逐渐上涨，直至另一经济危机发生，价格便又下跌。

5. 国际通用货币币值的变动

在世界市场上，用以表示商品国际价值的国际通用货币升值或贬值，会引起商品国际价格的下跌或上涨。例如，20世纪70年代美元币值的不断下浮曾使商品的国际价格普遍上涨，其中初级产品价格的涨幅尤大。又如，1994年底、1995年年初发生的美元暴跌，连同墨西哥金融风暴和巴林银行倒闭，也严重扰乱了全球市场。

6. 商品的质量、包装及销售中的有关因素

在国际市场上，商品都按质论价，优质高价，劣质低价。此外，包装装潢、付款条件、运输条件、销售季节、商标牌号、成交数量、消费者的喜好、广告宣传的效果、服务质量的好坏等也影响着商品的国际价格。

7. 各国政府和国际性组织所采取的有关政策措施

第二次世界大战以后，世界各国采取了许多政策措施，如价格支持、出口补贴、进出口管制、外汇管制、政府采购、战略物资收购及抛售政策等。一些国际性组织也采取了干预国际价格的政策措施，如欧共体（现欧盟）的共同农业政策、共同能源政策、共同渔业政策和石油输出国组织（OPEC）的石油供应政策等。这些政策措施对国际价格产生了很大的影响。

8. 非经济因素

自然灾害、战争、政治动乱及投机等非经济因素对国际价格也会产生影响。例如，20世纪80年代伊朗和伊拉克的战争导致石油价格的上涨。又如，美国总统选举也曾引起美元币值和股票市场的波动。再如，1993年3月16日，欧盟委员会宣布集体辞职，欧元对西方其他主要货币的汇率即告下跌等。

（三）国际价格的种类

在资本主义自由竞争时期，价格的形成取决于市场，世界市场上一种商品只有一种价格。在当代，由于垄断、国家垄断和超国家经济组织的存在和发展，世界市场已分化为垄断性领域、国家或超国家垄断领域和世界"自由市场"领域。与此相适应,国际价格出现了多元化,世界市场上有了四种不同的价格,即调拨价格与垄断价格、国家垄断价格或管理价格、区域性经济集团内部价格和国际"自由市场"价格。

1. 调拨价格与垄断价格

调拨价格是跨国公司对其内部交易(母公司与子公司及子公司之间的交易)所规定的价格,旨在最大限度地减轻其全球性税负、增加利润、转移款项、扶植子公司、控制市场竞争。调拨价格掩盖了国际市场的真实价格。

垄断价格是国际垄断组织参考世界市场上的供需情况,以获取最大限度的垄断超额利润为原则,凭借其经济力量和市场控制力量确定的对外交易价格。垄断价格是国际垄断组织在世界范围内进行积累的一种手段。

2. 国家垄断价格或管理价格

在世界市场上,不仅国际垄断组织对商品价格进行操纵和控制,而且资本主义国家也通过采取各种国内政策和对外贸易政策措施来干预、管理或影响国际价格,国家垄断价格或管理价格正是在国家机构或超国家机构的垄断干预措施的影响下形成的。如,农产品和战略物资是发达资本主义国家进行国家垄断干预的最主要领域。

此外,一些国家还通过签订政府间贸易协定(如易货贸易协定、国际商品协定等)来管理和干预特定商品的市场和价格。例如,商品协定通过规定最低限价和最高限价及其他办法来稳定商品的价格。

3. 区域性经济集团内部价格

第一次世界大战以后,随着区域性经济贸易集团的相继建立,内部统一价在经济贸易集团内得以形成。欧共体(欧盟)共同农业中的共同价格即属此类价格。

4. 国际"自由市场"价格

国际"自由市场"价格是指在不受垄断干扰的条件下,由国际独立经营的买主或卖主进行交易的价格。它是在世界"自由市场"领域里(以现货市场和期货市场为代表)通过买卖双方公开竞争而形成的,因而能客观地反映出商品的国际供求关系。

在当代国际贸易中,只有少数种类商品的小部分贸易是在世界"自由市场"上进行的,而且这部分贸易并未能完全免除垄断组织力量的影响。

三、世界市场

世界市场(world market)或国际市场(international market)是在整个世界范围内通过对外贸易联系起来的各国商品流通领域的总和。它是在民族市场或国内市场的基础上发展起来的,是由世界范围内通过国际分工联系起来的各国国内市场与国家之间的市场组合而成。

(一)世界市场的形成

世界市场的形成与发展与国际分工的形成与发展相呼应,世界市场是随着地理大发现而萌芽,随着第一次产业革命的发展而迅速发展,随着第二次产业革命的进展而最终形成的。

在前资本主义时期,没有世界市场,只有欧洲区域性市场等,国际贸易主要集中于地中海沿岸。到了 15 世纪末 16 世纪初,地理大发现扩大了区域性市场的地理领域,建立了世界性交易市场,并引起了商业、航海和陆路交通工具的大发展,为世界市场的形成奠定了基础。

18 世纪 60 年代到 19 世纪 70 年代,英、法等国先后完成了第一次工业革命,建立起大机器工业,资本主义的统治地位确立了,使作为资本主义生产方式产物的世界市场得到了迅猛的发展。大机器工业还为扩大各国国内市场和世界市场、加强国内和国际经常性经济联系所需要的交通运输工具提供了物质技术基础,从而推动了世界市场的进一步扩大和发展。

在 18 世纪 60 年代到 19 世纪 70 年代,世界市场虽然已经有了很大的发展,但各国间的贸易往来在地理上、政治上仍然受到诸多限制。世界贸易基本上是在西欧与中欧区域性市场,波罗的海沿岸与俄国区域性市场,北大西洋沿岸国家区域性市场,远东、南亚、东南亚区域性市场内进行,而且贸易账目经常是基本平衡的,一个统一的世界市场当时还未形成。

直到 19 世纪末至 20 世纪初,在第二次工业革命过程中,工农业生产的增长、交通运输工具的革命和资本输出的大规模进行,加速了世界市场和国际贸易的全面发展。把越来越多的国家乃至世界各国囊括到世界市场和国际贸易之中,建立了一个复杂的多边贸易多边支付体系,逐步实现了一个把世界各国都联系起来的统一的世界市场。

(二)世界市场的构成

1.国家构成

第二次世界大战前,世界市场的国家构成较为单一,并由少数资本主义国家主宰世界市场。第二次世界大战以后,殖民体系瓦解,一大批亚非拉发展中国家以独立主权国家的身份参加了世界市场活动。因此,第二次世界大战以后的世界市场是由各种经济类型的国家组成的既统一又对立的复合体。发达的市场经济国家、发展中国家和地区在统一的世界市场上并存,相互依赖,又相互矛盾。

2.成员构成

当代世界市场的成员既有以追求商业利润为目的而进行经济活动的企业,也有以促进私营企业扩大出口而建立并代表企业家集团利益的企业主联合会,还有经政府授权进行外贸活动的国家机关和机构。活动目的和性质互不相同的三类成员在世界市场上组成商品和劳务交换的主体。

3.商品构成

当代世界市场上的商品包括有形商品和无形商品。第二次世界大战以后,在第二次科技革命的推动和其他因素的作用下,世界工农业生产有了较大增长,世界有形商品贸易随之迅速增长。由于制造业的迅速发展、国际分工的深化、资本主义国家推行农业保护政策,加之技术进步使原料利用率提高,世界市场上工业制成品所占比重不断上升,初级产品所占比重不断下降,有形商品构成的这种变化趋势将随着知识经济时代世界范围内产业结构的智能化、高级化而不断增强。

随着有形商品贸易的迅速增长,以及生产要素在各国之间的流动不断加强,无形商品贸易不断发展,在未来的世界市场上,与高技术相适应的新型服务贸易项目的发展迅速将超过传统的服务贸易项目;高级人才、高素质劳动人员的跨国流动将越来越成为主流。

4.商品市场构成

从世界产品的特征来看,第二次世界大战以后既有以自由竞争为特征的开放性市场,又有卖方与买方有组织上联系、受垄断组织控制的封闭性市场,还有以商业一次性合同为基础的市场。同时,有以国际专业、协作化及长期的大规模联系为基础的市场,有以区位因素经济一体化为模式、以经济集团为基础的市场。

从世界商品市场的组织形式看,既有固定组织形式的国际商品市场,也有无固定组织形式的国际商品市场。前者主要包括商品交易所、国际商品拍卖中心、国际博览会和展销会、国际贸易中心等,一般是在规定的时间、固定的地点、由特定的人员按照一定的方式进行商品交易。后者通过单纯的商品购销或与其他因素结合的商品购销形式,如补偿贸易、加工贸易、招标与投标、租赁贸易等来进行国际商品交易。

5.商品销售渠道构成

销售渠道是指商品从生产者到消费者手中所经过的路线。世界市场上的销售渠道通常由三部分构成:第一部分为出口国的销售渠道,包括生产企业或贸易企业;第二部分是出口国和进口国之间的销售渠道,包括贸易双方的中间商;第三部分是进口国国内的销售渠道,包括经销商、批发商和零售商。随着网络的发展及其在国际贸易中的日益广泛使用,直接贸易越来越成为主要贸易方式,销售渠道也将随之改变,中间商将会减少。

6.运输网络构成

世界市场上的运输网络是由铁路运输网、公路运输网、水上运输网、管道运输网等组成的。第二次世界大战以后,在国际贸易货物运输中,水上运输占了第一位,铁路运输占第二位,可见,水上运输网和铁路运输网尤为重要。

7.信息网络构成

信息网络是世界市场的中枢。它由电话国际网、大众交流工具(印刷品、电话、电报、电传、电视广播等)、通信卫星系统、电脑互联网网络组成。第二次世界大战以后,世界市场信息网络手段不断多样化和现代化,信息机构不断增加,信息系统日趋国际化。

(三)当代世界市场的特征

1.世界市场容量不断扩大

随着各国国内市场与世界市场融合的加速,世界市场的容量不断扩大,具体表现为世界出口贸易额迅速增加。世界货物出口贸易额1980年为20320亿美元,1990年为34785亿美元,2000年为64441亿美元,2017年为17.43万亿美元。出口贸易额的年均增长速度不断增加,已从20世纪八九十年代的个位数提高到21世纪初的两位数。与此同时,世界服务出口贸易额增长很快。世界服务出口贸易额1980年为3910亿美元,1990年为8308亿美元,2000年为15293亿美元,2017年为5.19万亿美元。

2.传递机制加强

所谓传递,是指国内市场与世界市场之间的相互联系和影响。随着经济全球化的加速,二者的相互联系和影响不断加强,表现在以下方面:

(1)传递领域拓宽。传递领域从货物拓展到服务和生产要素的流动,传递的渠道增多。当今世界市场的传递渠道在原有的货物价格渠道的基础上,增加了服务渠道,资本流动渠道,人力资源渠道,科技、知识、信息传播渠道等。

(2)传递从单向转向双向。20世纪70年代以前,发达国家市场是世界市场的传递中心,它的扩大和萎缩直接影响到发展中国家的市场。20世纪80年代以后,随着发展中国家的兴起,其经济的发展和波动也反向传递到发达国家。如1973年石油危机和1997年东南亚金融危机也波及发达国家。

(3)传递速度加快。由于市场经济体制成为世界各国普遍接受的经济体制,加上对外开放成为主流的经济贸易政策,国内和世界市场的融合度提高,使得传递的阻力减少,导致传递加快和经济波动同步性增强。有些国家积极接受这种传递,可能有助于加快发展;有些国家反应迟钝,可能失去发展机会。

(4)传递机制出现协调。表现在:国际组织层次上的协调、区域经济贸易组织内部的协调、世界贸易组织通过规则对世界贸易的协调、巴塞尔委员会对国际金融的协调。

3.国际贸易的商品结构发生了重大变化

由于二战后国际分工格局的变化,国际贸易商品结构也发生了相应的变化。战前初级产品与工业制成品在世界贸易中所占的比重大约是60%与40%,战后这个比例开始倒过来了,工业制成品中,机械产品、电子产品等与新技术有关的产品比重在加大。造成这种情况的根本原因是,科技革命带来国际分工的深化,部门内分工的发展使国际贸易中的中间产品大大增加,大量的合成材料代替了原先的初级产品原料,发达资本主义国家的新技术使它们的农产品自给率提高,同时在产品价值含量提高的同时使所消耗的物质量减少。如1980年代石油需求占世界产出比重为7%,但1990年代后期仅占1.5%。

4.国际服务贸易发展迅速

战后的科技革命和经济高速增长,在加深国际分工的同时,也使各种生产要素在国家间流动加强,于是国际服务贸易迅速发展起来,不但传统的服务贸易项目,如银行、保险、运输等随着国际贸易发展而发展,其他的服务项目,如国际租赁、提供国际咨询和管理服务、技术贸易、国际旅游等也在战后得到快速发展,服务贸易的增长速度大于同期商品贸易的增长速度。目前,世界服务贸易总额已相当于世界商品贸易额的四分之一左右。

5.区域经济一体化和跨国公司给世界市场以巨大影响

战后的贸易自由化大大打破了国家间的关税和非关税壁垒,使国与国之间或板块与板块之间的经济联系进一步增加。于是在一个世界市场的范围内,存在许多跨国家的区域性市场。地区经济一体化并没有使世界市场变小,而是在世界自由贸易程度提高的同时,在某一区域内实行更高程度的自由贸易,因而区域经济一体化起着促进世界市场发展的作用。

战后跨国公司的大发展也给世界市场以巨大影响。跨国公司利用其雄厚的资本和科学技术上的优势,通过对外直接投资,绕过别国的关税和非关税壁垒,进入别国市场。它们采用多种组织形式和策略,垄断着世界的销售市场和原料产地,从而垄断了世界市场上很大一部分贸易。当今世界上国际贸易的80%与跨国公司有关,而跨国公司的内部贸易在资本主义世界贸易中的比重约占三分之一。

本章小结

国际分工是国际贸易的基础,国际贸易是国际分工的表现,二者相辅相成,互相制约,互相促进。国际分工的产生与发展受自然条件、社会生产力、市场的发育程度、人口分布、生产规模、资本流动以及政府行为的综合影响,其中决定性的制约条件是社会生产力的发展程度。

世界市场价格产生的基础是贸易商品的国际价值。而国际价值来源于国别价值,劳动生产率和劳动强度决定商品国别价值的大小。商品的国际价格是以国际价值为基础,并围绕国际价值上下波动的。但是除国际价值,即生产商品的国际社会必要劳动时间之外,还有许多因素对国际价格起影响作用。

在当代,国际价格出现了多元化,世界市场上有了四种不同的价格,即调拨价格与垄断价格、国家垄断价格或管理价格、区域性经济集团内部价格和国际"自由市场"价格。

当代世界市场不断扩大,参与世界市场活动的有国家,有各类企业,还有各种商品。它们之间通过销售渠道、运输和信息网络相互结合一起。通过参与世界市场的活动,各国和企业获取贸易利益,提高在国际分工中的地位,接受经济传递,参与经济全球化。

【思考练习】

1. 分析影响世界市场价格的主要因素。
2. 分析影响国际分工发展的因素。
3. 分析国际分工对国际贸易的影响。
4. 分析世界市场的含义、构成及当代世界市场的基本特征。

第二篇　国际贸易理论部分

第三章　传统国际贸易理论

学　习　目　标

(1)掌握绝对优势理论和比较优势理论及其主要观点
(2)掌握相对优势理论和相对优势理论及其主要观点
(3)理解要素密集度和要素丰裕度的含义
(4)掌握赫—俄理论的基本内容和要素价格均等化定理
(5)了解里昂惕夫之谜及其相关解释

教　学　内　容

第一节　古典国际贸易理论

一、重商主义贸易理论

(一)历史背景

重商主义思想最初发源于英国,萌芽于14世纪,产生于15世纪,全盛于16、17世纪。这段时期内,封建主义经济基础逐渐瓦解,资本主义生产开始发展起来,重商主义应运而生。重商主义以16世纪中叶为界分为早期重商主义和晚期重商主义。"无论早期还是晚期重商主义,都把货币看作是财富的唯一形态,把货币多寡作为衡量国家富裕程度的标准,都强调政府对经济生活的干预。"重商主义加速了西欧大国的经济崛起,对世界经济的发展产生深远的影响。

(二)基本观点

早期重商主义被称为重金主义,以英国人威廉·斯塔福(William Stafford)为代表,主张绝对禁止贵重金属外流。为此,当时执行重商主义政策的国家禁止货币出口,由国家垄断全部货币贸易,外国人来本国进行贸易时,必须将其销售货物所得到的全部款项用于购买本国的货物。早期重商主义的这种思想被称为货币平衡论。

晚期重商主义也称贸易差额论。管理金银进出口的政策变为管制货物的进出口,力图通过奖出限入政策,保证贸易出超,以达到金银流入的目的,其主要代表是英国的托马斯·孟(Thomas Mun)。他主张将货币投入有利可图的对外贸易，认为货币产生贸易，贸易增多货币，只有保持贸易顺差，才可能增加货币并使国家富足。但一国追求贸易顺差的办法应是保持本国对外贸易总额的顺差，而不必使对每个国家的每笔交易都保持顺差。晚期重商主义的这种思想被称为贸易平衡论。

早晚期重商主义都强调货币是财富，早期重商主义要求追求与每个贸易伙伴的贸易顺差，而晚期重商主义主要追求总的贸易顺差。根据重商主义的观点，对外贸易是一种"零和博弈"，即一国之所得是另一国之所失。而为达到由贸易积累货币财富的目的，通过国家干预经济活动从而直接或间接限制货币流出或扩大货币流入就不可避免地成为重商主义的政策主张。

(三)经贸政策

欧洲晚期重商主义制定和执行的是奖励出口，限制进口的贸易政策与措施，这些政策和措施促进了英国等国资本的原始积累，推动了资本主义生产方式的建立。其主要内容如下：

1.鼓励出口、限制进口政策

(1)对非生产性产品限制出口，尤其是禁止奢侈品的进口；

(2)对生产用的原料鼓励进口，对竞争性产品限制进口；

(3)对于竞争力强的进口商品征收很高的保护关税，以抵消其竞争力；

(4)对本国商品的出口，除减低或免除出口关税，还给予各种补贴；

(5)当国内生产的商品出口后，把在国内已征收的国内关税退还给出口厂商。

2.管制短缺物资出口政策

禁止重要原料的出口，但许可自由进口原料，加工后再出口。通过设立独占经营的殖民地贸易公司，例如：英国、法国、荷兰等国成立的东印度公司，在殖民地经营独占性的贸易与海运，使殖民地成为本国制成品的市场和原料供给地。

3.独占殖民地贸易与航运政策

1651年英国通过了重要的航海法案。该法案规定，一切输往英国的货物必须用英国船只载运或原出口国船只装运；对亚洲、非洲及北美的贸易必须由英国或殖民地的船只载运。

4.其他措施

(1)保护农业，英国在1660—1689年间，通过了《谷物法》来限制廉价的粮食进口；(2)政府通过职工法，鼓励外国技工的移入；(3)以行会法规奖励国内工场手工业的发展；(4)租用本国船只运输货物；(5)奖励人口繁殖，扩大劳工来源，降低生产成本。

(4)简要评述

重商主义所处的时代是欧洲从封建社会向资本主义社会过渡的时期，重商主义学说对当时欧洲各国经贸政策的制定起了指导作用，促进了有关国家商品货币关系的发展，加速了资本的原始积累，推动了资本主义生产方式的建立和发展，重商主义者提出的不少政策迄今仍被许多国家使用，如"出口退税"、"奖励出口"、"关税与非关税壁垒"、"进口替代"等等。

但是，由于商业资产阶级的历史局限性和国际贸易实践的限制，重商主义学说也存在明显的不足。第一,重商主义以其错误的财富观为基础,认为国际贸易是一种"零和博弈",一方得益必定是另一方受损,出口者从贸易中获得财富,而进口者则减少财富。第二,重商主义片面强调国家利益而忽略了人民利益、追求本国利益而无视他国利益的做法是和互通有无、互利互惠以及提高国民福利水平的国际贸易准则背道而驰的。第三,重商主义片面强调顺差,不但会加剧同他国的经济摩擦,也会推动国内货币贬值和物价上涨。第四,它对社会经济现象的探索只限于流通领域而未考虑生产领域,其理论缺乏科学性。

二、绝对优势贸易理论

(一)历史背景

18世纪中后期,资本主义工场手工业在西欧各国获得了空前发展,随之而来的便是工业革命。工业资产阶级为了扩大海外市场,并从国外进口廉价的工业原料,他们迫切需要摆脱重商主义的束缚,反对政府对国际贸易的干预,反对金银外流的禁令。他们对货币金银本身已经不太感兴趣,而是对具体的物质财富(生产资料和消费资料)更加重视。为了适应工业资产阶级的历史需要,以亚当·斯密(Adam Smith)为代表的经济自由主义思潮开始盛行。1776年亚当·斯密出版了"An Inquiry into the Nature and Causes of Wealth of Nations"(《国民财富的性质和原因的研究》)简称《国富论》一书,批评重商主义,反对政府对经济的过度干预,创立了自由主义经济理论。在国际贸易方面,他主张国际分工和自由贸易,强调国际贸易的双方互利性,从而提出自己的国际贸易理论,即绝对成本优势理论。

(二)理论渊源

1.晚期重商主义的发展。晚期重商主义者托马斯·孟阐述了与早期重商主义的不同观点,不认为货币储存越多,国家越富裕,并且要求国家取消禁止输出货币的法令,从那时起,国际贸易突破瓶颈,实现了输出与输入结合的方式。但由于财富概念理解的偏差,以及17世纪初期技术的进步,需要一个促进创新的竞争环境,而重商主义垄断有碍于创新,英国取消了经济政策的管制,重商主义时代从此走向萧条。配第、诺斯和休谟等经济学家对重商主义进行了大量批判,休谟从三个基本点入手深刻批判了重商主义:货币只是交换媒介,并不代表国家财富;否定大量进口导致金银外流;批判政府贸易保护措施。这些都为斯密的经济贸易理论做了铺垫。

2.重农主义思想的启示。重农学派在18世纪中期活跃于法国古典政治经济学的一个主流学派,佛郎索瓦—魁奈是主要代表者,杜尔阁是后期主要代表者。重农学派1750年出现,1780年即被人们遗忘,其只在法国风行了二三十年。在这二三十年中,重农主义学者与斯密有了深刻的思想交流。斯密一次很偶然的机会,与巴克勒公爵前往法国,在那深入地观察了法国社会,同魁奈以及杜尔阁的交往中,与他们达成了共识,即国家需要大力发展农业,减缓税收,扩大对外贸易,提升国内农业发展,积极倡导经济自由主义。按照重农学派观点,国家政权职能在于保护私有制,而不在于干预经济生活。重农学派反复强调私有制符合自然秩序,其实就是在强调发展资本主义对于社会发展的重要性。

3.亚当·斯密对重商主义的批判。古典经济学的创始人亚当·斯密(1723—1790)对重商主义进行了系统而深刻的批判。斯密驳斥了重商主义宣称的一国从国际贸易中的得益必然要以他国的损失为代价的观点。他认为社会财富应以商品劳务的生产来衡量,贸易的利益应是双方的,反对政府干预,他创立了自由放任的资本主义经济贸易理论——绝对利益说。在其著作《国富论》中对该理论做了详细阐述。

(三)主要内容

1.前提假设

(1)世界上只有两个国家、两种产品、一种投入要素,即"2×2×1"模型。两国在不同产品上的生产技术不同,存在劳动生产率上的绝对差异。(2)投入的边际产量是固定的,生产的规模报酬不变;(3)对外贸易方面,没有运输成本和其他交易费用。进出口贸易值相等,即贸易是平衡的。(4)劳动是唯一生产要素,在一国内是自由流动的,但国家间不能自由流动;(5)市场是自由竞争的。

2.核心思想

由以上假设可知,绝对优势理论是一个理想模型,其核心是各国应按照"绝对成本"原则进行国际分工和自由贸易,即生产和出口本国生产成本绝对低于他国的商品,进口生产成本绝对高于他国的商品,按此原则进行分工贸易,对各国均有利。其政策主张是实行自由贸易,强调"看不见的手"的作用,贸易越自由,国际分工越彻底,从国际贸易中获利就会越大。

由表3-1以英国和葡萄牙分别生产葡萄酒和毛呢两种产品为例,说明存在绝对成本差异的两个国家进行分工后可以获得的利益,能够提高劳动生产率,提升消费水平以及节约社会劳动。

表 3-1 绝对优势和分工利益

情形	国家	葡萄酒产量(单位)	所需劳动人数(人/年)	毛呢产量(单位)	所需劳动人数(人/年)
分工和贸易前	英国	1	120	1	70
	葡萄牙	1	80	1	110
	合计	2	200	2	180
分工和贸易后	英国			2.7	190
	葡萄牙	2.375	190		
	合计	2.375	190	2.7	190
国际交换	英国	1		1.7	
	葡萄牙	1.375		1	

分工和贸易前

总产出:2单位毛呢+2单位酒

消费量:英国:1单位毛呢+1单位酒;葡萄牙:1单位毛呢+1单位酒

分工和贸易后

总产出:2.7单位毛呢+2.375单位酒

消费量:英国:1.7 单位毛呢+1 单位酒;葡萄牙:1 单位毛呢+1.375 单位酒

3.主要观点

(1)分工可以提高劳动生产率,增加国民财富。斯密认为,交换是出于利己心并为达到利己目的而进行的活动,是人类的一种天然倾向。人类的交换倾向产生分工,社会劳动生产率的巨大进步是分工的结果。他以制针业为例说明其观点。根据斯密所举的例子,分工前,一个工人每天至多能制造 20 枚针;分工后,平均每人每天可制造 4800 枚针,每个工人的劳动生产率提高了几百倍。由此可见,分工可以提高劳动生产率,增加国民财富。

(2)分工的原则是成本的绝对优势或绝对利益。斯密进而分析到,分工既然可以极大地提高劳动生产率,那么每个人专门从事他最有优势的产品的生产,然后彼此交换,则对每个人都是有利的。即分工的原则是成本的绝对优势或绝对利益。他以家庭之间的分工为例说明了这个道理。他说,如果一件东西购买所花费用比在家内生产的少,就应该去购买而不要在家内生产,这是每一个精明的家长都知道的格言。裁缝不为自己做鞋子,鞋匠不为自己裁衣服,农场主既不打算自己做鞋子,也不打算缝衣服。他们都认识到,应当把他们的全部精力集中用于比邻人有利地位的职业,用自己的产品去交换其他物品,会比自己生产一切物品得到更多的利益。

(3)国际分工是各种形式分工中的最高阶段,在国际分工基础上开展国际贸易,对各国都会产生良好效果。斯密由家庭推及国家,论证了国际分工和国际贸易的必要性。他认为,适用于一国内部不同个人或家庭之间的分工原则,也适用于各国之间。国际分工是各种形式分工中的最高阶段。他主张,如果外国的产品比自己国内生产的要便宜,那么最好是输出在本国有利的生产条件下生产的产品,去交换外国的产品,而不要自己去生产。他举例说,在苏格兰可以利用温室种植葡萄,并酿造出同国外一样好的葡萄酒,但要付出比国外高 30 倍的代价。他认为,如果真的这样做,显然是愚蠢的行为。每一个国家都有其适宜于生产某些特定产品的绝对有利的生产条件,如果每一个国家都按照其绝对有利的生产条件(即生产成本绝对低)去进行专业化生产,然后彼此进行交换,则对所有国家都是有利的,世界的财富也会因此而增加。

(4)国际分工的基础是有利的自然禀赋或后天的有利条件。斯密认为,有利的生产条件来源于有利的自然禀赋或后天的有利条件。自然禀赋和后天的条件因国家而不同,这就为国际分工提供了基础。因为有利的自然禀赋或后天的有利条件可以使一个国家生产某种产品的成本绝对低于别国而在该产品的生产和交换上处于绝对有利地位。各国按照各自的有利条件进行分工和交换,将会使各国的资源、劳动和资本得到最有效的利用,将会大大提高劳动生产率和增加物质财富,并使各国从贸易中获益。这便是绝对成本说的基本精神。

(四)简要评述

斯密对重商主义的批判和对自由贸易的倡导适应了新兴资产阶级的发展需要。斯密的绝对成本理论,标志着国际贸易基础理论的创立,不仅为李嘉图等人的传统贸易理论的发展奠定了思想基础,也成为战后新贸易理论的思想源泉,具有重要的理论意义和现实意义。

首先,该理论可以看成是解释国际贸易产生原因的最早的理论,它第一次用劳动价值论说明国际贸易的利益和基础,为互惠互利的国际贸易理论的建立奠定了基础。其次,该理论倡导自由贸易,它是反对重商主义的锐利武器,加速了近代工业的发展。此外,该理论最大的贡献在于说明国际贸易并不一定是"零和博弈",折射出了国际交往活动中的"双赢"思想,为科学的国际贸易理论的建立做出了可贵的贡献。

当然,亚当·斯密的理论也存在着明显的缺陷。该理论只说明了国际贸易中的一种特殊现象,即至少在一种商品的生产上处于绝对优势的国家,才能参加国际分工和国际贸易并从中获得利益。而在生产上并不具有优势的国家能否参加国际分工和国际交换,能否获得利益,斯密的理论并没有回答,针对上述绝对优势理论无法解释的问题,大卫·李嘉图论证了更为广泛的国际贸易现象的客观必然性——建立在劳动价值论基础上的贸易互利性原理,据此提出了比较优势理论。

二、比较优势贸易理论

(一)历史背景

1815年,英国政府颁布了《谷物法》,提高粮食和土地的价格,限制进口谷物,严重损害了新兴工业资产阶级的利益,导致工人工资被迫上升;地租上升,企业主成本增加;吃粮开支上升,各阶层对工业品的消费下降;进而招致外国以高关税限制英国工业品出口,英国的对外贸易受到重创。英国工业资产阶级迫切希望废除《谷物法》,并四处宣扬谷物自由贸易的政策,而英国大地主资产阶级由于《谷物法》获得的高额利益,便绞尽脑汁地想尽办法维护它的继续施行,提倡国内粮食自给,反对谷物的自由贸易。英国工业资产阶级和土地贵族阶级在是否进行谷物自由贸易上展开了激烈的博弈。绝对优势理论主要以地域分工理论作为贸易理论的基础,但是两个国家生产的两种不同的商品都具有绝对成本优势是很难实现的,无法解释很多国家在没有绝对优势时产品间所进行的贸易往来,因此迫切需要新理论的出现。

在反对《谷物法》和争取自由贸易的斗争中,李嘉图作为英国工业资产阶级的忠实拥护者,于1817年在其创作的《政治经济学及赋税原理》中提出了比较优势理论。比较优势理论认为,只要各国之间产品的生产成本存在相对差异就可以参与国际贸易,并可以从中获利。提倡英国不仅要从国外进口粮食,还要大量地出口本国的工业制成品,以此来获得利益差,促进英国国内财富的增加。最终1846年英国废除了《谷物法》,这是19世纪英国自由贸易政策取得的最伟大胜利。

(二)理论渊源

大卫·李嘉图(David Ricardo)在亚当·斯密的绝对优势理论基础上提出了比较优势理论。斯密认为由于自然禀赋和后天有利条件不同,各国均有一种产品生产成本低于他国而具有绝对优势,按绝对优势原则进行分工和交换,各国均可获益。李嘉图发展了斯密的观点,认为决定两国能否进行专业化分工和自由贸易的基础不是绝对成本的差别,而是比较成本的差别。在"2×2×1"的国际环境中,即使其中一个国家在两种产品生产上都处于绝对成本劣势,另一个国家在两种产品生产上都处于绝对成本优势,两国照样可以进行国际专业化分工和自由贸易。只要双方各自选择自己比较成本低的产品进行专业化分工并尽力扩大生产、加强出口贸易,同样可以保证贸易双方的互惠互利。

(三)主要内容

1.前提假设

(1)世界是只有两个国家,它们只生产两种产品。(2)两种产品的生产都只有一种要素投入——劳动,即"2×2×1"模型。(3)劳动是唯一生产要素,在一国内是自由流动的,但国家间不能自由流动。(4)规模报酬不变。(5)完全竞争市场。(6)无运输成本。(7)两国之间的贸易是平衡的。

2.核心内容

大卫·李嘉图的相对比较优势理论是在亚当·斯密的绝对优势理论的基础上发展起来的。李嘉图指出了亚当·斯密的缺陷,指出在国际贸易中起决定作用的是比较利益,认为即使一国在两种商品的生产中劳动生产率都处于全面优势或全面劣势的地位,两者有利或不利的程度必然有所不同。在国际分工中起决定作用的不是"绝对利益",而是"相对利益"。各国应按"两优取其更优、两劣取其次劣"的原则进行分工,集中生产出口"相对优势"产品,进口"相对劣势"产品,按此原则进行分工与贸易,对各国均有利。

表3-2以英国和葡萄牙分别生产毛呢和葡萄酒两种产品为例,说明存在比较成本差异的两个国家进行分工后可以获得的利益,可以使劳动配置更合理,生产总额增加,对贸易各国均有利,但其前提必须是完全的自由贸易。

表 3-2 比较优势和分工利益

情形	国家	葡萄酒 产量（单位）	葡萄酒 所需人数（人/年）	毛呢 产量（单位）	毛呢 所需人数（人/年）
分工和贸易前	英国	1	120	1	100
分工和贸易前	葡萄牙	1	80	1	90
分工和贸易前	合计	2	200	2	190
分工和贸易后	英国			2.2	220
分工和贸易后	葡萄牙	2.125	170		
分工和贸易后	合计	2.125	170	2.2	220
国际交换	英国	1		1.2	
国际交换	葡萄牙	1.125		1	

(1)分工和贸易前

总产出:2单位毛呢+2单位葡萄酒

消费量:英国:1单位毛呢+1单位葡萄酒;葡萄牙:1单位毛呢+1单位葡萄酒

(2)分工和贸易后

总产出:2.2单位毛呢+2.125单位葡萄酒

消费量:英国:1.2单位毛呢+1单位葡萄酒;葡萄牙:1单位毛呢+1.125单位葡萄酒

3.主要观点

(1)反对贸易保护,提倡自由贸易

比较优势理论从实证经济学的角度证明,无论生产力水平高还是生产力水平低的国家,按照比较优势参加国际分工和国际贸易都可以得到实际利益,世界福利总水平也会得到提高。在李嘉图看来,完全的经济自由应是国际性的自由。只有这样,才能使经济资源在一国甚至全世界得以自由流动及由此实现最优配置,因此市场经济必然是国际化经济。他认为,随着社会的发展,工人的名义工资会不断提高,从而引起利润率的降低,要避免这样的情况,并维护资本积累和工业扩张的可能性,唯一的办法就是自由贸易。这些观点对世界市场的扩大、社会生产力的进步和国际贸易在更广泛领域展开都无疑具有积极的促进作用。

李嘉图也阐述了对贸易保护的态度。他指出,适当时间可以采用贸易保护来维护自身的利益。举例说:在战争时期,由于商业不便,谷物不能以最低价格购买,一国便将大量资本转入农业生产。但是到战争结束时,商品输入的障碍消除了,有害于本国种植者的竞争开始了,而退出这种竞争会牺牲大量资本。这时,这种国家最好的政策就是在一定年限之内对外国谷物的输入征课一种不断缩减的税,以便本国经营农业的人有机会逐渐从土地上撤出其资本。

(2)反对进口关税和出口补贴

李嘉图认为,谷物出口补贴的最后影响不是提高或降低国内市场价格,而是降低谷物对国外消费者的价格。如果国外市场的谷物价格以往并不比国内市场低,那么降低的程度就会等于全部补贴。如果国内市场价格本来比国外市场高,那么降低的程度就会较小。因此,实际上是英国国内民众在牺牲自己的利益来维持国际市场上出口商品的低价格。况且,在当时的情况下,英国的生产力是世界上最发达的,产品也是最有竞争力的,因此,英国商品没有必要采取补贴的方式出口。李嘉图认为,进口关税和出口补贴会扭曲国内资本流向,他认为无论是工业制造品或谷物的高额进口关税和出口补贴,其唯一的结果就是一部分资本转移到任其自然时不会投入的行业去。这样会使社会总资金的分配十分有害,无异于贿赂制造业者,使其开始或继续经营好处较少的行业。这是最坏的一种课税,这笔损失的差额是由总资本的分配不利所造成的。

(3)促进技术进步,提高机器使用率

李嘉图指出商品的价格是由生产成本决定的。采用改良的机器以后,商品的生产成本就会降低,这样便能以较低的价格在国外市场上出售。假如所有其他国家都鼓励使用机器而本国却拒绝使用机器,那么在使本国商品的自然价格下降到与其他国家价格相等以前,就不得不输出货币交换外国的商品。和这些国家进行交换时,也许就要以本国两天劳动的产品交换外国一天劳动的产品。这种不利的交换是本国自身造成的结果,因为如果不拒绝使用邻国已经十分明智地使用了的机器,自身所输出的花费两天劳动的商品就会只花费一天的劳动。

(四)简要评述

1.贡献

比较优势理论以劳动价值论为基础,提出了按照比较成本差异,采用"两优相权取其重,两弊相权取其轻"的原则参与国际分工与贸易可获利的思想,为自由贸易政策提供了理论基础,具有划时代的意义,萨缪尔森称其为"国际贸易不可动摇的基础"。其贡献主要表现在:

(1)李嘉图证明了比较成本差异可以是国际分工与贸易的基础,这就把只适用于某种特例的绝对优势模型推广到适用于普遍存在的一般贸易现象。根据李嘉图的理论,世界上任何一个国家无论其经济发展水平如何,都可以通过参与国际分工和国际贸易而获利。这为世界各国发展经济贸易关系提供了有益的启示和理论参考,有助于整个世界贸易的扩大和生产力的发展。

(2)李嘉图的理论还对两国国际交换比例的决定做了初步探讨,他认为由于生产成本的相对差异造成的价格的相对差异实际上形成了两国商品交换比例的上下限,即两国封闭状态下的交换比例形成了两国商品交换的互利区间。

2.缺陷

当然,李嘉图的比较优势理论也存在着明显的缺陷,主要表现在以下几个方面:

(1)比较优势理论的不少假定条件与国际贸易的现实情况相脱节。如劳动是唯一的同质投入要素,这一假定使得该理论只考虑劳动要素对生产成本的影响,没有考虑其他生产要素在决定产品生产成本和价格方面的作用。

(2)李嘉图虽然正确地指出了劳动生产率差异是引起国际贸易的重要原因,但他并没有进一步解释造成劳动生产率差异的原因。

(3)比较优势理论是一种静态理论,只是以一国既定的劳动生产率作为分析的依据,并寻找各国在这方面的差异。事实上,劳动生产率不是固定不变的,而是一个可变因素。

第二节　新古典国际贸易理论

一、要素禀赋理论

(一)历史背景

古典国际贸易理论在西方经济学界占支配地位达一个世纪之久。到了20世纪30年代,才受到赫克歇尔和俄林的挑战,俄林批判地继承了大卫·李嘉图的比较成本说,他认为,在生产活动中,除了劳动起作用外,还有资本、土地等生产要素,各国产品成本的不同,必须同时考虑到各个生产要素。

1929年,资本主义世界爆发了历史上最严重、持续时间最长的一次经济危机。危机使当时的英国放弃自由贸易,各国对市场的争夺加剧,超保护贸易主义兴起。瑞典是一个经济发达的小国,国内市场狭小,对国外市场依赖很大,因而人们对超保护贸易主义深感不安。正是在这种背景下,瑞典经济学家俄林在1933年出版的《区际贸易和国际贸易》一书中,从全新的角度对国际贸易理论进行了发展,提出了著名的"要素禀赋理论"(theory of factor endowment),标志着国际贸易理论进入了新的发展阶段。之后,许多经济学家又在此基础上继续研究,提出了要素价格均等化定理等一批学说,形成了新古典国际贸易理论。

(二)理论提出

赫克歇尔—俄林定理(H-O定理)描述的是一个国家的贸易模式是如何决定的。如果两个国家消费者的偏好相同,在自由贸易条件下,每个国家都会出口密集使用其充裕性要素的产品,而进口另一种产品。

赫克歇尔是著名犹太裔瑞典经济学家,1897年起,在乌普萨拉大学(Uppsala University)学习历史和经济,1907年获得博士学位,1909年任斯德哥尔摩大学经济学和统计学教授。他在国际贸易理论上的卓越成就主要体现在1919年发表的长篇论文《对外贸易对收入分配的影响》,第一次提出"要素禀赋理论"的基本观点,认为各国生产要素自然禀赋的相对差异是国际贸易的基础,它决定了各国的比较优势,决定了贸易利益,因而也就决定了国际贸易的展开和继续发展。赫克歇尔在他的文章中指出,"只有当国际贸易能给参与贸易者带来巨大的利益时,贸易才能开展并得以继续下去"。赫克歇尔认为,这个"更大的利益"来源于各国的比较优势,即"一国通过生产他种商品并且将之同本国所需的此种商品相交换这种间接的方法,比自己直接生产此种商品能够更为顺利地满足本国的需求"。而"一国同另一国相比,生产要素的相对稀缺性方面的差异则是比较成本差异",是"国与国之间各种生产要素的组合比例各异"。赫克歇尔认为"各国生产要素的相对差异是国际贸易的基础,它决定了各国的比较优势,决定了贸易利益,因而也就决定了国际贸易的展开和继续发展"。

俄林作为赫克歇尔的学生,继承和发展了赫克歇尔的贸易思想。在1922年博士资格预选论文中,第一次提出了国际贸易理论初步大纲,成为后来关于国际贸易理论的基础。他1924年的博士论文及答辩中,较完整地阐述了关于区际和国际分工贸易理论体系。1931年,他把自己的贸易理论体系进一步加以充实、修改和提高,完成了《区际贸易与国际贸易》,对要素禀赋论进行了全面研究和系统论证。他的主要观点是,各国生产要素自然禀赋的相对差异决定了它对不同生产要素的使用方式和不同生产要素的价格,因而也就决定了各国在不同商品生产上的成本差异,决定了各国的比较优势定位以及参与贸易可以获取的利益。因此,各国生产要素自然禀赋的相对差异成为产生国际贸易的原因,构成了国际贸易的基础。

(三)主要内容

1.基本假设

(1)两种要素。假设生产过程中使用两种生产要素——资本和劳动力。这两种要素可以跨行业自由流动。(2)两种商品。这两种商品具有不同的生产技术,一种使用较多的土地,是资本密集型产品;另一种商品使用较多的劳动力,是劳动密集型产品。(3)两个国家。假设存在两个国家——本国与外国。两国在资源(要素)禀赋上具有差异,一国是劳动力充裕性国家,另一国是土地充裕性国家。(4)其他假设标准。其他假设标准与李嘉图模型一样,如假设规模效益不变、充分竞争,等等。

2.基本概念

(1)要素密集度

要素密集度(factor intensity)是一个与产品特性相关的概念,描述产品的生产技术。

土地密集型产品,是指无论工资相对于劳动的比例为多少,这种产品在生产过程中使用的土地相对于租金的比例均高于另一种商品。同样,劳动密集型产品,是指无论工资相对于租金的比例为多少,这种产品在生产过程中使用的劳动相对于土地的比例均高于另一种商品。这是由产品本身的生产技术决定的。

值得注意的是,要素密集度是一个相对的概念,关注的是土地数量相对于劳动力的数量,而不是土地和劳动力的投入绝对量。在"2×2×2模型"中,任何一种产品都必然要么是土地密集型产品,要么是劳动密集型产品。任何一种产品都不可能既是土地密集型产品,又是劳动密集型产品。

(2)资源充裕度

资源/要素充裕度(resource/factor abundancy)是一个与国家特性相关的概念,描述国家的资源/要素禀赋(resource/factor endowment),也就是资源拥有量。如果一国所拥有的土地相对于劳动力的比例高于另一国,则称这个国家为土地充裕性国家。如果一国所拥有的劳动力相对于土地的比例高于另一国,则称这个国家为劳动力充裕性国家。这是由国家的资源禀赋决定的。

同样,要素丰裕度也是一个相对的概念。在"2×2×2模型"中,任何一个国家都必然是一个是资源充裕性国家,另一个是劳动充裕性国家。任何一个国家都不可能既是资源充裕性国家,又是劳动力充裕性国家。

俄林指出,在很多情况下,每一个国家都可能拥有生产某一特定产品的生产要素,而且这些生产要素的绝对数量也可能还相当大,但是,就某一特定国家而言,它所拥有的某种生产要素同它拥有的其他生产要素相比,总是相对地多一些或相对地少一些。俄林将该国前一种情况下的生产要素称为"相对丰裕的生产要素"(relative abundant factor),将该国后一种情况下的生产要素称为"相对稀缺的生产要素"(relative scarcity factor)。如果一个国家某种生产要素相对丰裕,那么它对这种生产要素的使用就必然是"粗放型的"(extensive employment),该种生产要素的价格就相对较低;反之,如果一个国家某种生产要素相对稀缺,那么它对这种生产要素的使用就必然是"集约式的"(intensive employment),该种生产要素的价格就相对较高。而每一种特定产品的生产中,对各种生产要素的使用比例是不一样的,可能需要大量地使用某种特定的生产要素,而对他种特定的生产要素的使用量则相对较小。需要大量地使用某种特定的生产要素的产品就是"该种生产要素密集型产品"(a particular ractor intensive good)。"每一个国家在密集地使用该国丰裕而价格低廉要素的那些商品的生产上具有比较优势","一个国家最适合于生产需要更大比例地使用该国国内拥有的相对丰裕要素的那些产品,最不适合生产需要更大比例地使用该国国内拥有量最小或完全不拥有的要素的那些商品。显然,这就是国际贸易的原因"。

3.核心内容

各国生产要素的相对丰裕度导致各国生产要素价格的差异,而生产要素价格的差异使产品在生产过程中所使用的要素比例不同,导致各国生产同种产品的成本不同,从而造成同种商品价格不同。因此,一国应集中生产并出口其相对丰裕要素生产的产品,进口其相对稀缺要素生产的产品,按此原则进行分工与贸易,对各国均有利。

4.主要观点

(1)国际贸易的原因在于价格的国际差异

俄林认为,各国之间彼此进行贸易的原因在于同样的商品在各国之间的价格是不同的。在自由贸易的条件下,每个国家都会进口比国内生产更便宜的商品,而将自己价格低廉的商品拿到国际市场上去出售。只要两国之间存在价格差异,必然就会有人在两国之间从事进出口贸易。

商品价格的绝对差异是国际贸易产生的直接原因。为什么两国之间会存在价格的绝对差异呢?这种价格差异是暂时现象还是长期存在的呢?俄林对这些问题进行了进一步探讨。

(2)价格的国际差异来源于成本的国际差异

成本决定价格,各国生产同一商品的成本不同,必然导致价格的不同,这是(H-O 模型)解释贸易发生原因的第一个条件,除此之外还有第二个条件:各国不同的成本比例。

(3)各国不同的成本比例

从表3-3中可以看到,小麦和布的成本比例英国是3∶1,美国是1∶2。按照李嘉图比较利益原理,如果两国开展贸易,必然是英国出口布进口小麦,而美国出口小麦进口布,通过贸易两国都能获利。而如果两国之间的成本比例相同,即一国两种商品的成本都按统一比例低于另一国,则两国只能发生暂时的贸易。

表 3-3 英国与美国不同的成本比例一

国家	小麦单位成本(美元)	布单位成本(美元)
英国	3	1
美国	1	2

在表3-4中,如开展贸易的话只能是美国单方面地向英国出口两种商品。俄林认为在这种情况下,两国之间即使存在贸易也只能是暂时的,不可能长久进行下去。因为两国实行纸币制度,英国为了支付进口必然大量买进美元,这样外汇市场上美元的汇价就会上升,英镑会下跌。美元汇价上升后用美元表示的英国商品的价格就会下降,英镑汇价下跌后以英镑表示的美国商品的价格就会上升。正常情况下,两国汇率的变化会对它们之间的贸易状况进行调整,当两国进出口实现彼此平衡时汇率也就达到了稳定的状态。但在表2-2中不同,汇率变动的结果只能使两国商品价格变得完全相等,如当美元对英镑升值一倍时,两国的生产成本就一样了,这样两国之间就不可能有贸易发生了。所以不同的成本比例是两国贸易的一个重要前提,这是 H-O 模型的核心内容。

表 3-4 英国与美国不同的成本比例二

国家	小麦单位成本(美元)	布单位成本(美元)
英国	2	1
美国	1	2

两国之间为什么会有不同的成本比例存在?李嘉图并没有就此进行继续探究,而俄

林则在此基础上作了进一步思考,他认为成本比例差异的原因就在于:生产要素的不同价格比例。

(4)生产要素的不同价格比例

商品是由各种要素组合在一起生产出来的,要素报酬之和就构成商品的成本,各国商品生产的成本比例实际上就反映了该国各种生产要素的比例关系。如在 A 国可能劳动要素比较便宜,资本要素比较贵,而在 B 国资本要素比较便宜,劳动要素比较贵,这样,A 国在那些较多地使用劳动、较少地使用资本的商品的生产上,更具有优势,成本会比较低,价格也就更便宜。B 国则相反。

可见,生产要素价格的差异造成各国生产商品时成本比例的差异。俄林进一步探寻了各国之间要素价格不同的原因。

(5)生产要素不同的供给比例

各国在要素的供给方面是存在着巨大的差异的,不同国家所拥有的土地、劳动力、资本等各种生产要素的数量、质量和种类是各不相同的,这就构成了各国生产要素价格的基础。如果不考虑需求因素,各国生产要素的供给丰裕程度就决定了其要素的价格。

俄林从论述个人交换行为入手进行分析,他把人与人之间之所以会发生交换行为归结于每一个人在能力上的差异和专业化分工可带来的利益。在俄林看来,"每个人天生获得的才能使部分人更适合于当工程师,另一部分人更适合于当医生或律师,还有一部分人更适合于做花匠⋯⋯即便每个人天生获得的才能完全一样,他们之间的专业化分工也是有益的。因为,一个人专门集中精力从事某项工作可以大大提高他在这一方面的技能,同时也可以取得经济的规模效益,而且还不至于因为经常换掉工作产生不必要的浪费"。接着,俄林指出,"各个国家的情况同每一个人的情况一样,生产各种不同产品的能力是不大一样的"。原因在于"各国生产要素的供给不同"。俄林认为,"一国各种要素的比例决定了他专门从事某项生产的适宜性"。俄林论述道,"没有铜矿就炼不出铜来,没有受过良好技术训练和教育的劳动力就造不出机器,以及像胡椒一类的热带作物很难在地处温带的国度里生长一样,一个国家当然也不可能生产出来那些产品"。

所以,各国生产要素的禀赋程度就决定了各国要素价格的差异,要素价格不同又产生了不同的商品成本和价格,进而导致了国际贸易的产生,这就是 H-O 模型的主要内容。由于该理论是从各国要素资源的禀赋程度充分与否来分析国际贸易的原因的,所以被称作资源前理论。

(6)生产要素不同的需求

除了供给比例,决定生产要素价格的还有需求,即使两个国家的要素供给比例是完全一致的,对这些生产要素的不同需求比例也会导致形成各国不同的要素价格比例。

以上就是 H-O 模型的简要推导过程。俄林从商品价格的国际差异出发,分析了商品成本的国际差异,进而探讨了各国不同的成本比例,由此推导出各国生产要素的价格差异,最后归结到生产要素的供给和需求不同。在这一过程中,俄林认为,最重要的就是要素的不同供给比例,即各国不同的资源富裕程度,这是国际贸易之所以存在的根本原因。

(四)简要述评

1.生产要素禀赋理论的贡献

(1)深化了李嘉图比较成本生产的来源

李嘉图用比较成本解释国际分工,而俄林用生产要素禀赋差异解释比较成本差异,在两个或两种以上生产要素的框架下分析产品的生产成本,理论上有所发展。两个或两个以上要素的模型中,不同的商品生产使用要素比例不同,生产同种同量的产品,也可以有不同的要素组合,要素的生产率不再是固定的,而是取决于产品生产中对要素比例的选择和要素供给的约束。产品生产中要素的使用比例(要素需求)和一国的资源储备比例(要素供给)决定要素价格从而影响产品成本,成为决定比较优势和生产贸易模式的重要因素。

(2)建立了完整的一般均衡分析框架

俄林的理论引进了两个生产要素,既分析了商品市场的均衡,也分析了生产要素市场的均衡。该理论还建立了一个完整的一般均衡分析框架,成为其后国际贸易理论分析的主要理论框架。运用一般均衡的方法分析国际贸易与要素变动的相互影响。国际贸易不仅影响贸易双方的产品市场价格,而且造成各国要素市场价格的变动。产品价格和要素价格的变动也不仅仅影响一国的生产和消费,还会产生各要素之间收入的再分配。而要素在国内各部门之间的流动或要素储备比例的变动也会反过来影响生产和贸易模式。

(3)为各国在国际分工中优化产业结构提供了依据

根据要素禀赋学说,各国可以根据其要素禀赋,发展劳动密集型产业。一国可以据此考虑产业的竞争力,获取国际分工的利益。

2.缺陷

由于 H-O 模型假设是建立在一些不符合实际的假设前提之上,而且分析方法是静态的,所以该理论还有很多不完善的地方:

(1)赫克歇尔和俄林过分强调生产要素自然禀赋的重要性。而自然禀赋只是为生产出口优势的形成和国际分工提供了可能性,要把这种可能性变为现实还必须具备一定的条件。比如,丰富充足的自然资源条件并不能自动地给一个国家带来优势;具有丰富自然资源的国家也并不意味着只能成为资源密集型产品的出口国,而不能成为工业制成品的出口国。自然资源和要素禀赋只能为一个国家的贸易结构和国际分工的形成提供一种可能性。

(2)该理论舍弃了技术的差别与经济条件的差别,又假定各生产要素本身的生产效率是相同的,从而把比较优势和要素禀赋差异看成是绝对的、永恒的和不变的,排除了技术进步等影响国际贸易的动态因素。而实际上,每个国家的生产要素都是一个变量,随着生产力的提高,国民经济的发展,生产要素的数量、质量和构成都会发生变化。因此,生产要素禀赋应该看成是一个动态的过程。

(3)该理论过度强调要素供给,而没有充分重视需求的因素,与当代发达国家之间贸易迅速发展的现实情况不符。

二、要素禀赋理论的验证和补充

(一)要素禀赋理论的解释和验证

1."里昂惕夫之谜"的提出

1951 年,美国著名经济学家里昂惕夫利用美国 1947 年的数据对赫克歇尔—俄林理论进行实证检验。由于美国是世界上资本最丰裕的国家,里昂惕夫期望能得出美国出口资本密集型商品,进口劳动密集型商品的结论。为了进行这一检验,里昂惕夫利用了美国经济的投入产出表来计算美国在 1947 年每 100 万美元进口替代品和出口产品中的劳动和资本的数量。所谓进口替代品就是美国自己可以制造,同时从国外进口的商品(由于生产上的不完全分工),如汽车。里昂惕夫被迫使用美国进口替代品的数据,是因为美国进口的外国产品数据不全。即使这样,里昂惕夫仍能正确得出以下结论:如果赫克歇尔—俄林理论成立,尽管美国进口替代品比美国实际进口品更加资本密集(因为美国的资本比其他国家相对便宜),但其密集程度仍低于美国的出口商品。

里昂惕夫的检验结果(表 3-5)令人震惊,美国进口替代品的资本密集程度比美国出口商品资本密集程度约高出 30%,这意味着美国进口的是资本密集型商品,出口的反而是劳动密集型商品。其与赫克歇尔—俄林理论的预测完全相反,这就是著名的里昂惕夫之谜。里昂惕夫的发现强烈地刺激人们去广泛和深入探求一种能解释这一结果的理论,产生一系列关于里昂惕夫之谜的有价值的研究。

表 3-5 美国 1947 年每百万美元出口产品和进口替代品的资本和劳动需求

要素	出口	进口替代品	进口/出口
资本	2550780 美元	3091339 美元	
劳动(年人工)	182	170.004	
资本/劳动	14010 美元/年人工	18183 美元/年人工	1.3

资料来源:转引自多米尼克—索尔韦托瑞.国际经济学[M].清华大学出版社 1998 年版,第 101 页。

在上表所列的两类商品的生产过程中,进口替代商品生产中每人年劳动投入的资本装备额为出口商品的 1.3 倍。这个结果清楚地表明,当时美国出口商品的劳动密集程度高于进口替代商品,而进口替代商品的资本密集程度高于出口商品。

第二次世界大战刚刚结束不久的 1947 年,美国经济尚未完全走向正轨,因担心 1947 年官方数据的真实性不足而影响验证结果,里昂惕夫又采用同样的方法,根据 1951 年的数据再次进行验证,并发表了题为《要素比例和美国的贸易结构:理论实证再分析》的论文,验证结果同第一次的结论一致。美国作为一个公认的资本要素丰裕型而劳动要素相对稀缺的国家,根据 1951 年的数据,仍是出口劳动密集型产品,进口资本密集型产品(见表 3-6)。

表 3-6 美国 1951 年每百万美元出口产品和进口替代品的资神口劳动需求

要素	出口	进口替代品	进口/出口
资本	2556800 美元	2303400 美元	
劳动(年人工)	174	168	
资本/劳动	12970 美元/年人工	13726 美元/年人工	1.05

2.对"里昂惕夫之谜"的解释

(1)劳动熟练说(skilled labor theory)

劳动熟练说又称人类技能说(human skill theory)、劳动技能说和劳动效率说,最先是里昂惕夫自己提出,后来由美国经济学家基辛(D.B.Keesing)加以发展,用劳动效率和劳动熟练或技能的差异来解释里昂惕夫之谜和影响进出口商品结构的理论。

里昂惕夫认为,"谜"的产生可能是由于美国工人的劳动效率比其他国家工人高所造成的。他认为美国工人的劳动生产率大约是其他国家工人的3倍。因此,在劳动以效率单位衡量的条件下,美国就成为劳动要素相对丰富、资本要素相对稀缺的国家。但是,一些学者认为里昂惕夫的解释过于武断,一些研究表明实际情况并非如此。例如,美国经济学家克雷宁(Krelnin)经过验证,认为美国工人的效率和欧洲工人相比,最多高出1.2～1.5倍。

后来,美国经济学家基辛根据美国1960年的人口统计资料,将美国的企业职工区分为熟练劳动和非熟练劳动两大类。熟练劳动包括科学家、工程师、厂长或经理、技术员、制图人员、机械工人、电工、办事员、推销员、其他专业人员和熟练的手工操作工人等;非熟练劳动指不熟练和非熟练工人。他还按照这一分类对14个国家的进出口商品结构进行分析,得出的结论是:资本较丰富的国家倾向于出口熟练劳动密集型商品,资本较缺乏的国家倾向于出口非熟练劳动密集型商品。发达国家在生产含有较多熟练劳动的商品方面具有比较优势,而发展中国家在生产含有较少熟练劳动的商品方面具有比较优势。因此,熟练劳动程度的差异是国际分工和国际贸易和发展的重要原因之一。

(2)人力资本说

人力资本说(human capital theory)是由美国经济学家凯南(P.B.Kenen)等人提出的。他们认为,美国的优势是拥有很多经过大量教育和培训的高素质劳动力,而教育和培训可视为对人力的投资,因此高素质劳动力可以称为人才资本,如果把这部分人力资本加到物质资本上,美国就仍然是出口资本密集型产品,进口劳动密集型产品,里昂惕夫之谜就自然破解。

综合起来看,美国劳动力的受教育程度普遍地高于其他国家,美国的平均工资也高出其他国家。这在相当程度上反映了美国同其他国家相比,在人力资源投资及其回报上的相对差异,进而也证明了美国是一个人力资本要素相对丰裕的国家。美国出口商品中理所当然地包含着相对密集程度较高的人力资本要素。因此,从这个意义上说,将美国出口商品中劳动要素的密集程度相对较高,笼而统之地理解为美国是在出口劳动密集型商品,不符合现实情况,显然是不正确的。

当然,要相对准确地测算人力资本投资的数量的确存在技术上的困难。较为粗略的方法是直接将从事较为复杂劳动的"白领员工"的平均收入同从事较为简单的劳动的"蓝领员工"的平均收入的差额作为人力资本投入的参考指标;较为精细的方法是将实际发生的教育费用、职业培训费用、医疗保健费用、社区服务费用等加以汇总,测算出人力资本投资的约数。无论采取何种测算方法,人力资本在美国的对外贸易中都占有相当重要的地位,已经成为决定美国发挥比较优势,进而决定美国对外贸易结构和商品流向的重要因素。

(3)技术差距说

技术差距说(theory of technological gap)又称技术间隔说,是美国经济学家波斯纳(M.U.Posner)提出的,经过了格鲁伯(W.Gruber)和弗农(R.Vernon)等人的进一步论证。

波斯纳认为,人力资本是过去教育和培训进行投资的结果,因而可以将其作为一种资本或独立的生产要素;而技术是过去对研发进行投资的结果,也可以作为一种资本或独立的生产要素。但是,各国对技术的投资和技术革新的进展不一致,因为存在着一定的技术差距。这样就使得技术资源相对富裕或者在技术发展中处于领先的国家,有可能享有生产和出口技术密集型产品的比较优势。

然后,格鲁伯和弗农等人对1962年美国19个产业的有关资料进行了统计分析,其中5个具有高度技术水平的产业(运输、电器、工具、化学、机器制造)的销售额占19个产业总销售额的39.1%;5个产业的出口量占19个产业总出口量的72%。这表明美国在上述5个技术密集型产品的生产和出口方面,确实拥有比较优势。因此,可以认为出口科研和技术密集型产品的国家也就是资本要素相对丰裕的国家。按这一标准衡量,美国就是这种国家。技术差距论与赫—俄生产要素禀赋理论是一致的。

(4)自然资源说

经济学家范尼克认为里昂惕夫在计算时只考虑了劳动和资本两种生产要素,而忽略了自然资源这一要素在国际贸易中的作用。在美国进口的自然资源产品中大部分为其相对稀缺的资源,在对这些资源的加工等过程中又大量地投入资本,故这些产品在美国属于资本密集型产品。这样一看就容易解释美国进口的是资本密集型产品较多的现象。

3.对要素禀赋理论的验证

"里昂惕夫之谜"一经公布便震动了经济学界,在之后的几十年,经济学家对各个国家的对外贸易是否符合要素禀赋理论进行了广泛的验证。值得一提的是,这些经济学家们进行研究和验证的目的,是将"里昂惕夫之谜"与要素禀赋理论的基本原理重新统一起来,以维护要素禀赋理论的科学性和合理性。

(1)沃尔对加拿大的验证

1961年8月,加拿大经济学家沃尔(Donald F. Wahl)在《加拿大对外贸易的资本和劳动需求》一文中,公布了他对加拿大的对外贸易商品结构及其资本/劳动比率的研究结果。沃尔发现,尽管加拿大同美国相比,明显是一个资本要素相对稀缺、劳动要素相对丰裕的国家,但是,在美加双边贸易中,加拿大出口到美国的商品中资本的密集程度相对较高,而加拿大自美国进口的商品中,劳动要素的密集程度相对较高。

作为英联邦的成员国,加拿大的对外贸易中英国和英联邦国家所占的比重长期维持在四成到五成的水平上。统计资料显示,到第二次世界大战全面爆发前的1937年,英国和英联邦国家在加拿大对外贸易中的比重依然分别为进口占19.2%,出口占50.7%。第二次世界大战将美国推上了世界第一经济大国的地位,同时也严重削弱了英国的综合国力。战争前后加拿大对外贸易的地域结构变化也恰能说明英、美之间相对实力的改变。到1949年,英国和英联邦国家在加拿大进出口贸易中的比重分别下降到了17.9%和33.9%。由于地理和历史的原因,美、加之间历来都呈现紧密的经济联系,美国一直都是加拿大最主要的贸易伙伴。1937年,加拿大进口贸易的60.7%和出口贸易的36.1%为美加双边贸易。1949年,美国在加拿大的进出口贸易中所占比重进一步攀升至70.7%和50.2%。美加双边贸易的验证结果不符合要素禀赋理论的基本原理,而同"里昂惕夫之谜"一致。

沃尔也是要素禀赋理论的支持者,对于自己的验证结果,沃尔认为,当时加拿大对外贸易总额的近65%都是同美国的双边贸易,在对外贸易上属于对美国市场的严重依赖型,在他验证中出现的这种现象是"反常的",是一种"特例",不具有普遍意义,因而不足以据此对要素禀赋的基本原理产生怀疑。

（2）斯托尔珀—罗斯肯普对民主德国的验证

斯托尔珀和罗斯肯普利用里昂惕夫的投入产出法分析了民主德国对外贸易的商品结构与资本和劳动要素的比例,并于1961年11月在《牛津大学统计学院院刊》上发表了题为《东德的投入产出表及其在对外贸易中的应用》的论文,公布了他们的验证结果。当时,在整个东欧国家集团中,民主德国工业化程度相对较高,它的资本要素相对丰裕,劳动要素相对稀缺。斯托尔珀和罗斯肯普的验证结果表明,在当时民主德国的出口商品中,资本要素的相对密集程度较高,在进口商品中,劳动要素的相对密集程度较高。在斯托尔珀和罗斯肯普的实证分析中,没有出现"里昂惕夫之谜"那样的"反常现象"。

（3）巴拉德瓦奇对印度的验证

1962年10月,印度学者巴哈德瓦奇（Rantanth Bharadwaj）发表了《要素比例与印美贸易结构》一文,公布了他对印美双边贸易进行实证分析的结果。印度同美国相比,是资本要素极度稀缺而劳动要素极度丰裕的国家。依照要素禀赋理论,印度应该向美国出口劳动密集型产品,自美国进口资本密集型产品。但是,巴哈德瓦在其实证分析中却发现,在印美双边贸易中,印度向美国出口的是资本密集型商品,从美国进口的是劳动密集型商品,又出现了"里昂惕夫之谜"。

巴哈德瓦奇同时又发现,如果考察印度对外贸易的总体状况,印度又符合要素禀赋理论的基本原理,即印度进口商品中资本要素的相对密集程度高于出口商品,或出口商品中劳动要素的相对密集程度高于进口商品。统计资料显示,当年印度出口的大宗商品都是劳动密集型商品。从总体上考察印度的对外贸易,是符合要素禀赋理论的基本原理的。

（4）鲍德温在美国的重新验证

1971年3月,美国经济学家鲍德温（R.E.Baldwin）发表了题为《美国贸易中商品结构的决定因素》的论文,公布了他采用美国1962年的统计资料,对美国对外贸易进行实证分析的结果。鲍德温采用美国对外贸易新的统计资料,完全按照当年里昂惕夫的方法,重复了里昂惕夫的验证过程。他希望能够看到,在第二次世界大战的影响逐渐消逝的情况下,作为对外贸易中"特例"的"谜"是否依然存在。鲍德温对美国的对外贸易结构以及出口商品和进口替代商品中每人年劳动要素的资本装备额进行了周密的计算,得出了同里昂惕夫几乎完全一样的结果。1962年,美国进口替代商品中的资本/劳动比率高于出口商品,前者大约是后者的1.26倍,美国是在出口劳动密集型商品,以换取外国资本密集型商品。

表3-7　美国1962年每百万美元出口产品和进口替代品的资本和劳动需求

要素	出口	进口替代品	进口/出口
资本	1876000美元	2132000美元	
劳动(年人工)	131	119	
资本/劳动	14320美元/年人工	17951美元/年人工	1.26

资料来源：R.E.Baldwin.Determinants of the Commodity Structure of U.S.Trade：An empirical test[J]. American Economic Review,61，No.1，1971.

(二)要素禀赋理论的补充与扩展

自20世纪40年代以来,众多经济学家,如萨缪尔森(P.A.Samuelson)、斯托尔帕(W.F.Stolper)等人,都在赫克歇尔和俄林的基础上进行了大量的理论研究,丰富和发展了要素禀赋理论。其中尤以保罗·萨缪尔森的论文《国际贸易与要素价格均等化》和《再论国际要素价格均等化》最有影响力。萨缪尔森运用数学模型和计量经济学的量化分析方法对要素禀赋理论的基本原理,尤其是对要素均等化问题进行了论证。

1.斯托尔帕—萨缪尔森理

沃尔夫冈·斯托尔帕和保罗·萨缪尔森在1941年合作发表的《实际工资和保护主义》一文中,提出了斯托尔帕—萨缪尔森定理(Stolper-Samuelson theorem)。斯托尔帕—萨缪尔森定理描述的是两种产品相对价格的变化对两种要素实际回报率的影响。可以表述为:国际贸易会使一国出口商品相对价格上升,进口商品相对价格下降。当一种商品的相对价格上升时,相应地会出现该商品中密集使用的生产要素报酬的提高;当一种商品的相对价格下降时,会出现该商品中密集使用的生产要素报酬的下降。所以,自由贸易的结果是:在出口产品生产中密集使用的生产要素(本国丰裕生产要素)的报酬提高;在进口产品生产中密集使用的生产要素(本国稀缺生产要素)的报酬降低。

因此,斯托尔帕—萨缪尔森定理认为,自由贸易不利于相对稀缺的生产要素所有者,本国进口行业总是希望通过关税等贸易保护措施提高进口商品的价格,从而减少竞争,提高本国同类产品价格和稀缺要素所有者的报酬。斯托尔帕—萨缪尔森定理进一步认为,在一国国内要素自由流动条件下,该国对使用相对稀缺要素的生产部门进行关税保护,可以明显提高稀缺要素拥有者的收入。

斯托尔帕—萨缪尔森定理说明了自由贸易带给同一国家、不同要素价格的短期影响,而要素均等化命题则反映了自由贸易带给不同国家同种要素价格的长期影响。

2.要素均等化定理(H-O-S定理)

要素价格均等化定理描述的是自由贸易带来的两国生产要素价格的趋同。由于这一定理是从赫克歇尔—俄林模型中得出的结论,所以又称赫克歇尔—俄林—萨缪尔森定理(H-O-S定理)。

在1941年《实际工资和保护主义》一文中,萨缪尔森与沃尔夫冈·斯托尔帕(Wolfgang F.Stolper,1912—2002)就提出了生产要素价格日趋均等化的观点。1948年前后,萨缪尔森又发表了《国际贸易和要素价格均衡》《国际要素均衡》及《论国际要素价格的均衡》等文章,对上述观点做了进一步的论证,完善了要素价格均等化说,发表了要素禀赋论。

要素均等化理论认为,在开放经济中,国家间因生产要素自然禀赋不同而引起的生产要素价格差异将通过两条途径而逐步缩小,即要素价格将趋于均等。第一条途径是生产要素的国际移动,它将导致要素价格的直接均等化;第二条途径是商品的国际移动,它将导致要素价格的间接均等化。国际贸易最终会使生产要素价格在所有地区均趋于相等,但是生产要素价格完全相等几乎是不可能的,这只是一种趋势。从生产要素的国际移动来看,由于各国工资、利率等方面的差异,导致劳动力、资本等要素在国家间流动,使得工资与利率在国际范围内趋同。土地无法在国际范围内流动,但是可以通过土地密集型产品的输出进行国际流动。因此要素价格均等化是通过商品的国际贸易来实现的。

贸易前,由于两国要素间的差异,所以两国的要素价格的不一致导致了两国商品相对价格比率的不同。但贸易开始后,两国商品的相对价格的差异会不断缩小,并最终达到均等。不仅如此,要素的价格也会趋向均等。

3.雷布津斯基定理(Rybczynski Theorem)

塔德乌什·雷布津斯基(Tadeusz Rybczynski)为英籍波兰经济学家。1955年,雷布津斯基在其发表的《要素禀赋与相对要素价格》的文章中,对生产要素的增长与国际贸易的关系进行了创建性的讨论,并提出了雷布津斯基命题。雷布津斯基命题描述的是要素供给量变化对产品产量的影响。在一国生产多元化的情况下,如果产品价格给定,那么一种要素供给量的提高,会导致生产中密集使用该要素的产品的产量上升,另外一种产品的产量下降。

各国的生产要素禀赋不是固定不变的,会随着时间的推移而发生变化。一般而言,资本和技术积累较快,而劳动力增长较慢,土地和资源的增长更慢且有限。雷布津斯定理阐述了一国生产要素禀赋的变化对该国产出即对外贸易的影响。根据雷布津斯基定理,在商品与要素的相对价格不变、两种商品均被生产,并且其他要素供给数量均保持不变的条件下,一种要素供给数量的增加会导致密集使用该要素生产的产品产出增加;同时,又使其他产品的产出下降。例如,劳动供给的增加会使衣服的产量提高,但同时会使食物的产量减少。

雷布津斯基定理表明:生产可进口商品之要素的增加,将会减少对进口商品的需求,从而使其贸易条件得到改善;而生产出口商品所需的生产要素的增加,将会增加出口商品的供给,从而导致其贸易条件恶化。关于这一点对出口导向型企业显得尤为重要。在增加出口的同时,更要关注可能对贸易条件产生的负面影响,要做到趋利避害。

根据雷布津斯基定理,促使经济增长的资本存量的增加总是比劳动力的增加更快,因此,劳动密集型产业将会逐渐收缩,资本密集型产业将会不断扩大,出口也会相应增加。发达国家的经济增长与贸易格局基本上证明了这一点。

4.赫克歇尔—俄林—维纳克定理(H-O-V定理)

赫克歇尔—俄林—维纳克定理(H-O-V定理)可以表述为:在自由贸易条件下,每个国家都会出口其充裕性生产要素,进口其稀缺性生产要素。H-O-V定理是H-O定理的延伸,该理论认为,商品贸易背后的本质,是生产该商品所使用的生产要素的贸易。一个国家向另一个国家出口某一商品,可以视为对外国出口该商品所使用的资本、劳动力和土地等生产要素;一个国家从另一个国家进口某一商品,可以视为从外国进口该商品所使用的资本、劳动力和土地等生产要素。相对于生产要素的直接贸易,商品贸易可视为生产要素的间接贸易。根据H-O模型,一个国家进口密集使用其稀缺性要素的产品,出口密集使用其充裕性要素的产品。因此,本质上就是进口其稀缺性要素,出口其充裕性要素。

本章小结

重商主义在贸易政策上的体现就是奖励出口,限制进口,历史上被称为"强制性贸易保护政策"。

斯密的绝对优势论认为,各国应按照"绝对成本"原则进行国际分工和自由贸易,即生产和出口本国生产成本绝对低于他国的商品,进口生产成本绝对高于他国的商品,按此原则进行分工贸易,对各国均有利。

李嘉图的比较优势论认为,在国际分工中起决定作用的不是"绝对利益",而是"相对利益"。各国应按"两优取其更优、两劣取其次劣"的原则进行分工,集中生产出口"相对优势"产品,进口"相对劣势"产品,按此原则进行分工与贸易,对各国均有利。

赫克歇尔—俄林认为,一国应集中生产并出口其相对丰裕要素生产的产品,进口其相对稀缺要素生产的产品,按此原则进行分工与贸易,对各国均有利。

美国学者里昂惕夫20世纪50年代运用美国数据对赫—俄模型进行实证检验,其结果与赫—俄模型相悖,历史上被称为里昂惕夫之谜。对里昂惕夫之谜的解释包括,劳动熟练说、人力资本说、技术差距说、自然资源说等。

自20世纪40年代以来,众多经济学家都在赫克歇尔和俄林的基础上进行了大量的理论研究,丰富和发展了要素禀赋理论。其中包括斯托尔帕—萨缪尔森理、要素均等化定理、雷布津斯基定理以及赫克歇尔—俄林—维纳克定理。

【课后练习】
1. 为什么说比较优势理论是绝对优势理论的继承和发展?
2. 列举从不同角度解释里昂惕夫之谜的代表性学说。
3. 分析 H-O 理论推导的逻辑思路。
4. 请对里昂惕夫之谜(里昂惕夫悖论)加以评述。

第四章　当代国际贸易理论

学 习 目 标

(1) 重点掌握当代国际贸易理论,包括技术差距理论、产品生命周期理论、需求偏好理论、产业内贸易理论、国家竞争优势理论

(2) 能够运用当代国际贸易理论的基本原理对一国经济发展的若干问题进行初步的探讨和分析

(3) 了解当代国际贸易理论的形成渊源及理论的代表人物

教 学 内 容

第一节　技术差距理论

一、技术差距理论的形成

传统的国际贸易理论虽然早已注意到技术进步的作用,但只是从静态的角度进行分析,直到技术差距理论产生后,才将技术的动态变化作为国际贸易的单独因素,从动态的角度分析说明贸易格局的变化。因此,技术差距理论成为二战后西方国际贸易理论发展过程中很有影响的学说之一。

技术差距理论(technology gap theory),又称技术间隔论、创新与模仿理论(innovation and imitation theory)。1959 年为了修正赫—俄理论,波斯纳用技术创新因素替代赫—俄模型中的要素禀赋。1961 年波斯纳在《牛津经济论丛》发表的题目为《国际贸易和技术变化》的论文中进行了系统阐述,并率先建立起技术差距模型(the technological gap model)。该理论侧重从技术进步、技术创新、技术传播的角度,分析国际分工的基础,并且发展至今。该理论与国际投资、技术转让结合在一起,不仅对国际贸易领域,而且对其他国际经济领域都有着重大影响。技术差距理论从技术进步、技术创新和技术传播的角度,分析了国际贸易产生的原因。

二、技术差距理论的主要内容

技术差距理论实际上把技术也看作一种独立的生产要素,认为国际贸易尤其是工业

制成品的贸易实际上是以技术差距存在为基础,在一定时期,出现某种新的产品或新的生产流程的国家将具有一种理所当然的领先于其他国家的地位,也就是说,这个国家由于技术创新而获得先进技术垄断地位,成为技术领先国。该国因此大量出口技术领先产品。但是新技术会随着专利权转让、技术合作、对外投资、国际贸易等途径流传至国外,这些技术将被其他国家模仿,技术领先国和技术追随国间的技术差距将会逐渐消失,它们之间的贸易由于技术追随国的生产扩大而减少,直至技术追随国的生产能够满足国内需求为止。但在动态的经济社会,科技发达的国家不断会有再创新的出口产品出现。

技术创新有两种:一种创新是新工艺,能够以更节约的方式生产现有的产品;另一种创新是新技术,能够对已有的产品进行改进或者能够生产全新的产品。在创新国进行技术创新以后,它与模仿国之间的贸易取决于模仿国的消费者和模仿者对利用这项创新所生产的产品如何反应。

波斯纳把从新技术产生到技术差距引起的国际贸易终止之间的时间间隔称为模仿滞后(imitation lag)时期,又分为需求滞后(demand lag)、反应滞后(reaction lag)和掌握滞后(mastery lag)三个阶段。需求滞后时期是指技术创新国开始生产新产品到开始生产新产品之间的时间间隔;反应滞后时期是指技术创新国家开始生产新产品到其他国家模仿其技术开始生产新产品的时间;掌握滞后时期是指其他国家开始生产新产品到其新产品进口为零的时间。

需求滞后期的长度与两国收入水平差距和市场容量差距成正比。反应滞后期的长度主要取决于企业家的决策意识、规模利益、关税、运输成本、国内市场容量及居民收入水平等因素。如果进口国的关税及运输成本较低,收入水平较低,市场规模不大,其反应滞后期就会比较长,创新国的优势也就能维持得比较长,则从中获得的利益就会更多。掌握滞后阶段的长度主要取决于技术模仿国吸收新技术能力的大小,能力大的间隔时间较短。

技术差距理论认为,各国技术发展的情况不一致,技术革新领先的国家就可能享有出口技术密集型产品的比较优势。技术领先的国家(地区)发明出一种新产品或新的生产流程时,由于其他国家尚未掌握这项技术,因而就产生了国家间的技术差距(technology gap)。但是,随着新技术向国外的扩散,其他国家迟早会掌握这种技术,从而使国际技术差距逐步缩小,直至消失。胡弗鲍尔(Hulbauer)用图形形象地描绘了波斯纳的学说,如图 4-1 所示。

图 4-1 中,t_0 为创新国生产开始的时刻,随后生产逐步扩大,经过一段时间之后又逐步缩小。由于需求时滞和模仿时滞的差距导致了国际贸易的可能性,其贸易区间为 $t_1 \sim t_3$。

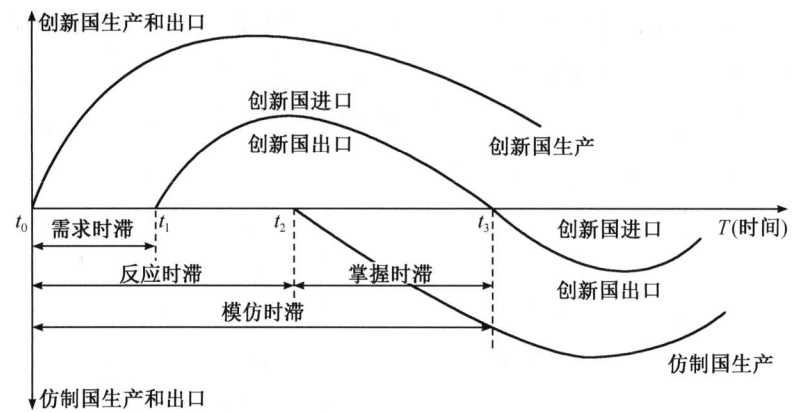

图 4-1　技术差距与国际贸易

总之,一些技术领先的国家具有较强的开发新产品和新工艺的能力,从而形成和扩大了国家间的技术差距,而有可能暂时享有生产和出口某类高技术产品的比较优势。因此,国家间的技术差距是决定国际贸易结构和商品流向的重要原因,拥有技术比较优势的国家可以利用模仿时滞与需求时滞的时间差距,通过贸易而获利。

三、技术差距理论的评价

技术差距理论补充了生产要素禀赋理论,并根据创新活动的连续性使生产要素禀赋理论动态化。尽管技术差距理论观点解释国际贸易的现实问题很有创见,但是,技术差距理论同样也存在着缺陷:该理论建立在两个假定的基础之上:①技术创新国总是可以获得特别利益,②技术创新后一定存在着模仿时滞。而且,该理论没有解释技术差距的规模有多大,也没有探讨技术差距产生的原因或者技术差距究竟是如何随时间而消失的。

第二节　产品生命周期理论

一、产品生命周期理论的形成

20世纪60年代以来,国际贸易的发展十分迅速,跨国投资的现象也日益普遍,但国际贸易和国际投资的分析是割裂的,对于国际贸易的理论解释还主要是比较优势理论和要素禀赋理论。当时美国哈佛大学跨国公司研究中心教授雷蒙德·弗农(Raymond Vernon)认为,传统的贸易理论脱离现实,从理论上已难以有力地解释各种形式的国际贸易活动。而解释国际直接投资的理论,则是海默的垄断优势理论,这一理论也仅仅从静态的角度解释国际直接投资,无法解释处于动态中的国际直接投资的过程,当时确实需要一种同时能解释国际贸易和国际直接投资行为的理论。

产品生命周期理论(the theory of the product life cycle)是雷蒙德·弗农1966年在其《产品周期中的国际投资与国际贸易》一文中首次提出的,是指一种产品在市场销售中的兴与衰,即从推出新产品到广泛流行,再到退出市场的全过程。拥有知识资产优势、具有新产品创新能力的企业,总是力图维持企业的技术优势地位,以便享有新产品创新利益。但是,新技术不可能被长期垄断,有些产品制造技术在相当短的时间内就会被仿制。

该理论在垄断优势理论的基础上,将垄断优势、产品生命周期和区位因素结合起来解释直接投资的动机、时机和区位的选择。弗农十分重视创新的时机、规模经济、新产品开发中的知识积累和一些不稳定因素的重要性,并以此为变量来分析国际直接投资的行为,以反映国际投资的动态过程。弗农把美国企业对外投资的变动与产品生命周期联系起来,从产品技术垄断的角度分析了国际直接投资产生的原因,认为产品生命周期的发展规律决定了企业为占领国外市场而须进行的投资。

此后许多经济学家如威尔斯(Louise T.Wells)、赫希什(Hirsch)等人不断发展、完善该理论。该理论从产品生产的技术变化出发,分析了产品生命周期各阶段的循环及其对国际贸易的影响。显然,产品生命周期理论是对技术差距理论的进一步完善和深化。

二、产品生命周期理论的主要内容

弗农假设把参与国际贸易的国家分为三类:第一类是技术创新国,如美国等,它们是技术、知识与资本充裕型国家;第二类是技术模仿国,如日本、西欧等,它们是资本充裕型国家;第三类是广大发展中国家,它们是劳动充裕型国家。

(1)产品生命周期理论的三阶段模型

弗农认为一个新产品的技术发展大致经历创新阶段、成熟阶段和标准化三个阶段,各个阶段的特点不同对国际贸易的影响也不同。

1.第一阶段是创新阶段。弗农认为新产品最初总是出现在最发达国家。这是因为在这些发达国家,良好的教育条件与雄厚的科技力量可以充分提供企业创造发明所需的人力资源和科研条件。完备的知识产权保护体系和旨在鼓励创造发明的税收结构与产权制度为产品研究与开发提供了宽松的外部环境,且富有创新进取精神的企业家对新机会有把握和利用能力;同时,由于新产品具有需求价格的弹性较低、收入弹性较高的特点,发达国家的社会要素积累与较高的社会购买力,足以从供给和需求两方面为新产品的生产提供技术与经济上的支持。

2.第二阶段是成熟阶段。在这一阶段,技术已成熟,产品已定型,生产规模不断扩大,国外的需求也在增加。这个时期,发达国家在向本国消费者提供该种产品的同时,还将产品大量出口到对其产生需求的外围国家,或者给国外生产者出售生产许可证,或在国外设分厂生产并销售该产品。

3.第三阶段是标准化阶段。在这一阶段,生产技术和产品本身都已经标准化,即不仅在发达国家已告普及,而且已扩展到发展中国家,技术本身的重要性已逐渐消失。此时,新产品的要素密集型已发生变化,即从知识与技术密集型产品转变为资本与非熟练劳动要素密集型产品,产品也已转移到生产成本相对较低的外围国家去生产。随着生产过程的向外转移,贸易的方向也会颠倒过来,即原来出口该新产品的发达国家,将成为该产品的进口国。

上述产品生命周期各阶段的特征与贸易的流向特征如表4-1所示:

表 4-1　产品生命周期与贸易流向

	创新阶段	成熟阶段	标准化阶段
需求	发达国家人均收入高	需求扩散	发展中国家需求增加
供给	发达国家技术先进	规模经济	资本与熟练劳动
贸易	无	向外出口	从外进口

产品生命周期与国际贸易格局变化模式，如图 4-2 所示：

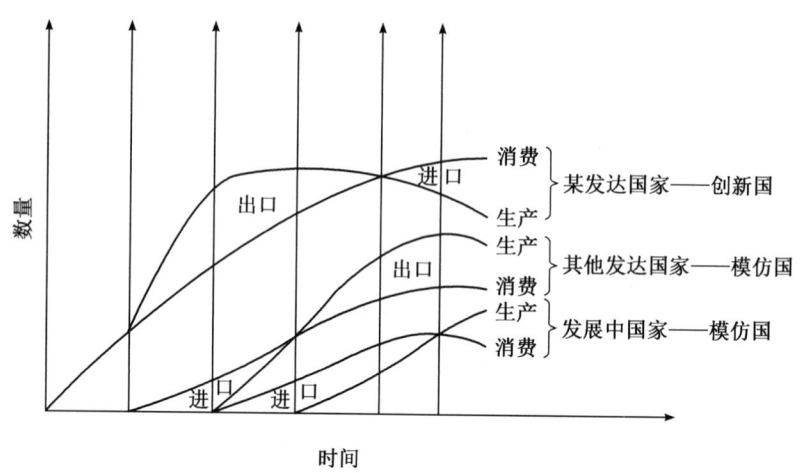

图 4-2　产品生命周期与国际贸易格局变化模式

弗农的产品生命周期理论的提出与第二次世界大战之后美国企业国际化历程是相当一致的。在 1950—1980 年，美国企业对外直接投资从 118 亿美元上升到了 2000 亿美元。在 20 世纪 50 年代，这类投资的大部分集中在与美国相邻的拉美国家和加拿大。到了 20 世纪 60 年代初期，投资重心转移至欧洲，欧共体占美国企业对外直接投资的份额从 1957 年的 16% 增至 1966 年的 32%。最后，在 20 世纪 70 年代，投资重心转移至发展中国家，它们所吸收的美国对外直接投资份额从 1974 年的 18% 增至 1980 年的 25%。

（二）产品生命周期理论的四阶段模型

弗农等人提出产品周期理论主要是为了解释美国工业制成品生产和出口变化情况。新产品从上市开始，会经历诞生、发展、衰退、消亡的过程。弗农把这一经验事实概括为四个连续的阶段：新产品导入期、产品增长期、产品成熟期和产品衰退期，这就是产品生命周期的四个时期。弗农也根据这四个阶段具体分析跨国企业如何根据产品生产条件和竞争条件而做出对外直接投资决策。

在产品导入期，新产品刚刚进入市场在创新企业所在国家及其他发达国家里产生逐渐增加的需求。这一时期，创新企业占据着技术垄断的地位。从产品要素密集性质来看，在新产品时期需要投入大量的研究和开发费用，表现为知识密集型。

在产品增长期，产品销售量上升，利润迅速增加，外国生产者开始仿制这种新产品，出现垄断竞争局面，尚未构成对创新企业的威胁。

在产品成熟期,知识技术投入减少,资本和管理要素投入增加,高级熟练劳动投入越来越重要,表现为资本密集型,在产品成熟期新技术开始定型,其他厂商可通过各种技术传播途径较容易地获得产品技术知识,并能生产出异质商品,这使原来的创新企业失去垄断优势地位。

在产品衰退期,新产品成为标准化产品,知识技术投入更少,更多的厂商进入新产品市场,技术在生产中的重要性降低,成本在竞争中占主要地位,厂商间展开激烈竞争,最初的创新企业优势完全丧失,资本投入要素虽然很重要,但非熟练劳动投入大幅度增加,在生产中的作用迅速上升,表现为劳动密集型产业。

根据产品生命周期理论,国际直接投资的产生是产品生命周期四阶段更迭的必然结果,其生产将依次在技术创新国、技术模仿国、发展中国家三类国家之间转移,转移过程如下:

在第一阶段产品导入期,新产品在发达国家的创新企业产生并开始逐渐进入大规模生产。新产品试制阶段,公司为了保证研制新产品的材料供应和收集消费者对新产品的意见,需要在国内建立起一个根据地,因此,新产品始终在国内生产。这一时期产品主要满足本国市场的需求,销售量不断上升,只有少量的产品出口到较发达的国家。这一阶段由于创新企业拥有技术垄断优势,因此缺乏强有力的竞争对手,基本控制市场份额,而且技术密集型的新产品在国内生产更有利。所以在这一阶段生产并未发生转移,国际直接投资也未发生。当公司开发新产品后,当地厂商将会仿制这种新产品,并进行产品的改进,以争夺销售市场。同样外国厂商在一段时滞后也会陆续对新产品进行仿制。专利权、技术封锁等只能延缓而不能阻止这一仿制过程。开发新产品的公司所拥有的垄断性有时会随着时间的推移而丧失,它将不得不因此而改变竞争策略,考虑对外直接投资。

从第二阶段产品增长期开始,出现了由寡占竞争引起的对外直接投资。这时,较发达国家的竞争厂商开始仿制创新企业的新产品,这些国家政府也可能采取限制进口的政策,以支持本国企业发展新产品,替代进口。其他跨国企业也开始进入市场。这时期,创新企业为维持国外市场份额就要绕过贸易壁垒,在东道国设立子公司,在当地生产、当地销售,进行对外直接投资。由于技术垄断局面被完全打破,创新企业也可能以有限扩散技术方式(许可证方式)获取收益。新产品产业形成垄断竞争。这时期,发达国家出口和较发达国家进口开始减少,厂商转向对发展中国家出口产品。在各竞争对手普遍仿制并形成激烈竞争的市场之后,产品就进入成熟阶段。在成熟阶段,竞争的关键在于生产成本的高低,最早开发新产品的公司将不得不通过将产品生产地转移到生产成本更低的国家的办法增强竞争力。

在第三阶段产品成熟期,较发达国家越来越多地仿制,在发展中国家里发生较发达国家在前一阶段已经历过的过程。这一阶段发达国家和较发达国家厂商都开始向发展中国家进行直接投资,发展中国家由此获得生产这种产品的能力,从而净进口量开始减少。在成熟期中,有的弱势产品应该放弃,以节省费用开发新产品;但是同时也要注意到原来的产品可能还有其发展潜力,有的产品就是由于开发了新用途或者新的功能而重新进入新的生命周期的。因此,企业不应该忽略或者仅仅是消极地防卫产品的衰退。有效的攻击往往是最佳的防卫。企业应该有系统地考虑市场、产品及营销组合的修正策略。

到了第四阶段产品衰退期,由于技术垄断优势的完全丧失,产品的生产成为一种标准化生产,降低劳动成本成为第一要旨。因此,该时期该产品的生产完全转移到发展中国家进行,发达国家和较发达国家有限的产品需求主要通过从发展中国家进口得以满足。当商品进入衰退期时,企业不能简单地一弃了之,也不应该恋恋不舍,一味维持原有的生产和销售规模。企业必须研究商品在市场的真实地位,然后决定是继续经营下去,还是放弃经营。

三、产品生命周期理论的评述

(一)产品生命周期理论的积极意义

1.产品生命周期理论在研究方法上突破了传统贸易理论短期静态分析的束缚,是一种典型的动态化的国际贸易理论。它揭示了任何产品都和生物有机体一样,有一个诞生—成长—成熟—衰亡的过程,不断创新,开发新产品。借助产品生命周期理论,可以分析判断产品处于生命周期的哪一阶段,推测产品今后发展的趋势,它引导人们通过产品的生命周期,了解和掌握出口的动态变化,为正确制定对外贸易的产品战略、市场战略提供了理论依据。

2.产品生命周期理论并没有排斥传统的国际贸易理论,而是对传统贸易理论的全面继承和发展。它是比较成本优势、比较技术优势、比较规模优势、生产区位变化、生产需求格局的形成和演变等多因素的综合。它揭示出比较优势是不断在转移的。每一国在进行产品创新、模仿引进、扩大生产时,都要把握时机。而进行跨国经营,就可以利用不同阶段的有利条件,长久保持比较优势。

3.产品生命周期理论还反映出当代国际竞争的特点,即创新能力、模仿能力,是获得企业生存能力和优越地位的重要因素。该理论侧重从技术创新、技术进步和技术传播的角度来分析国际贸易产生的基础,将国际贸易中的比较利益动态化,研究产品出口优势在不同国家间的传导,大大扩展和丰富了传统贸易理论。

(二)产品生命周期理论的不足之处

该理论对贸易格局的变化情况解释能力较强,但是,对于贸易收益的分配问题解释能力不足;该理论虽然与许多产业的历史经验相符合,但是,它并不适用所有的工业行业或工业产品;现实中技术变革可能会延长、缩短或中止某产品的生命周期,如新技术发生飞跃性变化将导致产品更新换代;新产业在国际上的转移扩散不是无条件的,它需要一系列的社会经济环境条件才能实现。

第三节 需求偏好相似理论

一、需求偏好相似理论的形成

需求相似理论又称偏好相似理论(preference similarity theory)或重叠需求理论(overlapping demand theory),是瑞典经济学家斯戴芬·伯伦斯坦·林德(Staffan B.

Linder)于 1961 年在其论文《论贸易和转变》中提出的。

要素禀赋理论认为,一个国家出口的是含有相对便宜的丰裕要素的产品,同时进口的是其他国家相对便宜的产品。据此可以推论,生产要素禀赋差异越大,两国之间就越有不同的比较优势,那么两国发生贸易的机会就会越多,贸易数量也就越大。反之亦然。按此推论,大量的国际贸易应该发生在发达国家和发展中国家之间,因为发达国家资本要素相对丰裕,而发展中国家劳动要素相对丰裕。但事实是二战以后工业发达国家之间的贸易量大约占世界总出口量的 3/4,传统的国际贸易理论无法解释现实的贸易现象,这促使林德另辟蹊径研究发达国家之间贸易的原因。因为产品价格的差异是国际贸易产生的直接原因,价格由需求与供给同时决定,以往贸易理论研究的生产成本和技术差距都属于供给方面,并没有研究需求方面,所以林德试图从需求的不同来解释贸易的成因。

林德认为赫—俄原理只适用于初级产品之间的贸易,而不能适用于工业制成品的贸易。这是因为前者的贸易发展主要是由供给方面决定的,而后者的贸易发展主要是由需求方面决定的。因此,他提出用需求偏好相似理论分析制成品之间的贸易。

二、需求偏好相似理论的主要内容

该理论指出发达国家之间相互进行工业化产品贸易的出口结构、流向及贸易量的大小取决于本国的需求偏好,而一国的需求偏好又取决于该国的平均收入水平。

(1)产品的出口是以国内需求为基础

一种产品的国内需求是其能够出口的前提条件,换句话说,出口只是国内生产和销售的延伸。企业不可能去生产一个国内不存在扩大需求的产品。对此,林德在《论贸易和转变》中指出,企业对国内市场的了解远远超过对国际市场的了解,只有当这种产品在国内站稳了市场,并且企业规模发展到一定程度的时候,企业家才会进一步考虑是否扩大市场范围,出口自己的产品。其次,新产品、新技术的发明,其动力首先来自本国的需求。创造发明所形成的新产品首先是适应本国需要的产品,只有在一定条件下,这种产品才适应于出口的需要。此外,只有国内需要的产品才会是具有相对竞争优势的产品。

(2)一国平均收入水平决定一国的需求偏好

高收入国家对技术水平高、加工程度深、价值较大的高档商品的需求较大,而低收入国家则以低档商品的消费为主以满足基本生活需求。所以,收入水平可以作为衡量两国需求结构或偏好相似程度的指标。例如高尔夫球在欧美是普及运动,但在发展中国家却不是代表性需求。

(3)产品流向、贸易量取决于两国需求偏好相似的程度

平均收入水平越高,对消费的需求的质和量都会提高;平均收入水平越高,对先进的资本设备需求越高。因此两国人均收入相同,需求偏好相似,两国间贸易范围可能最大。但如果人均收入水平相差较大,需求偏好相异,两国贸易则会存在障碍。如果两国之间都有共同需求品质的情形,我们称存在重叠需求。重叠需求是两国开展国际贸易的基础,品质处于这一范围的商品,两国均可进口和出口。

三、需求偏好相似理论的简评

(一)贡献性

1. 从需求角度分析发达国家之间贸易的原因,丰富了国际贸易理论

早在穆勒和马歇尔时期,他们就已经从需求的角度去研究国际贸易问题了,但是林德的需求偏好相似理论开创了以需求为导向研究国际贸易理论的新局面,他强调国家间国内需求的不同和重叠需求结构是国际贸易的基础和贸易模式的重要决定因素,从而为后世的研究带来重要影响。

2. 需求偏好相似理论适时解释了新形势下国际贸易的新现象

需求偏好相似理论对于第二次世界大战后发达国家之间贸易迅猛发展的原因作出了解释。第二次世界大战后国际贸易结构变化的最大特点是制成品与制成品的贸易超过原材料与制成品的交换,对此,比较成本说、要素禀赋论很难作出解释,而林德则从需求角度对产业内贸易作出了令人信服的解释。

(二)局限性

1. 无法解释一国出口大量本国偏好小的产品的现象

需求偏好相似理论仅仅笼统地强调了贸易双方同时出口和进口制成品的原因是需求偏好相似,但一国不可能在同类产品上同时具有比较优势和比较劣势,而行业内贸易又确实发生了,林德没有进一步解释产生这种现象的原因。根据需求偏好相似理论,一国产品出口以本国需求为基础,但在实际贸易中,存在与之相反的情况。即一国出口的产品并不是本国大量需求的产品,甚至是本国无需求的产品。

2. 无法解释现实中存在需求偏好差异较大的国家之间的贸易

现实经济是一个复杂的系统,各国收入水平不一定能反映真实的需求偏好,决定需求偏好的因素多种多样;即使贸易伙伴国具有相同的收入水平和需求偏好,在开放市场经济条件下,由于要素、技术禀赋和生产工艺不同而导致商品与服务的相对价格差异,以及政府对贸易的管制和区域贸易协定,都会导致贸易结构和需求偏好相似理论的预期不一致。

第四节　产业内贸易理论

一、产业内贸易理论的形成

产业内贸易理论(intra-industry trade)是关于产业内同类产品贸易增长特点和原因的理论。针对发达国家之间的贸易不是工业制成品和初级产品之间的贸易,而是产业内同类产品的相互交换,即产业内贸易这一现象,加拿大格鲁贝尔和澳大利亚劳埃德在1975年出版的《产业内贸易:差别化产品国际贸易的理论与度量》中系统提出产业内贸易理论。该理论从不完全竞争、产品差异化和规模经济入手,为同质产品和异质产品的产业内贸易提供了理论基础。此后,学者们在20世纪70年代末和80年代初提出了各种产业内贸易的理论模型,如新张伯伦模型、兰卡斯特模型、布兰德模型、克鲁格曼模型等,对该

理论作了进一步的丰富和发展。该理论突破了传统国际贸易理论的一些假定（如完全竞争的市场结构、规模收益不变等），从规模经济和产品差异性等方面考察贸易的形成机制，从而解释了产业内贸易日益占据国际贸易主要地位的现象。

二、产业内贸易理论的主要内容

(一)产业内贸易与产业间贸易

从产品内容上看，可以把国际贸易分成两种基本类型：一种是国家进口和出口的产品属于不同的产业部门，比如出口初级产品，进口制成品，这种国际贸易称为产业间贸易(inter-industry trade)；另外一种被称为产业内贸易，也就是一国同时出口和进口同类型的制成品，因此这种贸易通常也被称为双向贸易(two way trade)或重叠贸易(over-lap trade)。

联合国国际贸易标准分类(standard international trade classification, SITC)中，将产品分为类、章、组、分组和基本项目五个层次，每个层次中用数字编码来表示。我们研究中所涉及的相同产品，指的是至少前三个层次分类编码相同的产品。

(二)产业内贸易的两种情况

产业内贸易理论中所指的产业必须具备两个条件：一是生产投入要素相近，二是产品在用途上可以相互替代。符合上述条件的产品可以分为两类：同质产品和异质产品，也称作相同产品或差异产品。

同质产品或相同产品是指产品间可以完全相互替代，也就是说产品有很高的需求交叉弹性，消费者对这类产品的消费偏好完全一样。

异质产品或差异产品又可以分成三种：水平差异产品、技术差异产品和垂直差异产品。不同类型的差异产品引起的产业内贸易也不相同，分别为水平差异产业内贸易、技术差异产业内贸易和垂直差异产业内贸易。

(三)同质产品的产业内贸易

1.两国边境大宗产品的交叉型产业内贸易。在矿石、钢铁、木材和玻璃等建筑材料之类的大宗交易产品当中，运输费用占据了总成本中的很大一部分。

2.季节性贸易。有些产品的生产和市场需求具有一定的季节性，因此国家为了满足国内需求矛盾也会形成产业内贸易，例如，欧洲一些国家之间为了相互解决用电高峰期而进行的电力"削峰填谷"的进出口。另外，一些果蔬的季节性进出口也属于此类。

3.大量的转口贸易。转口贸易中，转口国的进口项目和出口项目中就出现了同类产品，在统计上构成了产业内贸易。

4.相互倾销。不同国家生产同样产品的企业，为了占领更多的市场，有可能在竞争对手的市场上倾销自己的产品，从而形成产业内贸易。

5.政府的外贸政策。如果一个国家政府在对外贸易政策中实行出口退税、进口优惠时，国内企业为了与进口商品竞争，就不得不以出口得到出口退税，然后再进口以享受进口优惠，这样一来就产生了产业内贸易。

6.跨国公司的内部贸易。跨国公司的内部贸易(infra-firm trade)也称为公司内贸易，指的是在母公司与子公司或者子公司与子公司之间产生的国际贸易。由于统计上常常将零部件、中间产品以及加工产品都视为同样的产品,因此,跨国公司的内部贸易也会形成产业内贸易。

(四)异质产品的产业内贸易

1.水平差异产品是指商品相同属性的不同组合产生的差异性,如烟草、服装等这类产品的产业内贸易大多与消费者偏好的差异有关,这使得同类产品由于在牌号、规格、服务等特点上的不同而产生不同需求,而需求因特点不同又产生了既进口又出口的现象。

2.技术差异产品是指新产品出现带来的差异。处于产品生命周期不同阶段的同类产品(如不同档次的家用电器)在不同类型国家进行生产,继而进行进出口贸易,便会产生产业内贸易。

3.垂直差异产品是指产品质量方面的差异。为了占领市场,人们需要不断提高产品质量,而一个国家的消费者,不能全部都追求昂贵的高质量产品。因此,在出口高质量产品的同时往往也会从其他国家进口一些中低质量的同类产品,从而产生产业内贸易。

(五)产业内贸易的指标衡量

产业内贸易指数是用来测度一个产业的产业内贸易程度的指标。从某一产业的角度分析,产业内贸易指数的计算公式为:

$$A_i = 1 - |X_i - M_i|/(X_i + M_i)$$

式中:X_i指一国i产品的出口额,M_i指该国i产品的进口额,A_i代表i产品的产业内贸易指数。根据公式,当$X_i = M_i$时,$A_i = 1$,这是完全的产业内贸易。当$X_i \neq 0, M_i = 0$或$X_i = 0, M_i \neq 0$时,$A_i = 0$,这是完全的产业间贸易,所以A_i在$0 \sim 1$之间变动。A_i越接近1,说明产业内贸易的程度越高;A_i越接近0,则意味着产业内贸易的程度越低。

三、对产业内贸易理论的评价

(一)产业内贸易理论的积极意义

1.产业内贸易理论是对传统贸易理论的批判,其假定更符合实际。如果产业内贸易的利益能够长期存在,说明自由竞争的市场是不存在的。因为其他厂商自由进入这一具有利益的行业将受到限制,因而不属于完全竞争的市场,而是属于不完全竞争的市场。

2.该理论不仅从供给方面进行了论述,而且从需求方面分析和论证了部分国际贸易现象产生的原因以及贸易格局的变化,说明了需求因素和供给因素一样是制约国际贸易的重要因素。

3.这一理论还认为,规模经济是当代经济重要的内容,它是各国都在追求的利益,而且将规模经济的利益作为产业内贸易利益的来源,这样的分析较为符合实际。

4.这一理论还论证了国际贸易的心理收益,即不同需求偏好的满足,同时又提出了产业间贸易与产业内贸易的概念,揭示了产业内国际分工和产业间国际分工的问题。

(二)产业内贸易理论的不足之处

同其他理论一样,产业内贸易理论也有不足之处,它只能说明现实中的部分贸易现象。其不合理的地方有如下几点:

1.虽然在政策建议上,该理论赞同动态化,但它使用的仍然是静态分析的方法,这一点与传统贸易理论是一样的。它虽然看到了需求差别和需求的多样化对国际贸易的静态影响,但是,它没有能够看到需求偏好以及产品差别是随着经济发展、收入增长、价格变动而不断发生变化的。

2.同其他理论一样,似乎只能解释现实中的部分贸易现象而不能解释全部的贸易现象。这是贸易理论的通病。

3.对产业内贸易发生的原因还应该从其他的角度予以说明。产业内贸易理论强调规模经济利益和产品差别以及需求偏好的多样化对于国际贸易的影响无疑是正确的。但是,有些产品的生产和销售不存在规模收益递增的规律,对于这些产业的国际贸易问题,产业内贸易理论无法解释。

第五节 国家竞争优势理论

一、国家竞争优势理论的形成

国家竞争优势,又称"国家竞争优势钻石理论"或"钻石理论"。由哈佛大学商学院教授迈克尔·波特(Michael E. Porter)在其代表作《国家竞争优势》(*The Competitive Advantage of Nations*)中提出,属于国际贸易理论之一。国家竞争优势理论既是基于国家的理论,也是基于公司的理论。国家竞争优势理论试图解释如何才能造就并保持可持续的相对优势。

波特在《国家竞争优势》一书中,在继承发展传统的比较优势理论的基础上提出了独树一帜的"国家竞争优势"理论,为贸易理论的发展作出了巨大的贡献。该理论着重讨论了特定国家的企业在国际竞争中赢得优势地位的各种条件。它给出的启示是在开放型经济背景下,一国产业结构状况并不是一成不变的,各国产业发展具有很强的能动性和可选择性,固有的比较优势不应成为谋求增强国际竞争优势的障碍。

二、国家竞争优势理论的主要内容

竞争优势理论的中心思想是:一个国家的竞争优势,就是企业、行业的竞争优势,也就是生产力发展水平的优势。波特认为,一国兴衰的根本原因在于能否在国际市场上取得竞争优势,竞争优势形成的关键在于能否使主导产业具有优势,优势产业的建立有赖于提高生产效率,提高生产效率的源泉在于企业是否具有创新机制。为此,波特提出了一个"国家竞争优势四基本因素、两辅助因素模型",国家竞争优势的获得取决于四个基本因素和两个辅助因素的整合作用,如图4-3所示。

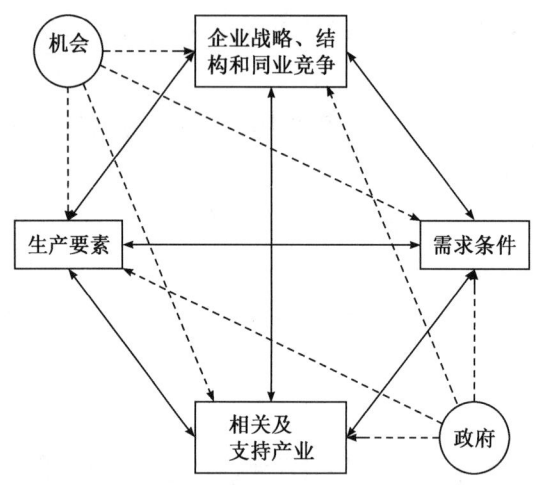

图 4-3 波特钻石理论模型图

该模型又可称为"波特机制"或"钻石体系"(diamonds framework)或"钻石模型"。这些因素的每一个都可单独发生作用,但又同时对其他因素产生影响。各个因素结合成一个有机体系,其共同作用决定着国家的竞争优势。

(一)关于生产要素

波特将生产要素划分为初级生产要素和高级生产要素,初级生产要素是指天然资源、气候、地理位置、非技术工人、资金等,高级生产要素则是指现代通信、信息、交通等基础设施,受过高等教育的人力、研究机构等。波特认为,初级生产要素重要性越来越低,因为对它的需求在减少,而跨国公司可以通过全球的市场网络来取得(当然初级生产因素对农业和以天然产品为主的产业还是非常重要的)。高级生产要素对获得竞争优势具有不容置疑的重要性。高级生产要素需要先在人力和资本上大量和持续地投资,而作为培养高级生产要素的研究所和教育计划,本身就需要高级的人才。高级生产要素很难从外部获得,必须自己来投资创造。

从另一个角度,生产要素被分为一般生产要素和专业生产要素。高级专业人才、专业研究机构、专用的软硬件设施等被归入专业生产要素。越是精致的产业越需要专业生产要素,而拥有专业生产要素的企业也会产生更加强大的竞争优势。

一个国家如果想通过生产要素建立起产业强大而又持久的优势,就必须发展高级生产要素和专业生产要素,这两类生产要素的可获得性与精致程度也决定了竞争优势的质量。如果国家把竞争优势建立在初级与一般生产要素的基础上,它通常是不稳定的。

波特同时指出:在实际竞争中,丰富的资源或廉价的成本因素往往造成没有效率的资源配置,另一方面,人工短缺、资源不足、地理气候条件恶劣等不利因素,反而会形成一股刺激产业创新的压力,促进企业竞争优势的持久升级。一个国家的竞争优势其实可以从不利的生产要素中形成。

根据推测,资源丰富和劳动力便宜的国家应该发展劳动密集型的产业,但是这类产业对大幅度提高国民收入不会有大的突破,同时仅仅依赖初级生产要素是无法获得全球竞争力的。

（二）国内需求市场

国内需求市场是产业发展的动力。国内市场与国际市场的不同之处在于企业可以及时发现国内市场的客户需求，这是国外竞争对手所不及的，因此波特认为全球性的竞争并没有降低国内市场的重要性。

波特指出，本地客户非常重要，特别是内行而挑剔的客户。假如本地客户对产品、服务的要求或挑剔程度在国际上数一数二，就会激发出该国企业的竞争优势。这个道理很简单，如果能满足最难缠的顾客，其他的客户要求就不在话下。如日本消费者在汽车消费上的挑剔是全球出名的，欧洲严格的环保要求也使许多欧洲公司的汽车环保性能、节能性能全球一流。美国人大大咧咧的消费作风惯坏了汽车工业，致使美国汽车工业在石油危机的打击面前久久缓不过神来。

另一个重要方面是预期性需求。如果本地的顾客需求领先于其他国家，这也可以成为本地企业的一种优势，因为先进的产品需要前卫的需求来支持。德国高速公路没有限速，当地汽车工业就非常卖力地满足驾驶人对高速的狂热追求，而超过200公里乃至300公里的时速在其他国家毫无实际意义。有时国家政策会影响预期性需求，如汽车的环保和安全法规、节能法规、税费政策等。

（三）相关和支持产业

对形成国家竞争优势而言，相关和支持产业与优势产业是一种休戚与共的关系。波特的研究提醒人们注意"产业集群"这种现象，就是一个优势产业不是单独存在的，它一定是同国内相关强势产业一同崛起。以德国印刷机行业为例，德国印刷机雄霸全球，离不开德国造纸业、油墨业、制版业、机械制造业的强势。美国、德国、日本汽车工业的竞争优势也离不开钢铁、机械、化工、零部件等行业的支持。有的经济学家指出，发展中国家往往采用集中资源配置，优先发展某一产业的政策，孤军深入的结果就是牺牲了其他行业，钟爱的产业也无法一枝独秀。

本国供应商是产业创新和升级过程中不可缺少的一环，这也是它最大的优点所在，因为产业要形成竞争优势，就不能缺少世界一流的供应商，也不能缺少上下游产业的密切合作关系。另外，有竞争力的本国产业通常会带动相关产业的竞争力。

波特指出，即使下游产业不在国际上竞争，但只要上游供应商具有国际竞争优势，对整个产业的影响仍然是正面的。

（四）企业战略、结构和同业竞争

波特指出，推进企业走向国际化竞争的动力很重要。这种动力可能来自国际需求的拉力，也可能来自本地竞争者的压力或市场的推力。创造与维持产业竞争优势的最大关联因素是国内市场强有力的竞争对手。波特认为，这一点与许多传统的观念相矛盾，例如一般认为，国内竞争太激烈，资源会过度消耗，妨碍规模经济的建立；最佳的国内市场状态是有两到三家企业独大，用规模经济和外商抗衡，并促进内部运作的效率化；还有的观念认为，国际型产业并不需要国内市场的对手。波特指出，在其研究的十个国家中，强有力的国内竞争对手普遍存在于具有国际竞争力的产业中。在国际竞争中，成功的产业必然先经过国内市场的搏斗，迫使其进行改进和创新，海外市场则是竞争力的延伸。而在政府的保护和补贴下，放眼国内没有竞争对手的"超级明星企业"通常并不具有国际竞争能力。

(五)机会

机会是可遇而不可求的,机会可以影响四大要素发生变化。波特指出,对企业发展而言,形成机会的可能情况大致有几种:基础科技的发明创造、传统技术出现断层、外因导致生产成本突然提高(如石油危机)、金融市场或汇率的重大变化、市场需求的剧增、政府的重大决策、战争。机会其实是双向的,它往往在新的竞争者获得优势的同时,使原有的竞争者优势丧失,只有能满足新需求的厂商才能有发展"机遇"。

(六)政府

波特指出,从事产业竞争的是企业,而非政府,竞争优势的创造最终必然要反映到企业上。即使拥有最优秀的公务员,也无从决定应该发展哪项产业,以及如何达到最适当的竞争优势。政府能做的只是提供企业所需要的资源,创造产业发展的环境。

政府只有扮演好自己的角色,才能成为扩大钻石体系的力量,政府可以创造新的机会和压力,政府直接投入的应该是企业无法行动的领域,也就是外部成本较高的领域,如发展基础设施、开放资本渠道、培养信息整合能力等。

从政府对四大要素的影响看,政府对需求的影响主要是政府采购,但是政府采购必须有严格的标准,扮演挑剔型的顾客(在美国,汽车安全法规就是从政府采购开始的);采购程序要有利于竞争和创新。在形成产业集群方面,政府并不能无中生有,但是可以强化它。政府在产业发展中最重要的角色莫过于保证国内市场处于活泼的竞争状态,制定竞争规范,避免托拉斯状态。波特认为,保护会延缓产业竞争优势的形成,使企业停留在缺乏竞争的状态。

上述所有这些因素组合成一个类似"钻石圈"的系统,以整合的方式对国家竞争优势的形成发挥影响。国家竞争优势本身也具有系统性,不同产业可依靠产业间联系和空间上的集聚以形成特定的优势。

三、对国家竞争优势理论的评价

(一)国家竞争优势理论的贡献

1.国家竞争优势理论是当代国际经济学理论的重大发展。国家竞争优势理论弥补了其他国际贸易理论的不足,提出了国际竞争优势应该是国际贸易理论的核心,一国国际竞争优势的建立才能获得持久的比较利益。同时,该理论发展了传统贸易理论对于在要素基础上形成优势的静态观点,突破了就单项因素或其简单组合为出发点来展开理论分析的不足。

2.国家竞争优势理论在当代国际分工中也具有重要现实意义。伴随着当今经济的一体化到全球化,国际分工日益深入,国际竞争日益激烈,在这种竞争中,任何一个国家不再可能依靠基于禀赋条件的比较优势赢得有利的国际分工地位,而只能通过竞争优势扶持和培育,这对于发展中国家国家竞争优势的发展无疑具有积极的指导意义。

总之,国家竞争优势理论超越了传统理论对国家优势地位形成的片面认识,首次从多角度、多层次阐明了国家竞争优势的确定内涵,指出国家优势形成的根本原因在于竞争,在于优势产业的确定。从这个意义上说,国家竞争优势理论摆脱了传统理论的孤立性、片面性、建立了国家竞争优势的概念体系和理论框架。

(2)国家竞争优势理论的局限

1.在产业的选择上,竞争优势中的产业选择是基于已经存在的产业而言的,是对已结构化或未完全结构化产业进行的选择,这样使企业在所选择的产业中取得领先地位是相当困难的。在一个已结构化的产业中,企业生存发展的空间十分有限。因为产业结构化程度越高,产业内的竞争强度就越大,企业选择的余地(即竞争空间)就越小,且边际产出递减。

2.波特的竞争优势理论尽管研究的角度新、理论框架较为完整,但都集中在探讨成本、质量、顾客服务、营销等竞争优势上,而对为什么有些企业能不断开创新局面而有些企业却停滞不前的问题反而忽略了。

3.波特的竞争优势理论过多地强调了企业和市场的作用,而对政府在当代国际贸易中所扮演的角色的重要性认识不足,仅把政府的作用作为一个辅助的因素。

本章小结

随着经济的发展和贸易格局的变化,国际贸易理论呈现出新发展,且一直处于发展之中,其理论众多,结构复杂。具有代表性、影响较大的理论主要包括本章所介绍的当代国际贸易理论的技术差距理论、产品生命周期理论、需求偏好相似理论、产业内贸易理论、国家竞争优势理论。

1.技术差距理论认为,工业化国家之间的工业品贸易,有很大一部分实际上是以技术差距的存在为基础进行的。通过引入模仿时滞的概念来解释国家之间发生贸易的可能性。在创新国和模仿国的两国模型中,创新国一种新产品成功后,在模仿国掌握这种技术之前,具有技术领先优势,可以向模仿国出口这种技术领先的产品。随着专利权的转让、技术合作、对外投资或国际贸易的发展,创新国的领先技术流传到国外,模仿国开始利用自己的低劳动成本优势,自行生产这种商品并减少进口。创新国逐渐失去该产品的出口市场,因技术差距而产生的国际贸易量逐渐缩小,最终被模仿国掌握,技术差距消失,以技术差距为基础的贸易也随之消失。

2.产品生命周期理论在垄断优势理论的基础上,将垄断优势、产品生命周期和区位因素结合起来解释直接投资的动机、时机和区位的选择。弗农十分重视创新的时机、规模经济、新产品开发中的知识积累和一些不稳定因素的重要性,并以此为变量来分析国际直接投资的行为,以反映国际投资的动态过程。弗农把美国企业对外投资的变动与产品生命周期联系起来,从产品技术垄断的角度分析了国际直接投资产生的原因,认为产品生命周期的发展规律决定了企业为占领国外市场而需进行的投资。

3.需求理论的基本观点是,重叠需求是国际贸易产生的一个独立条件。两国之间的需求结构越接近,则两国之间进行贸易的基础就越雄厚。当两国的人均收入水平越接近时,则重叠需求的范围也就越大,两国重叠需求的商品都有可能成为贸易品。如果各国的国民收入不断提高,则由于收入水平的提高,新的重叠需求的商品便不断地出现,贸易也相应地不断扩大,贸易中的新品种就会不断地出现。所以,收入水平相似的国家,互相间的贸易关系就可能越密切;反之,如果收入水平相差悬殊,则两国之间重叠需求的商品就可能很少,贸易的密切程度也就很小。

4.产业内贸易理论是关于产业内同类产品贸易增长特点和原因的理论。该理论解释了发达国家之间的贸易不是工业制成品和初级产品之间的贸易,而是产业内同类产品的相互交换,即产业内贸易这一现象。该理论从不完全竞争、产品差异化和规模经济入手,为同质产品和异质产品的产业内贸易提供了理论基础。此后,学者们在20世纪70年代末和80年代初提出了各种产业内贸易的理论模型,如新张伯伦模型、兰卡斯特模型、布兰德模型、克鲁格曼模型等,对该理论作了进一步的丰富和发展。该理论突破了传统国际贸易理论的一些假定(如完全竞争的市场结构、规模收益不变等),从规模经济和产品差异性等方面考察贸易的形成机制,从而解释了产业内贸易日益占据国际贸易主要地位的现象。

5.国家竞争优势理论着重讨论了特定国家的企业在国际竞争中赢得优势地位的各种条件。它给我们的启示是:在开放型经济背景下,一国产业结构状况并不是一成不变的,各国产业发展具有很强的能动性和可选择性,固有的比较优势不应成为谋求增强国际竞争优势的障碍。

【课后练习】

1.需求偏好相似理论是如何解释要素禀赋相同或相似国家之间的贸易行为的?
2.产业内贸易理论是如何阐释产业内贸易形成的原因或前提条件的?
3.产品生命周期理论是如何解释产业优势地位在不同国家或地区进行转移的?
4.阐述你对波特的国家竞争优势理论的理解。

第五章　国际贸易政策相关理论

学 习 目 标

(1)了解国际贸易政策的含义、构成和形式
(2)了解国际贸易政策的演变和发展历程
(3)掌握自由贸易政策和保护贸易政策的相关理论

教 学 内 容

第一节　对外贸易政策概述

一、对外贸易政策的含义、目的和构成

(1)含义

对外贸易政策是一国政府在其社会经济发展战略的总目标下,运用经济、法律和行政手段,对对外贸易活动进行管理和调节的行为。它体现了一国对外经济和政治关系的总政策,属于上层建筑的一部分。对外,它服务于一国对外经济与政治的总政策;对内,为发展经济服务,并随着国内外经济基础和政治关系的变化而变化。

(2)目的

1.促进经济的发展与稳定

在经济全球化条件下,世界各国之间的相互影响加强。为了使一国经济既能与外部经济实现互补,又能保持国内经济稳定,就必须依靠对外贸易政策的调整。通过对外贸易政策调整可以维持国际收支平衡,增加国家财政收入,优化国内资源配置,获取规模经济效应,促进生产力的发展。

2.加强和完善经济体制

经济体制是一个社会国民经济的运行方式,可以分为市场经济和计划经济两种类型。通过调整和完善贸易体制能逐渐促进一个国家积极参与经济全球化,同时又能加强和完善市场经济体制。

3.改善国际经济与政治环境

贸易政策在调整、改善、巩固国与国之间经济与政治关系方面起着重要作用。一国贸易政策的选择必须考虑国际环境,即世界贸易体制的发展与影响、联合国的各种决议的实施以及贸易活动之间的政治和经济关系。

(三)对外贸易政策的构成

1.对外贸易总政策

它包括进口总政策和出口总政策,是从整个国民经济出发,结合本国的资源禀赋、产业结构和经济发展水平而制定的较长时期内实行、对贸易活动具有方向性指导意义的原则、方针和策略。外贸政策通常会在一个比较长的时期内被加以贯彻实行,具有一定的稳定性。

2.商品进出口政策

它是各国在本国对外贸易总政策的基础上,根据经济结构、国内外市场的供求状况和国内产业政策而制定的贸易政策。其基本原则是对不同的进出口商品实行不同的待遇。

3.国别贸易政策

它是在对外贸易总政策的基础上,根据国际经济格局以及国际政治关系等因素,在不违反国际规范和惯例的前提下,对不同国家或地区采取不同的外贸策略和措施。其基本做法就是对不同国家和地区规定差别关税率和差别优惠待遇。

(四)对外贸易政策的基本形式

从对外贸易产生与发展以来,基本上有两种类型的对外贸易政策,即自由贸易政策与保护贸易政策,其他类型贸易政策是在这两种形式的基础上演化而来的,是这两种基本政策的变形。

1.自由贸易政策

政府取消对进出口贸易的限制,不对本国商品的进出口提供各种特权和优待,力图消除各种贸易障碍,使商品能够自由地输出和输入,并且在世界市场上实行自由竞争和合作,从而使资源得到最合理配置。自由贸易的实质是"不干预政策"。

2.保护贸易政策

政府采取各种措施来限制商品的进口,以保护本国市场不受或少受外国商品的竞争。另外,政府对本国商品的出口则实行补贴或优待,以鼓励出口,在全力保护本国市场和本国生产的条件下尽可能占领国外市场。保护贸易政策的实质是"奖出限入"。

现实中,自由贸易政策和保护贸易政策都不是完全绝对的。首先,一国实行自由贸易政策并不意味着完全的自由。因为,西方国家往往在标榜自由贸易的时候,总是或明或暗地对某些产业提供保护。其次,实行保护贸易政策也不意味着紧闭国门,而是对于某些国内产业的保护程度高一些,而对有些产业的保护程度则低一些。因此,这两种基本形式的差别就在于所包含的自由和保护成分多少的不同。此外,一国究竟倾向于哪一种形式的对外贸易政策,这要由该国的国内和国际因素共同来决定。如企业的竞争力、国内的经济状况、不同的利益集团对制定外贸政策的影响力等。总之,以上两种政策都是为了更好地实现和扩大本国的贸易利益。在这一点上,二者是统一的。

三、国际贸易政策历史演变

(一)资本主义生产方式准备时期的国际贸易政策

16—18世纪中期,是资本主义生产方式准备时期,当时正在兴起的商业资本,追求金银财富的国内集中,以实现资本的大量积累。为了促进资本的原始积累,在当时的西欧各国当中,广泛实行了重商主义下的强制性贸易保护政策,通过限制货币(贵金属)的输出和扩大贸易顺差的办法来扩大货币积累,在这些国家当中,英国实行贸易保护主义最为彻底。事实证明,当时的保护贸易政策确实推动了资本的原始积累进程,为资本主义生产方式的最终建立提供了充分的财富积累,促进了资本主义生产方式的最终形成。

(二)资本主义自由竞争时期的国际贸易政策

18世纪中期—19世纪后期是资本主义的自由竞争时期。这一时期,自由贸易政策居于主导地位。工业革命先后在英国等资本主义国家广泛掀起,这些国家的工业生产急剧增长,其出口产品的国际竞争能力迅速增强。而资产阶级古典经济学的国际贸易理论又为自由贸易政策提供了坚实的理论基础。因此,当时的英国、荷兰等国家都推行了全面的自由贸易政策。

英国进入自由贸易政策阶段的标志是1846年《谷物法》的废除。自由贸易确实给英国带来明显的经济利益,根据英国学者的统计发现,当时,与对外贸易有关的部门的增长率要高于英国经济的增长率,更要高于与贸易无关部门的经济增长率。

但是,与英国的自由贸易政策不同,同一时期的美国和德国实行的却是保护贸易政策。由于历史条件的不同,这些国家一直到19世纪上半叶才开始工业革命,它们的国内工业发展还处于起步阶段,无法与英国的工业品相竞争。因此,这些国家不得不通过实行保护贸易政策,来扶持本国幼稚工业的发展。当然保护贸易政策促进了这些国家的工业的迅速成长和壮大。

(3)垄断资本主义时期的国际贸易政策

19世纪末—20世纪初,资本主义从自由竞争进入垄断阶段。由于垄断的出现与加强,资本输出占据统治地位。1929—1933年的大危机,使市场矛盾日益激化,主要资本主义国家开始推行带有垄断性质的超保护贸易政策。这种保护贸易政策与以往的保护贸易政策不同:

在保护对象上,它不是保护本国幼稚工业以增强其竞争力,而是保护高度发展甚至是开始衰退的垄断工业,加强其在国内外的垄断地位,保持垄断企业的高额利润;

在保护目的上,它不是消极防御外国商品进入本国市场,而是积极向外扩张占领国外市场,如垄断企业把部分高额利润作为补贴(或者由国家补贴),以低廉的倾销价格向国外进行商品倾销;

在保护措施上,它不是单一运用关税和贸易条约,而是将各种"奖出限入"的措施融为一体。总之,这种保护贸易政策不仅具有防御性,更具有进攻性,被称为超保护贸易政策。

(4)第二次世界大战后至20世纪70时代中期的贸易自由化

20世纪50年代到70年代中期,先是由于美国对外扩张的需要,继而资本国际化和生产国际化、国际分工在广度和深度上的迅猛发展,出现了世界范围的贸易自由化。贸易自由化是指国家之间通过多边或双边的贸易条约与协定,削减关税壁垒,抑制非关税壁垒,取消国际贸易中的障碍与歧视,促进世界商品和服务的交换与生产。

需要注意的是,战后的贸易自由化浪潮和资本主义自由竞争时期的贸易自由主义不同。自由竞争时期的贸易自由主义强调的是全面的贸易自由,反对采取任何阻碍商品自由流动的政策措施。而战后的贸易自由化浪潮则是有保留的自由贸易,并不完全排除保护贸易政策,事实上,在战后贸易自由化浪潮中,一些区域经济集团对于非成员国的贸易歧视以及随着关税水平下降而逐渐增多的非关税壁垒等现象充分说明了这一点。

(五)20世纪70年代中期以来的新贸易保护主义

20世纪70年代中期后,由于两次经济危机的爆发,经济发展减缓,结构性失业的出现,使市场问题趋于尖锐,以美国为首的发达国家为了转移危机,消除"滞胀",争夺市场,开始脱离过去自由放任的思潮,转向以管理为主要手段的贸易保护主义,引发了全球性贸易保护浪潮。由于这个时期的贸易保护主义出现了新特点,被称为"新贸易保护主义",其特点包括以下方面:

1.关税壁垒这一传统的保护措施受到贸易自由化的不断冲击,其作用在相对削弱,非关税壁垒的作用逐步得到加强。由于关税与贸易总协定制约了各国利用关税壁垒,关税已不能继续作为贸易保护的重要手段。于是,各国转为倚重非关税壁垒来限制进口。这一时期的非关税壁垒不仅包括各种传统形式,还增加了许多名目繁多的新形式。

2.被保护的商品不断增加。从传统产品、农产品转向高级工业品、劳务部门和高科技领域,使贸易保护主义所涉及的领域不断扩展。此外,在服务贸易领域,很多国家也在投资条例、收入汇回等方面作出了保护性限制措施。

3.许多国家把奖出限入的重点从限制进口转向了鼓励出口方面。如实行出口补贴、出口信贷、商品倾销、外汇倾销、设立出口加工区等措施。

4.从国家贸易壁垒转向区域性贸易壁垒。区域经济一体化是战后世界经济的一个重要发展趋势。区域经贸集团在加强内部贸易自由化的同时,联合起来一致对外,排挤和对抗集团以外的竞争者,即具有排他性。在这种情况下,区域性贸易壁垒正在逐渐取代国家贸易壁垒,在新贸易保护主义的潮流中发挥着越来越大的作用。

5.从贸易保护制度转向系统化和综合化的管理贸易制度,强调政府管理贸易,实施管理贸易政策。随着世界经济政治关系的深刻变化,各国经济相互依赖的加强,一些国家开始推行协调管理贸易政策。他们对内制定各种对外贸易法规和条例,对本国进出口有秩序地发展实施管理,对外通过协商、签订各种对外经济贸易协定,以协调和发展与其他国家之间的经济贸易关系。

第二节 国际贸易政策相关理论

自由贸易政策和保护贸易政策都有其各自的理论基础,但究竟选择哪一种作为政策制定的主要依据,却历来是贸易政策中争论最激烈的问题。自由贸易论者和保护贸易论者在长期论战中,各自对自己的贸易政策大加颂扬,并用相关支持论据阐述其政策的必要性和优越性。

不可否认,西方国际贸易理论的发展和演变是以自由贸易理论为主线,自由贸易政策从来没有在根本上被保护贸易政策彻底否定或代替,所以它是一直伴随国际贸易发展的政策。而最早的国际贸易学说——重商主义却是典型的保护贸易理论,而其他具有代表性的贸易保护政策却在不同历史阶段出现过:凯恩斯主义的贸易保护政策在发达国家经济萧条时期不断被人们想起并使用;保护幼稚工业理论一直是作为发展中国家走上工业化道路的重要政策选择;而战略性贸易政策也逐步被越来越多的国家用作制定对外贸易政策的重要参考。

一、自由贸易政策的理论依据

支持自由贸易政策的学者认为自由贸易政策比保护贸易政策要优越得多,因为自由贸易可以带来最优的生产效率和实现福利最大化。按照他们的观点,如果世界各国都积极参与国际分工,并实行完全的自由贸易,那么在市场机制的作用下,各国的生产资源就能得到最佳配置。同样,自由贸易能最大限度地为社会获取经济福利,而保护贸易政策则使少数人受益,多数人受损。实际上,自由贸易理论正是西方标准市场理论在国际贸易政策理论上的体现和发挥。自由贸易理论着重于论证自由贸易带来的利益,贸易利益分为静态利益和动态利益。

(1)静态利益

自由贸易的静态利益是在资源总量不变,技术没有进步的前提下出现的福利水平的提高,这是自由贸易所带来的直接利益。它又可以分为交换利益和专业化利益。

交换利益是指如果国家之间通过相互交换本国生产或生产成本较高的商品,消费者可以获得比封闭状态更多的商品,从而改善各自的福利;专业化利益则是指各国可以专业化生产和出口本国具有比较优势的商品,而进口本国不具有比较优势的商品,通过资源的优化配置获得利益。

(2)动态利益

自由贸易的动态利益在于一国通过国际分工和交换,可以促进就业和提高收入,推动产业升级换代和经济持续增长。具体体现在以下方面:

①获得规模经济效应

开展自由贸易可以促使出口企业去寻求新的市场,而国际市场的扩大及其带来的新需求会促进企业的生产规模的扩大和新企业的进入,从而实现规模经济效应。

②获得竞争效应

实行自由贸易政策后,使出口企业不得不同外国同类企业竞争,国内企业不得不同进口商品竞争,这是提高企业素质和竞争力的必要途径。

③获得结构调整效应

实行自由贸易可以促使一国发展本国具有现实或潜在比较优势的产业,淘汰和放弃某些不合理的产业,促进产业结构的高级化。

④获得学习效应

开展自由贸易后,随着生产规模的扩大、技术引进和合作以及生产经验的积累,本国企业的生产成本将会降低。

二、保护贸易政策的理论依据

从历史到现实,各国政府都在不同程度上实行着贸易保护或干预政策。这主要是因为自由贸易虽会给世界带来经济利益,但也会引起经济利益在不同国家以及不同利益集团间的重新分配。国际贸易虽然提高了一国整体的福利水平,但并不是对所有社会成员都有利,它能够改变一国国内的收入分配格局。可见,这里已经潜伏了作为贸易保护基础的不同社会集团之间的贸易矛盾与冲突,而一国政府可以并且必须采取某种手段来干预这种经济利益的分配过程,解决由其诱发的矛盾与冲突,这正是各种保护贸易政策的理论出发点。

(1) 汉密尔顿的保护贸易学说

亚历山大·汉密尔顿(Alexander Hamilton),是美国独立战争时期的政治家、经济学家,也是美国独立后第一届财政部长,保护幼稚工业理论的最早提出者,他代表工业资产阶级的利益,极力主张实行保护贸易政策。

1. 提出背景

1776年,美国宣告独立,当时摆在美国面前有两条路:一是实行自由贸易政策,继续向英、法等国出口农产品,换回他们的工业品,这种贸易格局有利于美国南方种植园主,但不利于美国北方工业制造业的发展;二是实行保护贸易政策,独立自主地发展自己的工业,减少对外国工业品的依赖,这是美国北方工业资本家的要求。结合当时的情况,美国是后起的资本主义国家,工业革命进行的比较晚,工业基础薄弱,其产品无法与英国竞争,因此,新兴的工业资产阶级要求实行保护贸易政策。1791年,美国当时的财政部长代表工业资产阶级的利益,向国会提交了《关于制造业的报告》,在报告中明确表达了他的保护贸易的理论观点。该报告被视为保护贸易理论的第一份重要的经典文献。

2. 主要内容

(1) 主张在一国工业化的早期阶段,应当排除外来竞争,保护国内市场,以促使本国新的幼稚工业顺利发展。汉密尔顿认为,亚当·斯密的自由贸易理论,不适用于美国。因为其经济情况不能同英国相提并论,工业基础薄弱,技术落后,生产成本高,无法在平等的基础上进行对外贸易。如果实行自由贸易政策,只会使美国的产业被限制在农业范畴,而使制造业受到极大损失,使美国经济陷入困境。

(2) 极力主张实行保护贸易政策来鼓励幼稚工业发展。汉密尔顿阐述了保护和发展制造业的必要性和有利条件,但他并不主张对一切进口商品征收高关税或禁止进口,而只是对本国能生产的但竞争力弱的进口商品实施严厉的限制进口政策。

(3) 提出了以加强国家干预为主要内容的一系列措施,指出保护和发展制造业对维护美国的经济和政治独立具有重要意义。

他的上述主张,虽仅被国会采纳了一部分,但对美国政府的内外经济政策产生了重要和深远的影响。

3. 简要评述

由于汉密尔顿的保护贸易学说主要是在阐述经济政策时论及的,理论体系显得比较零碎,尽管如此,它仍是落后国家进行经济自卫和与先进国家相抗衡的国际贸易学说。这一学说的提出,标志着从重商主义分离出来的资产阶级国际贸易学说的两大体系已经基本形成。同时对美国工业制造业的发展有较大的推动作用。

(二)李斯特的幼稚工业保护论

幼稚工业保护论最初由汉密尔顿提出、经过李斯特全面发展而成为最早、最重要的贸易保护理论。李斯特(Friedrich List)是著名的德国经济学家,资产阶级政治经济学的历史学派的主要先驱者,保护贸易的倡导者。其主要代表作是1841年出版的《政治经济学国民体系》(The National System of Political Economy)

幼稚工业保护论影响了19世纪的德国和美国,影响了20世纪的日本,使他们都能在保护主义的篱笆后面成长,强大之后又转而推行自由贸易。经过近半个世纪的修补与解释已经适用于现今的社会。

1. 提出背景

随着第一次工业革命,英国等先进工业国打着亚当·斯密自由贸易大旗,杀气腾腾涌入德意志经济领域,强烈冲击着脆弱的民族工业。分崩离析中的德意志显得那么虚弱,无力与英法等国争锋于贸易战场。

但是德意志没有被亚当·斯密唬住。李斯特对此洞若观火:斯密提倡的自由贸易,反映的是英国作为先发国的利益;德国需要贸易保护,因为它处在后发的位置上。如果按部就班跟着走,只能永远为英国伐木或者牧羊,成为被掠夺的对象。对此,他有一个精彩的比方:"当一个人已登上了高峰以后,就会把他登高时所使用的那个梯子一脚踢开,免得别人跟着他爬上来。"

为此,1841年,李斯特提出了影响深远的"幼稚工业保护论"。李斯特指出:在现代化的第一阶段,后发国应采取自由贸易政策,吸收先发国的生产力。像西班牙、葡萄牙那样"对先进的国家实行自由贸易,以此为手段,使自己脱离未开化状态"。在现代化的第二阶段,后发国向先发国推进过程中,应像美、法那样采取保护主义政策,保护本国工业。在现代化的第三阶段,已成为先发国的强国,应像英国那样"当财富和力量已经达到了最高度以后,再行逐步恢复到自由贸易原则,在国内外市场进行无所限制的竞争。"在李斯特贸易理论的指导下,德国最终实现了工业化,跃进世界发达国家的行列。

2. 核心内容

基于李斯特主张保护的是幼稚工业,并且主要是通过关税保护,所以,人们把李斯特的保护贸易理论称作幼稚工业保护论或关税保护贸易理论,即通过提高进口商品关税,保护本国幼稚工业。主要包括:

(1)对外贸易政策的目的是发展生产力。李斯特指出,生产力是创造财富的能力。一个国家的财富和力量来源于本国社会生产力的发展,提高生产力是国家强盛的基础。而比较成本论不利于德国生产力的发展。他认为,从短期来看,落后国家可以买到一些廉价商品,似乎占了便宜;但从长远看,落后国家的工业却因此发展不起来,社会生产力得不到提高,就会长期居于落后地位和从属地位。反之,如果德国采取保护贸易政策,从短期看,某些商品价格,特别是先进的工业品价格是高一些,但是,为了培育自己的民族工业,就应当忍受暂时的牺牲。经过一段时期,民族工业发展起来了,原来依靠进口的商品——先进工业品的价格就会降下来。这样,看起来似乎开始时减少一些财富,但却通过保护贸易,发展了自己民族的生产力,即创造财富的能力,这才是真正的财富。李斯特说:"保护关税尽管会使价值有所牺牲,却使生产力有了增长,足以抵偿损失而有余。"

(2) 对外贸易政策取决于该国该时期的经济发展水平。李斯特根据国民经济完成程度,把国民经济的发展分为五个阶段:原始未开化时期、放牧时期、农业时期、农工业时期、农工商业时期。他认为,各国在不同的发展阶段,应采取不同的贸易政策,在经济发展的前三个阶段必须实行自由贸易;当处于农工业时期时,必须将贸易政策转变为保护主义;而经济进入发展的最高阶段,即农工商业时期时,则应再次实行自由贸易政策。只有这样才可能有利于经济的发展,否则将不利于相对落后国家的经济发展。

(3) 主张国家通过关税干预对外贸易。李斯特指出,要想发展生产力,必须借助国家力量,而不能听任经济自发地实现其转变和增长。他认为英国工商业的发展也是由于当初政府的扶植政策所造成的。德国正处于类似英国发展初期的状况,应实行在国家干预下的保护贸易政策。主张通过保护关税政策发展生产力,特别是工业生产力。他指出,工业发展以后,农业自然跟着发展。因此,他提出的保护对象有几个条件:①幼稚工业才需保护。②在被保护的工业得到发展,其产品价格低于进口同类产品并能与外国竞争时,就无须再保护,或者被保护工业在适当时期(如 30 年)内还不能扶植起来时,也就不需要再保护。③一国工业虽然幼稚,但如果没有强有力的竞争者,也不需要保护。④农业不需要保护。

3. 简要评述

李斯特的理论提出以后一直被广泛运用,尤其成为发展中国家保护其幼稚工业的主要论据。有时,该理论还被加上一些非经济色彩,被称为保护"民族工业"。

幼稚工业保护理论在逻辑和实践上都证明是正确和有效的,但经济学家们也发现,该理论在具体操作中存在着两个很难克服的困难。一是保护对象的选择,正确选择保护对象是保护幼稚工业政策成败的关键。二是保护手段的选择,后进国家更多的倾向于采用征收关税限制进口的手段来保护本国工业。

(三) 凯恩斯的对外贸易乘数论

对外贸易乘数理论是指在 20 世纪 30 年代提出的凯恩斯主义的国际贸易理论,它试图把对外贸易与就业理论联系起来,从增加就业,提高国民收入角度说明保护贸易的重要性。

对外贸易乘数是指一国在既定的边际消费倾向作用下,由于对外贸易收入而增加的该部门消费会通过国民经济的产业链增加相关部门的收入和消费,最终对国民经济增长和国民收入产生倍加效果。

1. 提出背景

凯恩斯是当代最著名的英国经济学家,凯恩斯主义的创始人。凯恩斯生活的时代,是世界经济制度发生巨大变化的时代。资本主义经济以垄断代替了自由竞争,尤其是 1929—1933 年空前严重的经济危机的爆发,世界市场问题进一步尖锐化,各国相继放弃自由贸易政策,改变为奉行保护贸易政策,强化了国家政权对经济的干预作用。在这种背景下,凯恩斯的经济立场也发生了改变,由原来的支持自由贸易转为赞同保护贸易,并积极为其提供理论依据。1936年,凯恩斯出版了他的代表作《就业、利息和货币通论》,在书中,他对自由贸易理论展开了批评,对重商主义的一些政策进行重新评价,并以有效需求不足为基础,以边际消费倾向、边际资本效率和灵活偏好三个所谓心理规律为核心,以国家干预为政策基点,创立了保护国内就业的新学说。在凯恩斯的经济理论中及其追随者对他的理论发展中提出了一系列保护贸易的理论主张,其中核心是对外贸易乘数理论(theory of trade multiplier)。

2.主要内容

凯恩斯认为投资的增加对国民收入的影响有乘数作用,即增加投资所导致的国民收入的增加是投资增加的若干倍。若用 ΔY 表示国民收入的增加,K 表示乘数,ΔI 表示投资的增加,则:

$$\Delta Y = K \times \Delta I$$

国民收入的增加之所以是投资增加的倍数,是因为新增投资引起对生产资料的需求增加,从而引起从事生产资料生产的人们的收入增加。他们的收入增加又引起消费品需求的增加,从而导致从事消费品生产的人们收入的增加。如此推演下去,结果国民收入的增加等于投资增加的若干倍。现假定新增加的投资 ΔI 为100美元,它用于购买投资品便成了投资品生产者(雇主和工人)增加的收入;如果投资品生产者只消费其新增收入的90%,于是向他们出售商品的人们便得到90美元的收入;如果这些人又消费其收入的90%,即81美元,这又成为向他们出售商品的人们增加的收入……如此继续下去,收入也随之增加。收入增加的总和为无穷等比数列:

凯恩斯的主要追随者马克卢普和哈罗德等人又把投资乘数原理引入对外贸易领域,分析了对外贸易与增加就业、提高国民收入的倍数关系。他们认为,一国的出口和国内投资一样,属于"注入",对就业和国民收入有倍增作用;而一国的进口,则与国内储蓄一样,属于"漏出",对就业和国民收入有倍减效应。当商品劳务输出时,从国外获得货币收入,会使出口产业部门收入增加,消费也随之增加,从而引起其他产业部门生产增加、就业增多、收入增加。如此反复下去,收入增加将为出口增加的若干倍。当商品劳务输入时,向国外支付货币,使收入减少,消费随之下降、国内生产缩减、收入减少。因此,只有当对外贸易为顺差时,才能增加一国就业量,提高国民收入。此时,国民收入增加将为投资增加和贸易顺差的若干倍。这就是对外贸易乘数理论的含义。

因此,根据对外贸易乘数理论,凯恩斯主义积极主张国家干预经济,实行保护贸易政策。

3.简要评述

凯恩斯主义的对外贸易乘数理论在一定程度上揭示了对外贸易与国民经济发展之间的内在规律性,因而具有重要的现实意义。这一理论对于认清国民经济体系的运行规律,制定切实有效的宏观经济政策也有一定的理论指导意义。

但是,对外贸易乘数理论存在很大的局限性。首先,对外贸易乘数理论把贸易顺差视为与国内投资一样是对国民经济体系的一种"注入",能对国民收入产生乘数效应。其实,贸易顺差与国内投资是不同的:投资增加会形成新的生产能力,使供给增加,而贸易顺差增加实际上是出口相对增加,它本身并不能形成生产能力。因此,投资增加和贸易顺差增加对国民收入增加的乘数作用并不等同。其次,对外贸易乘数在实践上是很模糊的,它常会受一国闲置资源和其他因素的影响,资源稀缺会限制该国国民收入的下一轮增长。再次,这一理论忽视了对外贸易发挥乘数作用的条件。对外贸易的乘数作用并非在任何情况下都能发挥,只有在世界总进口值增加的条件下,一国才能继续扩大出口,从而增加国民收入和就业。如果世界的总进口值不变或减少,一国将无法增加出口,除非降低出口商品价格,但降低出口商品价格,企业会因利润下降而不愿扩大生产、增加产量,因此,增加出口也无从谈起。

(四)战略性贸易政策

战略性贸易政策是一国政府在不完全竞争和规模经济条件下,为了提高本国产业的国际竞争地位或者提高国内公司在国际市场的竞争力而采取的政策手段。如生产补贴、出口补贴或保护国内市场等。

1.提出背景

20世纪80年代以来,一些发达国家为了应对居高不下的失业率和国内市场上国外竞争的加剧,加强了对本国战略性产业的扶持和保护,使其获得竞争优势。以詹姆斯·布朗德、巴巴拉·斯潘塞以及保罗·克鲁格曼等人为代表的西方经济学家提出了寡头垄断条件下的国际贸易理论,即战略性贸易政策理论。自从该理论出现以来,对国际贸易理论体系以及许多国家对外贸易政策的制定都产生了重大影响。尽管对该理论的尖锐批评此起彼伏,同时其基本模型自身也有待进一步完善,但重要的是,它确实动摇了传统国际贸易理论的统治地位,并且在很大范围内,该理论转化为了实际的政策建议并得到了有效实施。

所谓战略性贸易政策,是指在"不完全竞争"市场中,政府积极运用补贴或出口鼓励等措施对那些被认为存在着规模经济、外部经济或大量"租"(某种要素所得到的高于该要素用于其他用途所获得的收益)的产业予以扶持,扩大本国厂商在国际市场上所占的市场份额,把超额利润从外国厂商转移给本国厂商,以增加本国经济福利和加强在有外国竞争对手的国际市场上的战略地位。

2.主要内容

战略性贸易政策理论可以分为利润转移理论和外部经济理论两大分支,包含三个层次的具体论点:利用关税抽取外国垄断厂商的垄断利润,以进口竞争产业的保护来促进出口和以出口补贴为本国寡头厂商夺取市场份额。

(1)利润转移理论

①战略性出口政策

政府可以通过出口补贴或研发补贴本国厂商政策工具达到把外国生产者的垄断利润转移到国内生产者手中,从而增加本国福利的目的。其实质是想实现国外厂商垄断利润向国内厂商的转移,危险的是易引起对方国的报复而陷入"囚徒困境"。为避免"囚徒困境",最优的贸易政策是两国都征收出口税,从而形成一个利润最大化的卡特尔结构。

②战略性进口政策

该政策是当外国出口寡头垄断厂商和本国厂商在本国市场竞争的情况下,政府应采用进口关税政策以抽取外国垄断厂商的垄断租金以提高本国福利。其政策目的是抽取外国厂商利润令外国垄断厂商利润下降,提高本国福利、限制外国产品进口,实质是"新幼稚产业保护理论"。

③进口保护促进出口政策

保罗·克鲁格曼认为,政府通过贸易保护,全部或局部地封闭本国市场,阻止国外产品进入本国市场,可使国外竞争者由于市场份额的缩小而边际成本上升,达不到规模经济;与此同时,使得本国原本处于追随地位的厂商快速扩大市场份额,达到规模经济而降低边际成本,从而增强进军国际市场的竞争力,达到"以保护进口市场而扩大出口"的目的。

(2)外部经济理论

外部经济理论认为,某些产业或厂商能够产生巨大的外部经济,对其他产业乃至整个经济发展产生有利的影响,并在国际分工格局中长期居于出口优势地位。

国际贸易领域的外部经济主要有三种类型:

①是企业的技术创新知识随产品出口流向国外企业而产生的企业间经济外溢效应;

②是垄断竞争部门的中间产品出口引起的其经济技术知识外溢到国外下游产业部门的产业内经济外溢效应;

③是战略性产业对其他产业形成支撑的产业间经济外溢效应。

为有效避免和降低具有高生产率、高附加值的战略型产业因外部经济存在而产生的市场失败问题,本国政府有必要对这些战略产业予以补贴。政府补贴并促进能显著产生外部经济的产业发展,能够提高国家的国际竞争力,同时又对国外相关产业和企业具有经济外溢效应,不是"零和博弈",而是贸易双方的一种双赢。

3.简要评述

战略性贸易政策具有很强的现实意义,发达国家通过广泛采用多种扶持政策和保护政策取得或保持了一些高科技产业或关键产业上的优势。对发展中国家也具有一定的借鉴意义,发展中国家要想尽快提高国际竞争力,就必须扶持一些技术含量高、外部效应大的主导产业进行适当的、一定时期的保护。

战略性贸易政策虽不乏支持者和实践者,但这一政策也遭到了不少批评。首先,反对者认为战略性贸易政策在实际应用时所需的信息大于各国政府所能获得的信息。其政策的效果可能会因信息不充分而不能得到有效的发挥。其次,反对者还认为,战略性贸易政策是一种以牺牲别国利益来提高本国福利的政策,这一政策往往招致别国的报复,致使政策效果难以实现。

本章小结

一国的对外贸易政策是该国在一定时期内对进口贸易和出口贸易所实行的政策,其主要内容包括:对外贸易总政策、进出口商品政策和国别政策。

自世界意义上的国际贸易产生以来,国际贸易政策的主导基本上是以资本主义经济体系中的相互关系为准则,同时也体现了自由贸易政策和保护贸易政策的相互交替。从世界范围看,国际贸易政策的演变大概经历了重商主义、自由竞争时期的贸易政策、超保护贸易政策、第二次世界大战后贸易自由化、新贸易保护主义等阶段。

虽然自由贸易具有效率上的优势,能够带来额外的收益,是主流的贸易政策选择,但是,在现实中只有极少数国家和地区实行自由贸易,大多数国家总是希望通过干预贸易来追求自身的最大利益。

反对自由贸易而赞成贸易保护的观点主要有:汉密尔顿的保护关税学说、李斯特的幼稚工业保护理论,凯恩斯的对外贸易乘数论和战略性贸易政策论。

【课后练习】

1. 各国制定对外贸易政策的目的是什么?
2. 论述李斯特的幼稚工业保护理论的主要内容,并对其进行评价。

第三篇　国际贸易管理理论部分

第六章　关税与非关税壁垒

学 习 目 标

(1) 了解关税壁垒的含义和种类
(2) 理解有效保护率
(3) 了解非关税壁垒的种类及特点

教 学 内 容

第一节　关税壁垒

一、关税壁垒概述

(一) 关税的定义

关税(customs duties；tariff)是指进出口货物通过一国关境时,由该国政府所设立的海关向进出口商征收的一种赋税。由于征收关税提高了进出口商品的成本和价格,客观上限制了进出口商品的数量,故关税又被称为关税壁垒(tariff barriers)。

关税的征收是通过海关执行的。海关是设在关境上的国家行政管理机关。它的任务是根据本国政府制定的进出口政策、法令和有关规定,对进出口商品、货币、金银、行李、邮件、运输工具等进行监督管理,征收关税,进行罚款,查禁走私,临时保管通关货物和统计进出口商品等。

海关对进出口货物实行监督和管理,需要规定一个地域,货物进入这个地域时作为进口,离开这个地域时作为出口,这个地域称为关境。理论上讲,关境和国境是一致的,但现实中有些国家在国境内设有自由港、自由贸易区和出口加工区等经济特区,这些地区不属于关境范围之内,这时关境小于国境。有些国家相互缔结成关税同盟,参加同盟的国家的领土即称为统一的关境,这时的关境大于国境。

(二) 关税的特征

关税与其他税收一样,具有强制性、无偿性和预定性。强制性是指关税由海关凭借国家权力依法强制征收,而不是一种自愿性的捐纳,纳税人必须按照法律规定无条件地履行其义务,否则就要受到国家法律的制裁。无偿性是指海关征收的关税都是国家向进出口商无偿取得的收入,国家不需要付出任何代价,也不必把税款直接还给纳税人。预定性是指国家事先规定个关税征收比例或者征税数额。征纳双方必须同时遵守执行,不得随意变化或减免。除此之外,关税还具有以下特征:

1. 关税是一种间接税。因为关税主要是对进出口商品征税,其税负由进出口贸易商垫付,然后把它作为成本的一部分加在货价上,在货物出售时转嫁给买方或消费者。

2. 关税的税收主体和客体是进出口商人和进出口货物。税收的主体也称课税主体,即纳税人,是指负担纳税的自然人或法人;税收客体也称课税客体,是指课税的对象,如消费品等。关税的税收主体是本国的进出口商,税收客体是指进出口货物。当商品进出国境或关境时,进出口商根据海关的规定向当地海关缴纳关税,海关根据关税法及有关规定,对课税客体即各种进出口商品征税。

3. 关税是对外贸易政策的重要手段。进出口商品不仅与国内的经济和生产有着直接的关系,而且与世界其他国家或地区的政治、外交、经济、生产和流通等方面也有密切关系。关税措施体现一国对外贸易政策。关税的种类与税收高低直接影响国际贸易价格,继而影响着一国经济和对外贸易的发展。发达国家可以通过关税措施垄断国内市场和争夺国外市场。发展中国家可以通过关税措施维持和发展本国民族经济和反对发达国家的经济侵略。

(三)关税的作用

1. 增加财政收入

海关代表国家行使征税权,因此关税的收入便成了国家财政收入的一个重要来源。以增加国家财政收入为主要目的而征收的关税,称为财政关税,随着资本主义的发展,财政关税的意义逐渐减弱。

2. 保护国内的产业和市场

对进口商品征收关税,提高了进口商品的成本,能限制外国商品的进入,尤其是高关税可以大大减少有关商品的进口数量,减弱以至消除进口商品的对国内商品的竞争,从而达到保护国内同类产业或者相关产业的生产与市场的目的。这种以保护本国产业和市场为主要目的的关税称为保护关税。

3. 调节进出口贸易结构

一国可以通过制定和调整关税税率来调节进出口贸易。在出口方面,通过低税、免税和退税来鼓励商品出口;在进口方面,通过税率的高低、减免来调节商品的进口。例如,对于国内需求旺盛的商品通过减免关税的方式鼓励进口,或通过征收高额关税的方式限制进口;对于出口导向型的产业通过减免关税的方式鼓励出口,通过征收高额关税的方式限制与国内产业具有竞争性的产品出口。

4. 关税的弊端

(1)进口关税设置过高,会刺激走私活动,造成关税流失。

(2)进口关税太高,过分保护,会使被保护的产业和企业产生依赖性,影响竞争力的培育和提高。

(3)关税结构不合理,对企业的保护作用会下降,甚至出现负保护。

二、关税的主要种类

(一)按照征税的目的分类

1.财政关税

财政关税(revenue tariff)又称收入关税,是指以增加国家的财政收入为主要目的而征收的关税。为了达到增加财政收入的目的,对进口商品征收财政关税时,必须具备以下三个条件:第一,征税的进口货物必须是国内不能生产或无代用品而必须从国外输入的商品;第二,征税的进口货物在国内必须有大量消费;第三,关税税率要适中或较低,如税率过高,将阻碍进口,达不到增加财政收入的目的。

2.保护关税

保护关税(protective tariff)是指以保护本国工业或农业发展为主要目的而征收的关税。保护关税税率要高,越高越能达到保护的目的。有时税率高达100%以上,等于禁止进口,成为禁止关税。

保护关税又可分为工业保护关税和农业保护关税。工业保护关税是为保护国内工业发展所征收的关税。工业保护关税原以保护本国幼稚工业为其主要目的。一些经济较落后的国家,往往采用保护关税,以保护和促进本国幼稚工业的发展。到了帝国主义阶段,帝国主义国家的垄断资本为了垄断国内市场,对高度发展的垄断工业或处于衰退期难以与国外竞争的垄断工业征收保护关说,这种关税称为超保护关税。农业保护关税是为保护国内农业发展所征收的关税。

(二)按照征收的对象或商品流向分类

1.进口税

进口税(import duty)是进口国家的海关在外国商品输入时,根据海关税则对本国进口商所征收的关税。它可在外国货物直接进入关境时征收,或者当外国货物由自由港、自由贸易区或海关保税仓库等提出运往进口国的国内市场销售,在办理海关手续时征收。一般情况下,进口税又称正常关税或进口征税。

2.出口税

出口税(export duty)是出口国家的海关在本国产品输往国外时,对出口商所征收的关税。出口一般被认为"有利于"一国的经济,能够改变一国的贸易收支、提供就业机会等。征收出口税会提高本国商品在国外市场的销售价格,降低竞争能力,不利于扩大出口,因此目前国际贸易中很少征收出口税。只有少数发展中国家为了增加财政收入或保证本国生产和本国市场供应等,仍在征收出口税。

3.过境税

过境税(transit duty)又称通过税或转口税,是指通过本国关境运输的货物所征收的一种关税。过境税在重商主义时代比较盛行。征税的目的主要是增加财政收入。19世纪中期以后,各国相继取消了过境税。目前大多数国家在外国商品通过领土时,仅征收少量的准许费、印花税、登记税和统计税等。

(三)按照关税待遇分类

1.普通关税

普通关税对与本国未签署经贸友好协定的国家原产的货物征收的非优惠性关税。普通关税的税率通常为一国税则中的最高税率。需要注意的是,普通税的税率并不是被普遍实施的税率,因为目前仅有个别国家对极少数国家的商品实行这种税率,大多数只是将其作为其他优惠税率减税的基础。

2.优惠关税

(1)最惠国税

最惠国税是对来自与该国签订具有最惠国待遇贸易协定的国家或地区进口的商品所征收的关税。最惠国待遇是指缔约国各方的实行互惠,凡缔约国一方现在和将来给予任何第三方的一切特权、优惠和豁免,也同样给予对方。最惠国待遇是世界贸易组织的一个基本原则,其成员都应相互给予最惠国待遇。因此,最惠国税实际上已是国际贸易中通行的正常的关税税率。在最惠国待遇中往往规定有例外条款,如在缔结关税同盟、自由贸易区或有特殊关系的国家之间规定更优惠的关税待遇时,最惠国待遇并不适用。最惠国税税率低于普通关税税率,高于特惠税税率。

(2)特惠税

特惠税(preferential duty)又称优惠税,是对来自特定区域或国家的进口商品给予特别优惠的低关税或免关税待遇。使用特惠税的目的是增进与受惠国的友好贸易往来。特惠税有的是互惠的,有的是非互惠的。税率一般低于最惠国税率和协定税率。

特惠税最早开始于宗主国与殖民地附属国之间的贸易往来,目前国际上最有影响的是依据《洛美协定》实施的特惠税,它是欧盟向参加协定的非洲、加勒比海和太平洋地区的发展中国家单方面提供的特惠税。根据协定,非加太国家出口的全部工业品和94.2%的农产品可以不限量地免税进入欧共体国家。欧共体国家的商品进入非加太国家享受最惠国待遇,但不享受免税待遇。

(3)普遍优惠制

普遍优惠制(generalized system of preferences,GSP)简称普惠制,是指发达国家承诺对从发展中国家或地区输入的商品,特别是制成品和半制成品,给予普遍的、非歧视的和非互惠的关税优惠待遇。普惠制的目的是促进发展中国家向发达国家出口制成品和半制成品,以增加发展中国家的外汇收入,加快发展中国家的工业化进程,提高发展中国家的经济增长率。

普遍性、非歧视性和非互惠性是普惠制的三个基本原则。普遍性是指发达国家或地区应对发展中国家或地区的制成品或半制成品给予普遍的优惠待遇;非歧视性是指应使所有发展中国家或地区都不受歧视、无例外地享受普惠制的待遇;非互惠性是指发达国家或地区应单方面给予发展中国家或地区关税优惠,而不要求发展中国家或地区提供反向优惠。

普遍优惠制的实施对发展中国家和地区扩大出口起到了一定的促进作用。但由于各给惠国在各自普惠制方案中,对受惠国及受惠商品的范围均有许多限制性规定,故普遍优惠制实质上并不"普遍"。而且,各国普惠制方案也都以国内市场不受干扰为前提,包括了许多保护性措施以及复杂的原产地标准和证明书等规定,这些规定都不同程度地约束和降低了普惠制的作用。

3.差别关税

差别关税指对同一种商品由于输出国或生产国的不同而有差别对待的进口关税。这类差别关税主要有反倾销税、反补贴税、紧急关税、惩罚关税和报复关税五种,最常见的是反倾销税和反补贴税两种。

(1)反倾销税

反倾销税是对实行商品倾销的进口货物征收的一种临时性进口附加税。对反倾销措施做出规定的是《关于实施1994年关税与贸易总协定第6条的协议》,通常称为《反倾销协议》。《反倾销协议》一方面承认各成员抵制对国内产业造成危害的不公平竞争行为的必要性,另一方面尽可能地约束这些抵制行为,使其控制在合理、必要的范围内,以避免对正常的贸易造成障碍。依据《反倾销协议》规定,对某进口商品征收反倾销税有三个必要条件:倾销存在;倾销对进口国国内已建立的某项工业造成重大损害或产生重大威胁,或者对某一国内工业的新建产生严重阻碍;倾销进口商品与所称损害之间存在因果关系。

倾销是指产品在正常的贸易过程中,以低于正常价值销售的行为。商品倾销的目的包括:打击竞争对手以扩大和垄断市场;维护国内供求关系平衡,维持产品较高的市场价格,将国内市场容纳不下的产品低价出口;推销"过剩"产品和新产品;扩大出口,实现规模经济等。倾销是否存在及倾销幅度的确定取决于出口价格与正常价值的比较。

(2)反补贴税

反补贴税又称为抵消税,是指为了抵消进口商品在制造、生产或输出过程中直接或间接接受的奖金或补贴而征收的一种进口附加税。征收反补贴税的目的在于增加进口商品成本,抵消出口国对该项商品所做出的补贴鼓励作用,确保进口国市场和生产的稳定。

世界贸易组织《补贴与反补贴守则》规定,征收反补贴税必须证明补贴的存在及这种补贴与损害之间的因果关系。如果出口国对某种出口产品实施补贴的行为对进口国国内某项已建的工业造成重大损害或产生重大威胁,或严重阻碍国内某一工业的新建时,进口国可以对该种产品征收反补贴税。反补贴税税额一般按奖金或补贴的数额征收,不得超过该产品接受补贴的净额,且征税期限不得超过5年。另外,对于接受补贴的倾销商品,不能既征收反倾销税,同时又征收反补贴税。

(3)报复关税

报复关税是指发现贸易对方出现歧视性待遇或违背贸易法规或拒绝接受WTO裁决后,可以通过征收报复关税的办法予以报复。报复关税税率依报复程度而定,一般很高。当贸易对象国取消不公平待遇、歧视性待遇或接受裁决后,这种报复关税也随之取消。

(四)按照征收方法分类

1.从量税

从量税(specific duty)是按照商品的重量、数量、容量、长度和面积等计量单位为标准计征的关税。

各国征收从量税,大部分以商品的重量为单位来计征,但各国对应税商品重量的计算方法各有不同。有的国家按商品的净重计征,有的国家按商品的法定重量计征,有的国家按商品的毛重计征。

从量税的征收方法具有三个方面的优越性：手续简便，无须考虑货物的规格、价格差异，可以节约征税成本；当进口价格下跌时，关税仍保持固定水平，从而不影响保护作用；可防止进口商谎报进口价格，逃避关税。其缺点在于：对同税目的商品不论等级、品质、价格的异同一律按同一税率征税，税负显然不合理；由于按量征税，因而税率固定无弹性，税额不随物价涨落而变化，失去税收的价格调节机能。第二次世界大战以前，西方发达国家普遍采用从量税的方法计征关税。第二次世界大战以后，由于通货膨胀，大多数国家已逐步采用从价税，或者对一部分商品采用从量税。

2. 从价税

从价税（ad valorem duty）是以进口商品价格为标准计征一定比率的关税，其税率表现为货物价格的百分率。

从价税税额随着商品价格的变动而变动，所以它的保护作用不受商品价格变动的影响。但在商品价格下跌时，关税收入减少，作为财政关税的作用减弱。

一般来说，从价税有以下几个优点：税率明显，便于比较各国税率；税额随商品价格的高低而增减，较符合税收的公平原则。其缺点在于：对进口应税商品需要专门人才进行评估，征税成本较高；当进口商品价格上涨时，国内进口竞争产业面临的竞争压力减轻，但实际进口税额却增加，但进口商品价格下降时，国内进口竞争产业面临的竞争压力增加，但实际进口税额却下降。因此从价税对保护的调节作用与国内进口竞争厂商的保护要求方向相反；从价税与物价同方向变动，对物价不能产生调节作用。

在征收从价税中，较为复杂的问题是确定商品的完税价格。完税价格是经海关审定作为征收关税依据的货物价格，它是决定税额多少的重要因素。不同国家、不同商品所采用的完税价格标准很不一致，大体上可概括为以下三种：成本、保险费加运费价格；装运港船上交货价格；法定价格，即海关估价。我国进出口关税的征收采用从价税，进口商品以CIF价格作为完税价格，出口商品以装运港船上交货价格作为完税价格。

3. 混合税

混合税（compound duty）又称为复合税，它是对某种进口商品采用从量税和从价税同时征收的一种方法。混合税在具体应用时有两种情况：一种是以从量税为主加征从价税；另一种是以从价税为主加征从量税。

征收混合税的好处在于：当物价上涨时，所征税额比单一从量税多；当物价下跌时，所征税额比单一从价税高，提高了关税的保护程度。其缺点是手续繁杂，征税成本高。

4. 选择税

选择税是对于同一种进口商品同时订有从价税和从量税两种税率，在征税时选择其中一种计算应征税款。一般是选择税额较高的一种征税，但有时为了鼓励某种商品进口，也有选择其中税额低者征收。

选择税可根据经济形势变化及政府的特定需要进行选择，灵活性较强。但由于征税经常变动，可能使外国商人无所适从，容易引起贸易纠纷。

四、关税的保护

（一）关税水平

关税水平(tariff level)是指一个国家进口关税的平均税率，代表了进口货物征税后的国内市场价格，比征税前的国际市场价格的平均提高幅度。

1.简单算术平均法

简单算术平均法是以一个国家的税则中全部税目的税率之和除以税目总数的方法，可得到关税税率的简单算术平均数。其计算公式为：

关税水平＝(所有税目的税率之和/税目之和)×100%

例解：若一国只有 A、B、C 三种进口商品，关税税率分别是 10%、15% 和 20%，则关税水平为多少？

依据计算公式可得：关税水平＝(10%＋15%＋20%)÷3＝15%

2.加权算术平均法

加权算术平均法是以每种商品在总进口额中所占比重为权数，计算关税税率的平均数。具体方法有三种：

(1)全部商品加权平均法

这种方法以一定时期内，一国进口关税总税额除以进口商品总价值得到的加权算术平均数为关税水平。其计算公式为：

关税水平＝(进口关税总额/进口商品总值)×100%

由于全部商品加权平均法把各种商品的进口值在进口总值中的比重作为权数，进口值高的商品在计算中赋予较大的份额，因此有效地克服了简单算术平均法的弊端，计算结果能比较真实地反映一国的关税水平。但是，若一个国家的税则中税率为零的税目较多，则计算出的结果数值偏低；反之，则偏高。而在各国税则中零税率的商品一般都是该国无须保护的商品。因此，这种方法仍没有把一国关税设置目的与对国内经济的保护程度真实地反映出来。

(2)有税商品加权平均法

有税商品加权平均法是把税则中税率为零的商品的进口值从进口商品总值中扣除，仅以有税税目项下商品进口值相加作为除数的加权平均法。这种计算方法比较真实地反映了一国关税的总体水平。其计算公式为：

关税水平＝(进口关税总额/有税商品进口总值)×100%

(3)选择性商品加权平均法

在进行国际关税比较时，有时还采用选择性商品加权平均法。其计算公式为：

关税水平＝(进口关税总额/代表性商品进口总值)×100%

例解：若一国共进口 8 万美元的商品，其中，进口 A 商品 5 万美元，B 商品 2 万美元，C 商品 1 万美元，关税税率分别是 10%、15% 和 20%，则加权平均关税率为多少？

依据计算公式可得：

关税水平＝(5万÷8万)×10%＋(2万÷8万)×15%＋(1万÷8万)×20%
　　　　＝12.5%

(二)关税的保护

对本国同类产品的保护程度通常用关税保护率来反映。关税保护率有名义保护率和有效保护率两种。

1. 名义保护率

名义保护率(NRP)是指由于实行关税保护而引起的国内市场价格超过国际市场价格的部分与国际市场价格的百分比。其计算公式为：

$$NRP = (P' - P)/P \times 100\%$$

式中，P 为进口商品的国际市场价格；P' 为进口商品的国内市场价格

在关税保护下，进口商品的价格提高了，这样国内生产的同类商品得以以相同的价格出售，从而达到了保护本国商品生产的目的，国内市场价格的提高所导致的国际市场与国内市场价格的差，即为名义保护率。

例解：在国际市场上某种汽车的售价为每辆 10000 美元，对其进口征收 10% 的关税，则该国国内同类汽车售价可以从 10000 美元提高到 11000 美元。那么，该国对汽车的名义保护率为多少？

依据计算公式可得：
该国对汽车的名义保护率 $= (11000 - 10000)/10000 \times 100\% = 10\%$

2. 有效保护率

有效保护率(ERP)是指一种加工产品在保护下可能带来的加工增值对其在自由贸易下增加值的百分比。计算公式为：

$$ERP = (V' - V)/V \times 100\%$$

其中 ERP 为有效保护率，V' 为保护下的产品增值，V 为自由贸易下的产品增值，增值为最终产品价格减去进口投入品成本。

例解：假设在自由贸易条件下，一辆汽车的国内价格为 10 万元，其中 8 万元是进口钢材、橡胶、仪表等中间投入品的成本，若对每辆汽车征收 10% 的关税，请分别计算对中间投入品免税、征收 10% 和 20% 关税时的 ERP。

依据计算公式可得：

当免税：ERP $= [(11-8) - (10-8)] / (10-8) = 50\%$

当征 10% 关税：ERP $= [(11-8.8) - 2] / 2 = 10\%$

当征 20% 关税：ERP $= [(11-9.6) - 2] / 2 = -30\%$

结论：

不使用进口投入品时，ERP = NRP。

最终产品的保护率 > 进口投入品的保护率时，ERP > NRP。

当 $V' - V < 0$（即 $V' < V$）时，ERP < 0，出现负保护。

3. 有效保护率与名义保护率的区别

有效保护率关注的是在产品生产增值过程中，考察关税对被保护行业的生产过程所产生的影响，而名义保护率关注的是被保护产品的市场价格差异。举例加以说明。

(1) 名义保护率

在国际市场上某种汽车的售价为每辆 10000 美元，某进口国的国内市场相同汽车的

价格在关税保护(征收关税10%)下为每辆11000美元。那么,该国对汽车的名义保护率为(11000－10000)/10000×100%＝10%。显然,在这种情况下,名义保护率等于进口商品的从价税率。

(2)有效保护率的提升

假设国际市场上汽车售价为10000美元,整套散件每套售价8000美元。该国对汽车及其整套散件实行完全自由贸易。在充分竞争下,可以忽略进口运输、保险等有关费用时,该国国内市场上汽车及其整套散件价格应与国际市场相同。国内汽车组装生产的加工装配增值为2000美元。如该国对汽车实行保护,征收10%的关税,而对整套散件仍实行自由贸易。纳税以后,国内汽车价格可从10000美元提高到11000美元,则装配过程增值为11000美元－8000美元＝3000美元。根据有效保护率公式,可知对汽车的保护从名义保护率的10%变为有效保护率的50%。

$$ERP=(3000-2000)/2000\times 100\%=50\%$$

(3)有效保护率逆转

假如对汽车的进口征税不变,名义上要征收20%的关税,则汽车整套散件的国内市场售价从8000美元提高到9600美元。那么装配过程的增值为11000美元－9600美元＝1400美元。其有效保护率为－30%。

$$ERP=(1400-2000)/2000\times 100\%=-30\%$$

由此可见,由于对其投入品汽车整套散件加征关税,结果使汽车装配产业的保护从正保护变为负保护。

4.关税有效保护理论的政策意义

(1)有效保护与关税结构

关税结构亦称关税税率结构,是指一国关税税则中各类商品关税税率的构成。通常,各国关税税率呈升级趋势,即随着初级产品、半制成品到制成品加工程度的深化,税率不断提高。当制成品关税税率高于其投入品的关税税率时,可使关税有效保护率高于关税名义保护率。但是,如果其投入品关税税率等于或高于制成品的税率,则会降低关税的实际有效保护,甚至出现负保护。因此,要以关税对国内产业提供切实保护时,必须制定合理的关税结构。既要考察一国关税为该国某个产业提供的保护程度,也要考察该国的关税升级结构。

(2)有效保护与关税减让谈判

关税的有效保护既然取决于一国的关税结构,那么,在按一揽子减税方法进行关税减让谈判时,若大幅度削减投入品的关税税率,小幅度或不削减进口同类成品的关税税率,就可以在降低总体关税水平时,出现不降、少降,甚至提高对被保护产业的有效保护。

(3)有效保护与关税制度

有效保护的理论说明,由于对出口品来说进口同类产品的关税为零,而其投入品关税不为零时,对国内该产品会出现负保护。在海关监管下的加工制度可以避免投入品税率高于产出品的税率出现负保护;各国对国内生产的出口品的进口投入品实行保税,或对加工后复出境的产品实行退还其进境时征收的关税和进口环节的国内税,也可使投入品的税率为零,从而避免出现负保护。

(4)有效保护与产业政策

有效保护理论运用于国家产业政策时,最主要的是根据既定的产业政策制定合理的关税结构,提高对产业整体的有效保护程度,保证产业目标的实现。

第二节 非关税贸易壁垒

一、非关税贸易壁垒概述

世界各国在保护本国的贸易利益方面,除了采取关税措施之外,许多国家还广泛采用各种非关税措施。

(一)非关税贸易壁垒的含义

进出口非关税贸易壁垒(non-tariff barriers,NTBs)是指各国政府除了关税以外用于限制进出口的措施。随着"奖出限入"政策的流行,进口限制成为各国贸易政策的重点。随着关税贸易壁垒的下降,非关税贸易壁垒在限制进口、保护国内市场方面的作用不断加强,成为世界贸易组织关注的焦点之一。

(二)非关税贸易壁垒的产生

1.加强竞争的需要

1929—1933年,资本主义国家爆发了经济大危机。为了摆脱危机,超贸易保护主义兴起。各国在纷纷提高进口关税的同时,也使用了以限制进口数量为主要形式的非关税措施。第二次世界大战之后,在1947年《关税与贸易总协定》的主旨下,举行了多轮多边贸易谈判,使关税壁垒不断下降。20世纪70年代世界经济又出现了新的经济危机,形成了贸易保护的压力,各国纷纷加强对国内市场的保护措施。

《关税与贸易总协定》缔约方受到关税减让谈判成果履行的约束,在关税不能随意变动和提高的背景下,转而更多地采用非关税措施,以保护本国市场免受竞争。

2.保护生态环境和国民健康

随着生活水平的提高和公众的环保意识的加强,各国国民对衣食住行的条件、用品的卫生要求予以关注,从国外进口的产品也不能例外。如美国1973年成立了消费品安全管理局,颁布了《消费品安全法案》《易燃纤维法案》《联邦管制危险物品法案》《1970年安全包装法案》《1994年儿童安全保护法案》。这些法规对进口产品既无优待,也不歧视。

3.世界贸易组织允许正当的非关税"壁垒"

世界贸易组织负责实施的《实施卫生与植物卫生措施协议》规定,成员方政府有权以国际标准为基础采取措施。如国际标准被认为不适合时,可自行设立标准,以保护人类与动物的健康,但要非歧视地实施,并保持透明度。

(三)非关税贸易壁垒的特点

非关税贸易壁垒措施包括数量限制措施和其他对贸易造成障碍的非关税措施。数量限制措施表现为配额、进口许可证、自动出口限制和数量性外汇管制等;其他非关税措施包括技术性贸易壁垒、动植物检验检疫措施、海关估价、原产地规则,以及当地含量要求、贸易平衡要求、国内销售要求等投资管理措施,等等。

关税措施是通过提高进口商品的成本,提高其价格,降低其竞争力,从而间接地起到限制进口的作用。非关税措施则是直接限制进口,与关税措施相比,非关税措施的特点如下:

1. 具有灵活性和针对性

一般来说,各国关税税率的制定必须通过立法程序,并具有一定的延续性。若要调整或更改税率,需经过较为烦琐的法律程序。因受到最惠国待遇条款的约束,在税率上难以作灵活性的调整。而制定和实施非关税措施,通常采用行政程序,制定比较迅速,能尽快地对某国的某种商品采取或更换相应的限制进口措施,较快地达到限制进口的目的。

2. 具有隐蔽性和歧视性

关税税率确定性,往往以法律形式公布,依法执行。但是,一些非关税壁垒打着"合理和科学"的旗号,制定烦琐复杂的标准和程序,使出口商难以辨别是非,不易应对。

3. 比关税更能直接达到限制进口的目的

关税壁垒是指通过征收高额关税,提高进口商品价格,削弱其竞争能力,间接地达到限制进口的目的。如果出口国采用出口补贴、商品倾销等办法降低出口商品价格,关税就较难起到限制商品进出口作用。但非关税措施(如进口配额制)预先规定进口的数量和金额,超过限额就不再进口,这样就能把超额的商品拒之门外,限制作用远远高于关税壁垒。

4. 非关税措施不断增多

随着世界市场的发展以及保护生态环境和国民健康与安全的需要,在关税壁垒降低的情况下,世界各国尤其是发达国家日益重视非关税措施(如进口配额制)预先规定进口的数量和金额,超过限额就不再进口,这样就能把超额的商品拒之门外,限制作用远远高于关税壁垒。

5. 发展中国家适应难

发展中国家由于科学技术落后、检验能力不足和生活水平差距,对发达国家所设置的非关税措施难以分辨是否科学、是否存在歧视行为,在商品出口上难以通过正当的非关税措施保护本国市场及生态环境和国民安康。

(四)非关税措施的管理

非关税贸易壁垒的出现与发展有其合理的一面,但在运用中又出现了滥用和歧视的成分,构成了不正当的贸易保护,影响了国际贸易的正常发展。在《关税与贸易协定》的"乌拉圭回合"谈判中,各国就对国际贸易有显著影响的非关税措施达成了协议,规定将逐步取消控制数量的非关税措施,保留并规范其他形式的非关税措施,以不影响国际贸易正常发展。

二、传统非关税贸易壁垒的种类

(一)进口配额制

进口配额制(import quotas system)又称进口限额制。它是指一国政府在一定时期(如一季度、半年或一年)内对某些商品的进口数量或金额加以直接限制的制度。在规定的期限内,配额以内的货物可以进口,超过配额不准进口,或者征收更高的关税或罚款后才能进口。它是实行进口数量限制的重要手段之一,主要有以下两种类型。

1.绝对配额

绝对配额(absolute quotas)是指在一定时期内,对某些商品的进口数量或金额规定一个最高数额,达到这个数额后,便不准进口。它又有以下两种方式。

(1)全球配额

全球配额(global quotas)属于世界范围的绝对配额,对于来自任何国家或地区的商品一律适用。主管当局通常按进口商的申请先后或过去某一时期的实际进口额批给一定的额度,直至总配额发放完,超过总配额就不准进口。

由于全球配额不限定进口国别或地区,在配额公布后,进口商竞相争夺配额。由于邻近国家或地区因地理位置接近的关系,到货较快,比较有利,而较远的国家或地区就处于不利的地位,因此,难以贯彻国别政策。为了避免这种不足,有的国家采用了国别配额。

(2)国别配额

国别配额(country quotas)是在总配额内按国别或地区分配给固定的配额,超过规定的配额便不准进口。为了区别来自不同国家和地区的商品,在进口商品时进口商必须提交原产地证书。实行国别配额可以使进口国家根据与其有关国家或地区的政治经济关系分配给予不同的配额。国别配额可以分为自主配额和协议配额。

①自主配额。自主配额(autonomous quotas),又称单方面配额,是由进口国家完全自主地单方强制规定在一定时期内从某个国家或地区进口某种商品的配额。这种配额不需要征求输出国家的同意。自主配额一般参照某国过去某年的输入实绩,按一定比例确定新的进口数量或金额。由于各国和地区所占比重不一,所得到的配额可以不同,进口国可利用这种配额贯彻国别政策。自主配额由进口国家自行制定,往往由于分配额度差异引起出口国家或地区的不满或报复。因此,有些国家便采用协议配额,以缓和彼此之间的矛盾。

②协议配额。协议配额(agreement quotas),又称双边配额,是由进口国家和出口国家政府或民间团体之间协商确定的配额。如果协议配额是通过双方政府的协议订立的,一般需在进口商或出口商中进行分配;如果配额是通过双边的民间团体达成的,应事先获得政府许可,方可执行。协议配额是双方协调确定的,通常不会引起出口方的反感与报复,较易执行。

一些国家为了加强绝对进口配额的作用,往往对进口配额规定得十分繁杂。例如对配额商品定得很细,有的按商品不同规格规定不同的配额,有的按价格水平差异规定不同配额,有的按原料来源地不同规定不同的配额,有的按外汇管制情况规定不同的配额,有的按进口商的不同规定不同的配额等。一般来说,绝对配额用完后,就不准进口。但有些国家由于某种特殊的需要和规定,往往另行规定额外的特殊配额或补充配额,如进口某种半制成品加工后再出口的特殊配额、展览会配额或博览会配额。

2.关税配额

(1)含义

关税配额是对一定数额以内的进口商品,给予低税、减税或免税待遇;对超过数额的进口商品则征收较高的关税。如美国政府为保护国内农产品生产者的利益,对部分进口产品实行关税配额。如脱脂奶粉,进口配额之内的平均关税税率为2.2%,配额外的则为52.6%。

(2)类别

按照征收关税的目的,可分为优惠性关税配额和非优惠性关税配额;按照商品的进口来源,可分为全球关税配额和国别关税配额。优惠性关税配额是对关税配额内进口的商品给予较大的关税减让,甚至免税,面对超过配额的进口商品即按原来的最惠国税率计算征收。

(二)"自愿"出口配额制

"自愿"出口配额制("voluntary" export quotas)是一种限制进口的手段所谓"自愿"出口配额制,是指出口国家控制出口或出口国在进口国的要求或压力下,"自愿"规定某一时间内(一般为3～5年)某些商品对该国的出口限制在限定的配额内,超过配额即禁止出口。

"自愿"出口配额制与绝对进口配额制在形式上略有不同。绝对进口配额制是由进口国家直接控制进口配额来限制商品的进口,而"自愿"出口配额制是由出口国家直接控制这些商品对指定进口国家的出口。但是,就进口国家来说"自愿"出口配额像绝对进口配额一样,都有限制商品进口的作用。

"自愿"出口配额制带有明显的强制性。进口国家往往以商品大量进口使其有关部门受到严重损害,造成所谓的"市场混乱"为理由,要求有关国家的出口实行"有秩序的增长","自愿"限制商品的出口,否则就单方面强行限制进口。在这种情况下,一些出口国家不得不实行"自愿"出口限制。

根据世界贸易组织规则,进口配额制和"自愿"出口配额制要逐步取消。除非因特殊情况,不得再重新设置。

(三)进口许可证制

1.含义

进口许可证制(import licence system)是指进口国家规定,某些商品必须事先领取许可证才可进口,否则一律不准进口。

2.类别

从进口许可证与进口配额的关系上看,进口许可证可以分为两种:一种为有定额的进口许可证,即国家有关机构预先规定有关商品的进口配额,然后在配额的限度内,根据进口商的申请对于每一笔进口货物发给进口商一定数量或金额的进口许可证。另一种为无定额的进口许可证,即进口许可证不与配额相结合。

从进口商品有无限制上看,进口许可证一般分为两种:一种为公开一般许可证,又称自动进口许可证或一般许可证和自动进口许可证。它对进口国别和地区没有限制,凡列明属于公开一般许可证的商品,进口商只要填写公开一般许可后,即可获准进口。因此,属于这类许可证的商品实际上是"自由进口"的商品。另一种为特殊进口许可证,又称非自动进口许可证,进口商必须向政府有关当局提出申请,经政府有关当局逐笔审查批准后才能进口。这种进口许可证,多数都指定进口国别或地区。为了区分这两种许可证所进口的商品,有关当局通常定期分别公布有关的商品项目并根据需要随时进行调整。

3. 实施程序的规范

世界贸易组织负责实施和管理的《进口许可程序协议》对进口许可使用作出了如下规范要求：

(1) 使用前提

可以使用,但需防止不恰当的实施而导致贸易扭曲,并考虑到发展中成员的发展及财政和贸易需要。

(2) 使用的一般规范要求

① 及时公布必要的信息。为了使其他成员方政府及贸易商知晓有关进口许可证程序规则,成员方应在已向世界贸易组织通知的官方公报、报纸、杂志等出版物上,公布进口许可者申请程序规定及有关信息,包括个人、企业和机构提交这种申请的资格,需要接洽行政机关,以及需要申领进口许可证的产品清单等。公布的时间应不迟于上述规定生效之日前 21 天,特殊情况最晚不得迟于生效之日,如有其他成员对所公布资料提出意见,成员方应予以考虑。

② 简化申请和展期手续。申请进口许可证和进口许可证展期的程序应尽可能简化,表格应尽可能简单。但成员方主管机构可以要求申请者提供必要的文件及信息,并至少给予申请者 21 天的合理时限。申请者原则上应只需接洽同申请有关的行政机关,若确有需要,所涉及的行政机关最多不应超过 3 个。

③ 对存在微小差错的申请不得予以拒绝。如果申请者提交的许可证申请文件中存在微小差错,但并未改变文件的基本数据等内容,主管部门不得因此拒绝批准申请。对于申请者在文件或程序中出现的显然不是因企图欺诈或严重疏忽而造成的遗漏或差错,不应给予超出警告程度的处罚。货物在装船或运输等过程中发生的微小差异,只要符合正常商业惯例,就不得以与许可证上标明的数字有微小出入为由,拒绝批准进口。

④ 不得在外汇供应上实行歧视。不管货物是否受进口许可证管理,任何进口商都应在同等条件下获得支付进口货物所需的外汇。

⑤ 允许安全例外和保密例外。《进口许可程序协议》允许进口方根据 1994 年《关税与贸易总协定》第 21 条"安全例外"的规定,采取有关措施。成员方可以不提供会导致妨碍法律实施、损害公共利益或企业合法商业利益的保密资料。

(3) 自动进口许可制度

自动进口许可制度是指在任何情况下对进口申请一律予以批准的进口许可制度,这一制度通常用于统计和监督。

① 成员方只有在没有其他更合适的手段实现其管理目的,且已具备采取自动进口许可条件的情形下,才可以实施这种许可制度。

② 实施自动进口许可制度,不得对进口货物产生限制;主管部门不得歧视许可证申请者,任何符合法律要求的申请者均有资格提出申请并获得许可证。主管部门在收到自动许可申请后,应迅速批准,审批时间最长不应超过 10 个工作日。

(4) 非自动进口许可制度

① 含义

非自动进口许可制度是指不属于自动许可制度管理的其他进口许可制度。适用于对配额及其他限制性措施进行管理。

②使用规范要求

第一,保证许可管理的透明度。实行非自动进口许可管理的成员方必须提供充分的信息,包括贸易限制的管理、近期签发的进口许可证、在出口方之间分配许可证的情况,以及受进口许可证管理的产品进口数量和金额统计。

第二,及时、公正地实施许可程序。任何符合进口方法律和行政管理要求的个人、企业或机构,都具有申请许可证的同等资格。许可证的有效期限应该合理,不应对货物进口造成障碍。在对配额实行管理时,主管机构不得阻碍对配额的充分使用。

第三,合理分配许可证。在分配许可证时,主管机构应考虑申请者的进口实绩和以往所发放许可证的使用情况,还应考虑将许可证合理分配给新的进口商,特别是从发展中成员进口产品的进口商。如果通过许可证管理全球配额,许可证持有者可自行选择进口来源;如果通过许可证管理国别配额,许可证上应列明具体国家。

第四,对误差采取补偿措施。如果符合正常商业惯例的微小误差,导致了进口货物的数量、金额或重量超过许可证规定的水平,主管机构可在未来的许可证分配时作出补偿性的调整。

(四)外汇管制

外汇管制(foreign exchange control)是指一国政府通过法令对国际结算和外汇买卖实行限制来平衡国际收支和维持本国货币汇价的一种制度。

在外汇管制下,出口商必须把他们出口所得的外汇收入按官定汇率卖给国家外汇管制机关;进口商也必须在国家外汇管制机关按官定汇率申请购买外汇;本国货币携带出入国境也受到严格的限制等。这样,国家的有关政府机构就可以通过确定官定汇价、集中外汇收入和审批外汇的办法,控制外汇供应数量,来达到限制进口商品品种、数量和进口国别的目的。

(五)进口押金制

进口押金制(advanced deposit)又称进口存款制。在这种制度下,进口商在进口商品时,必须预先按进口金额的一定比率和在规定时间内,在国家指定的银行无息存入一笔现金,才能进口。这样就增加了进口商的资金负担,影响了资金的流转,减弱了进口的动力,从而起到了限制进口的作用。例如,第二次世界大战后意大利政府曾规定,某些进口商品无论从哪一国进口,必须先向中央银行交纳相当于进口货值半数的现款押金,无息冻结6个月。据估计,这些措施相当于征收5%以上的进口附加税。巴西的进口押金制规定,进口商必须按进口商品船上交货价格交纳与合同金额相等的为期360天的存款,方能进口。

(六)进口最低限价制

最低限价(minimum price)就是一国政府规定某种进口商品的最低价格,凡进口货价低于规定的最低价格,则征收进口附加税或禁止进口,以达到限制低价商品进口的目的。例如,1985年智利对绸坯布进口规定每公斤的最低限价为52美元,低于此限价将征收进口附加税。进口最低限价制的作用如下:

1.保护生产者的收入

如果某行业的供给波动性较大,或者行业的需求缺乏弹性,那么供给的变动很可能造成价格严重波动,从而影响生产者的收入。最低价格政策会阻止低价格造成的生产者收入下降。例如,许多国家制定农产品保护价格。

2.避免产品的短缺

对于某些特殊的商品,如粮食,为了避免出现短缺,往往需要储存一定的数量。借助于最低限价,政府可以存储这些商品,以防备未来可能出现的短缺。

3.保护、扶植某些行业的发展

例如政府在实施农产品最低价限价政策时,通过收购市场上过剩的农产品,以达到扶植农业发展的目的。此外,对于工资制定最低价格可以防止工人收入降到某一特定水平,从而保护该行业的收入。

(七)歧视性政府采购

1.含义

政府采购是指政府为政府机关自用或为公共目的而选择购买货物或服务的活动,其所购买的货物或服务不用于商业转售,也不用于供应商业销售的生产。歧视性政府采购是指政府通过立法,优先采购国内企业的商品,构成了对别国厂商的歧视。如按照美国《1933年购买美国货物法案》,美国联邦政府在采购时应优先购买美国产品,且其中50%以上的部件由美国制造。而州一级政府的采购法规多仿效联邦。各国均类似立法,由此构成了对外国产品的非关税措施。

歧视性政府采购政策是对外国商品的歧视。目前,一些国家歧视性政府采购政策限定的货物主要有:军火、办公设备、电子计算机和汽车等。

美国从1933年开始实行,并于1954年和1962年两次修改的《购买美国货物法案》是最为典型的政府采购政策。该法案规定,凡是美国联邦政府采购的货物,都应该是美国制造的,或是用美国原料制造的。凡商品的成分有50%以上是国外生产的就称外国货。以后又做了修改,规定只有在美国自己生产数量不够或国内价格过高,或不买外国货有损美国利益的情况下,才可以购买外国货。该法案直到关贸总协定的"东京回合",美国签订了《政府采购协议》后才废除。英国、日本等国家也有类似的制度。

2.世界贸易组织对政府采购的规范

(1)规范的协议

世界贸易组织对政府采购的规范协议是指《政府采购协议》。

(2)协议内容

《政府采购协议》是世界贸易组织协议中的少数几个不是所有世界贸易组织成员都参加的协议。这种协议被称为诸边协议(plurilateral agreements),与其他世界贸易组织所有成员都必须接受的多边协议(multilateral agreements)相区别。《政府采购协议》只在世界贸易组织成员中使用,对未参加的成员不适用。该协议对采购货物的金额做出了界定,超过该界限的采购项目受到协议约束。

(3)规范内容

①采购内容

只适用于签署方在各自承诺的清单中列出的政府采购实体,只有列入清单的采购才受约束。

②采购限额

当政府采购的金额达到协议规定的最低限额,或达到成员方经谈判达成的最低限额时,有关采购活动才受该协议约束。中央政府采购实体购买货物和非工程服务的最低限额是 13 万特别提款权,中央政府采购实体购买工程服务的最低限额是 15 万特别提款权,地方政府采购实体和其他实体的最低额由各签署方根据自身的情况分别作出承诺。例如,美国承诺,地方政府采购货物和非工程服务的最低限额是 35.5 万特别提款权,采购工程服务的最低限额是 500 万特别提案权。日本承诺,地方政府采购货物和非工程服务的最低限额是 20 万特别提款权,采购工程服务的最低限额是 1500 万特别提款权。

③采购行为

第一,非歧视原则。签署方进行政府采购时,不应在外国的产品、服务和供应商之间实施差别待遇;给予外国产品、服务和供应商的待遇也不应低于国内产品、服务和供应商所享受的待遇。

第二,透明度原则。签署方采购实体要在已向世界贸易组织通报的刊物上发布有关政府采购的信息,包括招标的规章和程序,采购通知;签署方每年应向世界贸易组织通知列为清单的采购实体的采购统计数据,以及中央政府采购实体未达到"最低限额"的采购统计数据。

第三,公平竞争原则。对清单中列明的采购实体进行的达到或超过最低限额的政府采购,采购实体应为供应商提供公平竞争的机会,即实施招标。招标分为公开招标、选择性招标和限制性招标三种。公开招标和选择性招标应是优先采用的采购方式。

(八)海关任意估价制

1.含义

海关估价是指海关在征收关税时,确定货物完税价格的程序。很多国家为了保护本国市场,对进口商品通过提升税号、按照国内同类产品价格计价等办法提高关税,为进口商品设置障碍,影响国际贸易正常发展,因此构成非关税措施。

2.世界贸易组织对海关任意估价的规范

(1)规范的协议

世界贸易组织对海关任意估价的规范协议是指《海关估价协议》,适用于所有世界贸易组织成员。

(2)规范内容

①适用货物范围。协议只适用于商业意义上正常进口的货物。

②海关估价的方法。协议规定,世界贸易组织进口成员方海关应在最大限度内以进口货物的成交价格作为货物完税价格。这是海关估价时应首先使用的方法。但在无法使用这种方法的情况下,可使用该协议规定的其他五种方法,具体是指以相同货物的成交价格、以类似货物的成交价格、以倒扣价格、以计算价格、以"合理"方法,来确定货物的完税价格。上述六种估价方法应严格按顺序实施。只有在前一种估价方法无法确定完税价格的情况下,才可采用后一种估计方法。海关不得颠倒六种估计方法的适用顺序。

③进口商的权利与义务。进口商必须如实申报进口货物的价格及有关信息,并与海关进行充分合作,如海关怀疑进口商申报价格的真实性和准确性可要求进一步提交资料

或证据,以证明申报价格是经调整后的实付或应付价格。但海关在采取这种做法时,应向进口商陈述理由。海关应将最终的估价决定书面通知进口商,进口商对海关估价决定有申诉的权利,并且不应为此受到处罚,进口商的申诉权有两个方面:第一,可向海关内部主管复议的部门提出申诉,或向海关外部的某个独立机构提出申诉;第二,可向司法机关提出。

三、技术性贸易壁垒

(一)技术性贸易壁垒的含义

技术性贸易壁垒是指各国为保证其进出口商品的质量,或保护人类、动物或植物的生命或健康及保护环境或防止欺诈行为而设立的技术法规、技术标准、合格评定程序等。如果它们符合国际已有规则或科学、合理,就是正当的;如果不符合国际已有规则或随意设置或滥用,则是不正当的和歧视性的。20世纪90年代以后,技术性贸易壁垒成为最主要的非关税措施之一。

(二)技术性贸易壁垒的特点

1.通过国家政府制定法规

美国联邦政府17个部门和84个独立机构都有权制定技术法规,地方政府也制定了各种技术法规。

2.内容广泛

技术性贸易壁垒在形式上表现为法律、标准、要求、制度,包括产品的各个阶段,融合研发、生产、加工、包装、运输、销售和消费,并从货物生产延伸到服务等领域。

3.复杂多样

各国尤其是发达国家各种技术规定及检验程序十分严格和复杂。例如,日本制定的《日本工业规格》(JIS)和《日本规格标记制度》涉及机械、电器、汽车等几十个行业。美国认证体系达到55个。

4.不易分辨是否正当

技术贸易壁垒具有很大的模糊性。首先,技术性贸易壁垒设置的目的是保护环境、国民健康和安全,有其合理性。其次,通过国家立法形式加以确定,具有合法性。最后,一些国家为了竞争等原因,在技术规定和要求上加进了不合理和不科学的成分。这些都令出口厂商很难判断它们的真伪。

5.发达国家一般居于主动地位

发达国家因经济发达、技术先进并且消费者要求高,因而技术标准高,法规严。在技术贸易壁垒上,发达国家处于领先位置,多是国际标准技术法规制定的参与者。而发展中国家因技术落后和消费上的差距,在技术标准和技术法规上处于落后和被动状态。

(三)技术性贸易壁垒的影响

1.对发达国家贸易的影响

技术性贸易壁垒对发达国家的影响要小于对发展中国家的影响。第一,发达国家由于科学技术比较发达,容易适应技术标准要求的变化。第二,发达国家居民消费水平和对商品的各种要求比较接近,对商品标准的要求不会产生很大的差距,容易调整。第三,发达国家之间贸易与投资关系密切,相互依靠性很强,若出现针对性很强的技术性贸易壁垒,容易采取报复措施。第四,发达国家积极参与国际标准化活动,如国际标准化组织(ISO)和国际电工委员会(IEC)的工作,在国际标准制定、修订中争取领导地位,力求将本国的标准纳入国际标准,体现本国的利益。迄今为止,国际标准都是以发达国家标准为基础确立的。

2.对发展中国家贸易的影响

对发展中国家来说,技术性贸易壁垒带来的影响远远大于发达国家。第一,由于技术水平低,发展中国家难以适应发达国家的技术标准,从而影响出口。第二,发展中国家技术检验能力薄弱,往往不能达到发达国家技术检验标准。第三,发达国家针对发展中国家设置带有歧视性的技术标准。

3.对整个国际贸易的影响

(1)正当技术贸易壁垒

①有利于人类健康和安全。

②保护生态环境,实现可持续发展。

③优化出口国家的商品结构。

④提升发展中国家的国际标准化。

⑤维护国家基本安全。

⑥减少或杜绝不良的贸易行为

(2)不正当技术贸易壁垒

①出现不公平贸易竞争。

②影响国际贸易正常发展。

③加深技术贸易壁垒引起的贸易争端。

④伤害发展中国家。

⑤不利于正当技术贸易壁垒的确立。

(四)技术性贸易壁垒使用规范

1.抑制与规范技术性贸易壁垒的背景

技术性措施越来越多地被用作贸易保护手段,成为影响国际贸易正常发展的壁垒。因此,世界各国认识到有必要制定统一的国际规则来规范技术性措施,消除技术性贸易壁垒带来的不利影响。1947年签订的《关税与贸易总协定》开始关注这一问题,在《关税与贸易总协定》"乌拉圭回合"谈判中就此达成协议。《关税与贸易总协定》第20条"一般例外"中规定,缔约方为保障人类动植物的生命或健康可采取必要的措施;第21条"安全例外"也规定,缔约方为保护国家基本安全利益可采取必要的措施,依据这些规定,《关税与贸易总协定》在1970年成立了一个政策工作组,专门研究制定技术标准与质量认证程序方面的问题,并负责起草防止技术性贸易壁垒的协议草案。在1947年《关税与贸易总协定》"乌拉圭回合"中,达成了所有世界贸易组成员都要遵守的《技术性贸易壁垒协议》。

2.《技术性贸易壁垒协议》的规范要求

(1)适用产品范围

该协议适用于所有产品,包括工业品和农业品,但政府采购实体指定的采购物品不受约束。另外,该协议未涉及动植物卫生检疫措施,有关问题由《实施卫生与植物卫生措施协议进行规范。

(2) 制定、采取和实施技术性措施应遵守的规则

① 必要性规则。成员方只能采取为现实合法目标所必需的技术性措施。如果成员方只能采取的技术性措施对其他成员的贸易产生重大影响,经其他成员请求,该成员应说明所采取的措施的必要性。

② 贸易影响最小规则。成员方应努力采取对贸易影响最小的技术性措施,即在考虑由于合法目标不能实现可能导致的风险后,采取的技术性措施对贸易的限制,不应超过为实现合法目标所必需的限度。

③ 协调规则。成员方应在力所能及的范围内,充分参与有关国际标准化组织(ISO)制定国际标准和合格评定程序指南的工作。成员方应在积极考虑接受其他成员方的技术性措施作为等效措施,只要这些措施能够充分实现统一合法的目标,为了避免对产品的多种测试、检查和认证对贸易造成的不必要的壁垒,减少商业成本和不确定性,鼓励成员之间通过谈判达成相互承认协议。

④ 对发展中成员的特殊和差别待遇规则。成员方应采取措施,确保国际标准化机构制定对发展中成员方有特殊利益的产品的国际标准。鼓励发达成员对发展中成员在制定和实施技术性措施方面提供技术援助。

(3) 技术法规、标准与合格评定程序的含义

① 技术法规的内容与设置。技术法规是强制性执行的有关产品特性或相关工艺和生产方法的规定。主要包括国家政府部门或经授权的非政府机构制定的技术法规。技术法规包括国家安全、产品安全、环境保护、劳动保护、节能等内容。如果有关国际标准已经存在或即将拟就,成员方应以这些标准或其中的相关部分为准。在其中的相关部分无法达到合法的目标时,各成员可自行制定标准。

② 标准的含义。标准指经公认机构批准供通用或重复使用的、非强制执行的关于产品特性或相关工艺和生产方法的规则或指南,可包括有关专门术语符号、包装、标志或标签要求。

③ 合格评定程序含义。合格评定程序是指任何直接或间接用于确定产品是否满足技术法规或标准要求的程序。主要包括:抽样、检验和检查;评估、验证和合格保证;注册、认可和批准;以及上述各项程序的组合,只要能确保符合自身的技术法规或标准,成员方就应采用国际标准化机构已经发布或即将拟就的有关指南或建议,作为合格评定程序的基础。

(4) 及时通知

为确保成员方制定、采用和实施法规或合格评定程序具有透明度,协议规定,如果成员方拟采用的技术法规或合格评定程序不存在相关的国际标准,或与有关国际标准中的技术内容不一致,且可能对其他成员方的贸易有重大影响,该成员方应履行通知义务。通知的内容包括拟采取的目的和理由,以及所涵盖的产品;通知的时间应在该措施还没有被批准,且可进行修改的规定期限内;通知的渠道是通过技术性贸易壁垒委员会向其他成员方通报。该成员方还应在已向该委员会通报的出版物上发布有关公告,使有关利害方知

晓将制定某项技术法规或合格评定程序。

四、绿色贸易壁垒

(一)绿色贸易壁垒的含义

绿色贸易壁垒是指各国为了保护人类、动物或植物的生命或健康,保护自然环境,对进出口的农、畜、水产品等初级产品,以及制成品,甚至服务,采用或实施必要的卫生及环保措施。这些措施如果合理和科学,符合国际标准和指南,则可改善人类健康、动物健康和植物卫生状况,保护和改善自然环境,促进国际贸易的正常发展。20世纪90年代以后,国际贸易中绿色贸易壁垒开始盛行,其原因如下:

1. 国际社会保护环境的要求

全球自然生态环境恶化,要求国际社会采取保护行动。在联合国环境规划署的主持下,各国1985年签署了《保护臭氧层维也纳公约》,1987年又签订了《关于消耗臭氧层物质蒙特利尔协议书》,1990年签订了《协议书伦敦修正案》。到20世纪90年代中期,参加上述公约和协定书的国家和地区多达90多个,缔约人口占世界人口的85%,所涉及的商品贸易额约占这些商品国际贸易额的95%,目前,已签署的保护野生动植物的国际公约和协议已达20多个,其中一般含有贸易条款。如1973年签订的《濒危野生动植物物种国际贸易公约》;1989年,117个国家和34个国际组织通过的《控制危险废物越境转移及其处置巴赛尔公约》;1992制定的《生物多样性公约》;1992年5月,联合国政府间谈判委员会就气候变化问题达成《联合国气候变化框架公约》;2000年1月28日通过的《卡特赫纳生物安全协议书》。ISO14000是国际标准化组织为保护全球环境和世界经济持续发展制定的系列环境管理标准,于1996年9月开始陆续颁布,是继1987年3月推出的全面质量管理标准体系ISO9000之后的又一重要系列标准。ISO14000要求:加强环保和污染预防;推动绿色革命,增加生态系统运转的生态存量,增强生态系统的转化功能;引导绿色消费;统一全球的环保评估。

2. 消费观念的更新

消费者在选购商品时更加注重产品的环境和安全要求。许多国家尤其是发达国家的消费者要求政府制定规章制度,保护消费者的食品安全,实施"绿色产品"和"绿色生产",人们对产品的绿色要求从生产环节扩展到服务环节,并对整个产品的全部生产过程提出了绿色要求。

3. 竞争的需要

在经过《关税与贸易总协定》多轮贸易谈判以后,关税普遍下降,非关税措施得到了抑制和规范。为了在竞争中取胜,世界各国尤其是发达国家成员有意加强动植物卫生疫苗方面的措施,来保护本国市场。

4. 应对"恐怖"事件

2001年"9·11"事件后,美国于2002年颁布《公众健康安全与生物恐怖主义预防应付法》,为食品和生物反恐问题制定了严格的指导原则。美国食品与药物管理局为执行该法,于2003年颁布了《行政性和扣留可疑食品法》、《食品企业注册法规》、《记录的建立和保持法》和《进口食品的预先通报制度》。

(二)绿色贸易壁垒形式

1.技术标准

技术标准是指由公认机构核准的描述产品或有关工艺和生产方法的规则指南或特性的一系列非强制性文件。如1995年4月后,国际标准化组织相继公布了ISO9000、ISO14000;1998年欧盟制定了 ASO UN9000,对26大类消费品制定了详细和全面的标准。

2.环境标志

绿色环境标志是由政府部门、公共或民间团体依照一定的环境保护标准,向申请者颁发并印在产品及包装上的特定标志,以向消费者表明该产品从研制、开发到生产、销售、使用,直至回收利用的整个过程都符合环保要求,对生态环境和人类健康均无害。自1977年德国第一个推行"蓝天使"环境标志制度以来,已有40多个国家实施了类似的制度。

3.包装制度

绿色包装是为了节约资源,减少废弃物,用后易于回收利用或再生,易于自然分解,不污染环境的包装。其措施包括:

(1)以立法形式规定禁止使用含有铅、汞等成分的包装材料。

(2)制定强制包装再循环或再利用的法律,如德国的《包装物废弃处理法令》、日本的《回收条例》等,都规定啤酒、饮料、洗涤剂等产品一律使用可循环使用的容器。

(3)通过立法设置标签标志规定。如美国食品与药物管理局不仅要求大部分食品的标签必须标明至少14种营养成分的含量,还要求必须详尽地标明各种功能性成分和热量值,对字体和线条都有详尽的要求。

4.卫生检疫制度

基于保护环境和生态资源,确保人类和动植物免受污染物、毒素、微生物、添加剂等伤害,要求进口产品进行卫生检疫的国家不断增多,建议规定日益严格。1993年4月,在第24届联合国农药残留法典委员会召开的会议上,各国讨论了176种农药在各种产品中的最高残留限量,美国制定了《联邦食品、药品及化妆品法》,要求对这些产品的进口必须通过美国食品与药物管理局的检验检疫。

5.管制制度

绿色环境管制是指为保护环境而采取的贸易限制措施,如以保护环境为名,对进口产品征收关税;甚至采取限制、禁止或制裁的措施。此外,对本国厂商进行环境补贴,美国食品与药物管理局还规定,所有在美国出售的鱼类都必须具有来自未受污染的水域的证明,否则不能出售。

(三)绿色贸易壁垒的影响

1.对整个国际贸易的影响

(1)正当绿色贸易壁垒

①有利于人类健康和安全。

②保护生态环境,实现可持续发展。

③优化出口国家的商品结构。

④提升发展中国家的国际标准化。

⑤维护国家基本安全。
⑥减少或杜绝不良的贸易行为。
(2)不正当绿色贸易壁垒
①出现不公平贸易竞争。
②影响国际贸易正常发展。
③加深绿色贸易壁垒引起的贸易争端。
④伤害发展中国家。
⑤不利于正当绿色贸易壁垒的确立。

(四)绿色贸易壁垒的基本特征

1. 名义上的合理性

绿色贸易壁垒是以保护世界资源、环境和人类健康为名,行贸易限制和制裁措施之实。现代社会人们对生存环境和生活质量的要求越来越高,会很自然地关注环境问题,对于那些可能对环境和健康带来危害的商品和服务表现出了高度敏感性。绿色贸易壁垒正是抓住了这一共同心理,使贸易保护在名义上和提法上有了合理性和巧妙性。

2. 形式的合法性

绿色贸易壁垒虽然属于非关税壁垒的范畴,但其不同之处在于绝大部分的非关税壁垒不是通过公开立法来加以规定和实施的,而绿色贸易壁垒措施则是以一系列国际国内公开立法作为依据和基础。1970年代以来,国际社会通过有关国际组织及国际会议先后制定了许多多边国际环保协议、规则。它们在形成国际环保习惯法以及在对国际贸易造成冲击和影响方面,起着不可忽视的重要作用。

国际贸易中适用的法律有:国内法、国际贸易惯例和国际条约。目前世界上最重要、最有权威、最有普遍性的国际多边贸易条约是GATT和WTO两个文件。GATT第20条,授予了各国"环保例外权";WTO在《技术性贸易壁垒协议》的前言中也规定了"不能阻止任何成员方按其认为合适的水平采取诸如保护人类和动植物的生命与健康以及保护环境所必需的措施"。由此可见,发达国家采取的严格的绿色贸易壁垒措施,从法律的角度看,一般是无可非议的。

3. 保护内容的广泛性

绿色壁垒保护的内容十分广泛,它不仅涉及与资源环境保护和人类健康有关的许多商品在生产和销售方面的规定和限制,而且对那些需达到一定的安全、卫生、防污等标准的工业制成品亦产生巨大压力,因此对发展中国家的对外贸易与经济发展具有极大的挑战性。同时,由于绿色贸易壁垒保护措施具有不确定性和可塑性,因此在具体实施和操作时,也很容易被某些发达国家用来对来自发展中国家的产品随心所欲地加以刁难和抵制。

4. 保护方式的隐蔽性

与传统的非关税壁垒措施,如进口数量与配额等相比,绿色壁垒具有更多的隐蔽性。首先,它不像配额和许可证管理措施那样,明显地带有分配上的不合理性和歧视性,不容易引起贸易摩擦。其次,建立在现代科学技术基础之上的各种检验标准不仅极为严格,而且烦琐复杂,使出口国难以应付和适应。例如,1995年4月国际标准化组织开展实施"国际环境监察标准制度",许多国家利用此标准限制和拒绝产品进口。

5.较强的技术性

即对产品的生产、使用、消费和处理过程的鉴定都包含较多的技术性成分。

6.技术要求相对性

在发达国家之间,环保技术水平比较接近,它们之间的贸易因环保问题导致的纠纷较少。而在发达国家与发展中国家之间,发达国家较高的环境标准和相应的管理措施,对发展中国家来说,往往是一道道难以逾越的绿色壁垒。

(五)绿色贸易壁垒运用规范

为了消除不正当绿色贸易壁垒给国际贸易带来的负面影响,在GATT乌拉圭回合"中达成了《实施卫生与植物卫生措施协议》,就卫生与植物卫生措施的内涵、世界贸易组织成员建立和实施这些措施的前提和原则作出了规定。

1.卫生与植物卫生措施的目的和内容

(1)目的

保护成员方领土内人的生命免受食品和饮料的添加剂、污染物、毒素及外来动植物病虫害传入危害;保护成员方领土内动物的生命免受饲料中的添加剂、污染物、毒素及外来病虫害传入危害;保护成员方领土内植物的生命免受外来病虫传入危害;防止外来病虫害传入成员方领土内造成危害。

卫生与植物卫生措施包括:所有相关的法律、法规、要求和程序,特别是最终产品标准;工序和生产方法;检测、检验、出证和审批程序;各种检疫处理;有关统计方法、抽样程序和风险评估方法的规定;与食品安全直接有关的包装和标签要求等。

2.建立和实施卫生与植物卫生措施的前提

(1)允许成员基于合理目标使用

建立或实施有关措施的目的是保护人类、动物或植物的生命或健康。基于这些目的,可以采取有关措施做出适当的保护。

(2)正当使用

采用和实施这些措施不得构成在情形相同的成员之间采用任意或不合理歧视的手段,或构成对国际贸易的变相限制。

(3)基于国际标准建立成员的卫生与植物卫生措施这些国际组织包括食品法典委员会、国际兽医组织以及在《国际植物保护公约》范围内运作的有关国际和区域组织。

3.成员方应遵循的规则

(1)非歧视地实施

成员方在实施卫生与植物卫生措施时,应遵守非歧视原则。即不能在情形相同或相似的成员间,包括该成员与其他成员之间造成任意或不合理的歧视尤其是在有关控制、检验和批准程序方面,应给予其他成员的产品国民待遇。

(2)以科学为依据实施卫生与植物卫生措施

成员方应确保任何卫生与植物卫生措施都以科学为依据,不能实施或停止实施没有充分科学依据的卫生与植物卫生措施。如果在科学依据不充分的情况下采取卫生与植物卫生措施,只能是临时性的,并应在合理的期限内作出科学评估。

(3) 以国际标准为基础

为广泛协调成员方所实施的卫生与植物卫生措施，各成员方应根据现行的国际标准制定本国的卫生与植物卫生措施。如果一个成员实施或维持比现行国际标准更严格的卫生与植物卫生措施，则必须有科学依据，且不能对国际贸易造成不必要的障碍。

(4) 承认出口成员的合理措施

如果出口方成员对出口产品采取的卫生与植物卫生措施，客观上达到了进口方成员适当的卫生与植物卫生保护水平，进口方成员就应该接受这种卫生与植物卫生措施，并允许该种产品进口，哪怕这种措施不同于自己所采取的措施，或不同于从事同一产品贸易的其他成员所采取的措施。

(5) 根据有害生物风险确定保护水平

有害生物风险分析是指，进口方的专家在进口前对进口产品可能带入的病虫害的定居、传播、危害和经济影响，或者对进口食品、饮料、饲料中可能存在添加剂、污染物、毒素或致病有机体可能产生的潜在的不利影响，作出的科学分析报告。该报告是进口方是否进口某种产品的决策根据。在进行有害生物风险分析时，应考虑有关国际组织制定的有害生物风险技术分析方法，同时还要考虑有关技术和经济成本等因素。

(6) 接受两个概念

即"病虫害非疫区"和"病虫害低度流行区"的概念。病虫害非疫区是指没有发生检疫性病虫害，并经有关国家的主管机关确认的地区。成员方在接受病虫害非疫区这一概念的同时，也应该接受病虫害低度流行区的概念。病虫害低度流行区是指检疫性病虫害发生水平低，已采取有效监测、控制或根除措施，并经有关国际机关确认的地区。无论病虫害非疫区还是病虫害低度流行区都可以是一个国家的全部或部分地区，也可以是几个国家的全部或部分地区。

(7) 保持法规的透明度

成员应确保及时公布所有有关卫生与植物卫生措施的法律和法规。除紧急情况外，成员应在卫生与植物卫生措施有关法规的公布和生效之间留出一段合理的时间，以便让出口成员的生产商，尤其是发展中成员的生产商有足够时间调整其产品和生产方法，适应进口方成员的要求。

(8) 发展中成员享有的特殊待遇

成员方在制定和实施卫生与植物卫生措施时，应考虑发展中成员的特殊需要；成员方同意以双边的形式，或通过适当的国际组织，向发展中成员提供技术援助。

4.《实施卫生与植物卫生措施协议》的作用

该协议在一定程度上为正确运用绿色贸易壁垒和抑制不正当的绿色贸易壁垒作出了规范，但因存在以下问题，很难从根本上杜绝不正当的绿色贸易壁垒的运用。

(1) 复杂性

绿色贸易壁垒涉及众多技术法规、标准、国内政策法规、商品和复杂的评定程序。不同国家和地区间达成一致的标准难度非常大，容易引起争议。

(2) 不易区分

因经济发展水平阶段不一、科学技术水平存在差异、国民收入和消费偏好不同，对各国尤其是发达国家所设置的绿色贸易壁垒是否合理和科学,不易区分。

本章小结

为了应对不断下调的关税,加上保护国民健康和维持生态环境等原因,各国采取的除关税以外限制进出口的措施不断增多,包括控制进口数量的非关税贸易壁垒、技术性贸易壁垒、绿色贸易壁垒等形式的壁垒。非关税措施因其目的不同,出现了正当和不正当两种情况,有的要进行规范,有的要逐步取消。

在控制进口数量的非关税贸易壁垒中,有进口配额制、"自动"进口配额制、进口许可制、外汇管制、进口押金制、进口最低限价制,其中影响最大的是进口配额制,其余的受到抑制,影响日益减小。

技术性贸易壁垒十分复杂,各国尤其是发展中国家难以防范。为了促进国际贸易发展和维护各国生产进行,世界贸易组织通过了《技术性贸易壁垒协议》予以规范,对世界贸易组织成员设置技术标准等提出要求,使其对国际贸易的不利影响减小到最低程度。

绿色贸易壁垒是指为了保护环境和国民身体健康,而对进口的食品施加的验证要求。为了减少它对国际贸易的不良影响,世界贸易组织通过了《实施卫生与植物卫生措施协议》,为世界贸易组织成员对进口农产品等设置的检验标准等提出规范,使其对国际贸易的不利影响减小到最低程度。

【课后练习】

1. 分析关境和国境的关系。
2. 关税的积极作用有哪些?
3. 什么是技术性贸易壁垒?它包括哪些类型?
4. 分析关税的经济效应。
5. 分析 WTO《反倾销协议》征收反倾销税的条件。

第七章　鼓励出口和出口管制

学习目标

(1)掌握鼓励出口的主要措施
(2)掌握不同类型的经济特区的概念、主要管理规定及作用
(3)了解出口管制措施的有关内容

教学内容

第一节　鼓励出口

一、出口信贷

(一)出口信贷的定义和特点

出口信贷(export credit)是一个国家的银行为了鼓励商品出口,增强商品的国际竞争能力,对本国出口厂商或外国进口厂商(或银行)提供的贷款。这是一国的出口厂商利用本国银行的贷款扩大商品出口,特别是金额较大、期限较长,如成套设备、飞机、船舶等出口的一种重要手段。其主要目的在于向国外推销商品时,吸引资金不足的进口商进口其商品。

出口信贷具有以下几个特点:(1)所贷款项仅限于购买提供贷款国家的货物、技术或服务;(2)贷款的利率一般低于银行商业贷款利率,其差额由出口国政府补贴;(3)出口信贷的发放一般与国家提供的信贷保险相结合;(4)贷款偿还期限分为短期、中期、长期三种,其中短期出口信贷偿还期以1年为限,中期为1~5年,长期为5~10年。

(二)出口信贷的类型

出口信贷按借贷关系分为卖方信贷和买方信贷两种。

1.卖方信贷

卖方信贷(supplier's credit)是指出口方银行向出口商(即卖方)提供的贷款。其贷款合同由出口厂商与银行之间签订。卖方信贷通常用于那些金额大、期限长的项目,如成套设备等的出口。这类商品的进口需要占用较多的资金,进口商一般要求延期付款,而出

口商又不可能长期采用延期付款的方式出口,往往需要取得银行的贷款。卖方信贷正是银行直接资助出口商向外国进口商提供延期付款,以促进商品出口的一种方法。

具体来说,申办出口卖方信贷一般来说需具备如下的条件:(1)申请贷款的企业必须是独立的经济法人,企业经营管理良好,过去财务状况有良好记录,出口商和国内生产企业具备履行出口合同的能力。(2)出口项目符合国家产业政策和外贸政策等有关规定,项目经过有关部门的批准,出口的有关合同已经签订,国内有关配套条件落实。(3)经测算出口项目的经济效益好,盈利水平和出口换汇成本比较合理,有偿还借款本息的能力。(4)出口合同的商务条款符合国际惯例,能维护中方的权益,有关的货款支付和结算方式对我方有利,商务合同在签约前需征得银行认可。(5)出口的设备需符合进口国的规定,进口商已取得进口许可证。另外进口商必须资信可靠,并能提供银行可接受的支付货款的保证(如银行保函、信用证、本票等)。(6)借款企业应投保出口信用险,确保收汇安全。(7)借款企业应提供银行认可的还款担保或财产抵押。(8)借用外汇贷款的企业要有可靠的还汇来源并采取防范汇率风险的措施。

2.买方信贷

买方信贷(buyer's credit)是指出口方银行直接向进口厂商(即买方)或进口方银行提供的贷款。取得这种贷款的条件是此贷款必须用于购买债权国的商品,是一种约束性贷款(tied loan)。这种信贷一般有两种形式:一种是由出口方银行直接向进口厂商提供贷款;另一种是由出口方银行向进口方银行提供贷款。

买方信贷的条件:(1)贸易合同的金额不低于100万美元;(2)出口商品在中国境内制造部分,成套设备及普通机电产品一般应占70%以上,船舶应占50%以上;(3)进口商以现汇支付的比例,船舶合同一般不低于合同金额的20%,成套设备和其他机电产品合同一般不低于合同金额的15%;(4)使用出口买方信贷的贸易合同必须符合进出口双方国家的有关法律规定,获得进口国外汇管理部门批汇文件;(5)必须投保出口信用险。

随着国际贸易的发展,出口信贷出现了混合信贷模式,是指卖方信贷、买方信贷和政府贷款相结合的贷款方式,其目的也是扩大本国产品出口。混合信贷通过运用政府贷款来降低传统银行贷款的利率,延长还款的期限,进而达到促进贷款国资本货物的出口以及提高其出口资本货物在国际市场上的竞争能力的目的。

在出口信贷中,利用买方信贷较卖方信贷为多。从卖方信贷产生的历史看,出口商首先以赊销或延期付款方式出售设备,由于资金周转不灵,才有本国银行给以资金支持,即交易的开端首先由商业信用开始,最后由银行信贷加以补充和支持。最近20年以来,国际上金额大、期限长的大型项目及成套设备交易增加,而商业信贷本身存在的局限使出口商筹措周转资金困难。因此,由银行直接贷款给进口商或者进口方银行的买方信贷迅速发展起来。买方信贷属于银行信贷,由于银行资金雄厚,提供信贷能力强,高于一般厂商,故国际上利用买方信贷大大超过卖方信贷。买方信贷还令出口商可以较早地得到货款和减少风险,进口厂商对货价以外的费用也比较清楚,便于其与出口厂商进行讨价还价。此外,银行提供买方信贷,既能帮助出口商推销产品,加强银行对该企业的控制,又能为银行资金在国外的运用开拓出路。

由于出口信贷能有力地扩大和促进出口,因此,西方国家一般都建立专门银行来办理此项业务,如美国的进出口银行,日本输出入银行、法国对外贸易银行、加拿大出口开发公司等。这些专门银行除对成套设备、大型交通工具的出口提供出口信贷外,还向本国私人商业银行提供低利率贷款或者给予贷款补贴,以资助这些商业银行的出口信贷业务。

我国已于1994年7月1日成立了中国进出口银行。这是一家政策性银行,其资金来源除国家财政拨付外,主要是中国银行的再贷款、境内发行的金融债券和境外发行的有价证券,以及向外国金融机构筹措的资金等。其主要任务是对国内机电产品及成套设备等资本品货物的进出口给予必要的政策性金融支持,从根本上改善我国出口商品结构(目前主要是资源产品和轻纺产品),以促进出口商品结构的升级换代。进出口银行是由国家出资设立、直属国务院领导、支持中国对外经济贸易投资发展与国际经济合作、具有独立法人地位的国有政策性银行。截至2016年年末,在国内设有29家营业性分支机构和香港代表处;在海外设有巴黎分行、东南非代表处、圣彼得堡代表处、西北非代表处。中国进出口银行开展的主要业务有出口卖方信贷、出口买方信贷、对外担保、中国政府对外优惠贷款、外国政府贷款转贷业务等。

二、出口信贷国家担保制

出口信贷国家担保制(export credit guarantee system)是指一国政府为了扩大本国商品出口,对于本国出口厂商或银行向外国进口厂商或银行提供的贷款,由国家的专门机构出面担保的一种制度。一旦出现外国债务人拒绝付款时,国家担保机构就按照承保的金额,支付给出口厂商或银行。

以英国出口信贷担保署为例,该机构对商业银行向出口商提供的某些信贷提供担保,一旦出现贷款过期未能清偿付款时,该署可给予商业银行100%的偿付,而不问偿付的原因,但保留对出口商要求偿付的追索权。可见,出口信贷国家担保制能使银行减少或避免贷款不能收回而蒙受损失,有利于银行扩大出口信贷业务,促进商品运输,这是一种提高商品非价格竞争力的重要手段。

(一)担保项目与金额

1.政治风险

由于进口国发生政变、革命、暴乱、战争以及政府实行禁运、冻结资金或限制对外支付等政治原因所造成的损失,国家担保机构可以给予出口商或放贷银行补偿。这类风险的承保金额一般是合同金额的85%～95%。

2.经济风险

由于进口商或借款银行破产倒闭无力偿付及货币贬值或通货膨胀等一些经济原因造成的损失,国家担保机构可以给予出口商或放款银行补偿。这类风险的承保金额一般是合同金额的70%～85%。

(二)担保的对象

1.对出口厂商的担保

出口厂商出口商品时提供的信贷可向国家担保机构申请担保。一些国家的担保机构本身不提供出口信贷,但是可以为出口厂商取得出口信贷提供一些便利条件。例如,有的国家采用保险金额的抵押方式,允许出口商所获得的承保权利,以"授权书"方式转移给供款银行而取得出口信贷。这种方式使银行的贷款得到安全保障,一旦债务人不能按期还本付息,银行可直接从担保机构得到补偿。

2.对银行的直接担保

供款银行所提供的出口信贷都可以申请担保。它是国家担保机构直接对供款银行承担的一种责任。一些国家为了鼓励出口信贷业务的开展和保障贷款的安全,常常给银行极优惠的待遇。例如,英国出口信贷担保署(the export credit guarantee department)对商业银行向出口厂商提供的一些信贷,一旦出现过期不能付款时,该担保署可给予100%的补偿。

(三)担保期限

根据出口信贷期限,担保期限一般可分为短期与中长期。短期信贷担保为6个月左右。中长期信贷的担保,采用逐笔审批的特殊担保方式,担保时间通常为2~15年,最长的可达20年。

我国唯一承办出口信用保险业务的政策性保险公司,于2001年12月18日正式揭牌运营。承保国家风险(包括进口方国家外汇管制、政府征收、国有化和战争等风险)和买方风险(拖欠货款、拒付货款及破产等)。主要业务:短期出口信用保险、中长期出口信用保险、投资保险和担保业务。

三、商品倾销

(一)商品倾销的含义

商品倾销(dumping)是指出口商以低于正常价格的出口价格,集中地或持续大量地向国外抛售商品。商品倾销通常由私营垄断企业进行,但随着"贸易战"的加剧,一些国家设立专门机构直接对外倾销商品。

实行商品倾销的具体目的在不同情况下有所不同,主要有:(1)为打击或摧毁竞争对手,扩大或垄断某种产品的销路;(2)为了在国外建立新的销售市场;(3)为了阻碍出口国同种产品或类似产品的发展,以维持垄断地位;(4)为了推销"过剩"产品,转嫁经济危机;(5)对发达国家来说,商品倾销是为了打击发展中国家的民族经济,以达到经济上、政治上控制发展中国家的目的。

(二)商品倾销的分类

按照倾销的具体目的,商品倾销可分为三种:

1.偶然性倾销(sporadic dumping)

是指某一商品的生产商为避免存货的过量积压,于短期内向海外市场大量低价销售该商品。这种倾销方式是偶然发生的、一般无占领国外市场、排挤竞争者之目的,而且因为持续的时间较短,不至于打乱进口国的市场秩序、损害其工业。因此,国际社会一般对这种偶发性倾销通常不采取反倾销措施。

2.掠夺性倾销(intermittent or predatory dumping)

它是指以控制特定市场为目的、以明显的低价进行销售,在排除了所有竞争对手后再提高价格,牟取垄断利润的行为,它不仅意味着垄断,也是保持垄断的工具。

3.持续性倾销,又称长期性倾销(long-run dumping)

这种倾销是无限期地、持续地以低于国内市场的价格在国外市场销售商品。其目的一般是为国内过剩商品或过剩生产能力解决出路,保护国内产业和生产者利益,转嫁经济危机,同时利用这一手段从经济上控制进口国家。

(三)商品倾销的弥补途径

商品倾销由于实行低价策略,必然会导致出口商利润减少甚至亏损,这一损失一般通过如下途径得到弥补:(1)维持国内市场的垄断高价,获取超额利润,以补偿出口损失;(2)由国家提供出口补贴来弥补垄断组织在倾销时所遭到的亏损;(3)首先在国外市场进行倾销,在垄断国外市场后,再抬高价格,获取超额利润,以弥补早先倾销时所受到的损失。(4)出口国政府设立专门机构,对内高价收购,对外低价倾销,由政府负担亏损。

四、外汇倾销

(一)外汇倾销的含义

外汇倾销(exchange dumping),是指一国利用本国货币对外贬值的机会来扩大出口,限制进口的一种措施。即倾销行为可通过汇率变动政策来实现。这是因为本国货币贬值后,出口商品用外国货币表示价格降低,提高了该国商品在国际市场上的竞争力,有利于扩大出口;而因本国货币贬值,进口商品的价格上涨,削弱了进口商品的竞争力,限制了进口。

如1987年6月至1994年6月美元与日元的比价由1美元=150日元下跌到1美元=100日元,美元贬值了33.3%。假定一件在美国售价为100美元的商品出口到日本,按过去汇率折算,在日本市场售价为15000日元,而美元贬值后售价为10000日元,这必然对美国厂商有利;如按过去1美元=150日元的比价,一件在日本售价为15000日元的商品出口到美国值100美元,而美元贬值后同一商品在美国的售价就为150美元,这必然对日本厂商不利。

由此可见,一国的货币(如美元)贬值即汇率下跌后,出口商品用外国货币(如日元)表示的价格降低,这就提高了该国(如美国)商品的价格竞争能力,从而有利于扩大出口。而同时,进入该国的外国商品(如日本货)以该国货币(如美元)表示的商品价格就会上涨,削弱了该外国商品的竞争力,从而又会限制进口。所以,一国货币对外贬值能够起到促进出口和限制进口的双重作用,外汇倾销是争夺国外市场、保护本国市场的一种重要手段。

(二)外汇倾销的条件

外汇倾销不能无限制和无条件地进行,必须具备以下几个条件才能起到扩大出口和限制进口的作用,具体表现在以下方面:

1.货币贬值的幅度应大于国内市场价格上涨的幅度

货币贬值必然引起一国国内物价上涨。当国内物价上涨程度赶上或超过货币贬值的程度,外汇倾销的条件就不存在了。但国内价格与出口价格的上涨总要有一个过程,并不是本国货币一贬值,国内物价立即相应上涨,而总是在一定时期内落后于货币对外贬值的程度,因此垄断组织就可以获取外汇倾销的利益。

2. 其他国家不同时实行同等程度的货币贬值和采取报复性措施

如果其他国家实行同等程度的货币贬值,那么两国货币贬值程度就会就相互抵消,汇价仍处于贬值的水平。如果外国采取提高关税等其他限制进口的报复性措施,也会起到抵消的作用,外汇倾销的条件也就不存在了。

此外,还有外汇倾销不宜在国内通货膨胀严重的背景下贸然采用,出口商品的需求弹性也会影响外汇倾销等条件。

五、出口补贴

出口补贴(export subsidies)又称出口津贴,是指一国政府为了降低出口商品的价格,增强其在国际市场的竞争力,在某种商品出口时给予出口商的现金补贴或财政上的优惠待遇。

(一)出口补贴的两种基本方式

1. 直接补贴(direct subsidies)

是指政府在商品出口时,直接付给出口商的现金补贴。其目的是为了弥补出口商品的国际市场价格低于国内市场价格所带来的损失。有时候,补贴金额还可能大大超过实际的差价,这已包含出口奖励的意味。这种补贴方式以欧盟对农产品的出口补贴最为典型。据统计,1994 年,欧盟对农民的补贴总计高达 800 亿美元。

2. 间接补贴(indirect subsidies)

间接补贴是指政府对某些商品的出口给予财政上的优惠。如退还或减免出口商品所缴纳的销售税、消费税、增值税、所得税等国内税,对进口原料或半制成品加工再出口给予暂时免税或退还已缴纳的进口税,免征出口税,对出口商品实行延期付税、降低运费、提供低息贷款、实行优惠汇率以及对企业开拓出口市场提供补贴等。其目的仍然在于降低商品成本,提高国际竞争力。

(2)出口补贴的经济效应

出口补贴对出口国的生产、消费、价格、贸易乃至福利都会产生影响。但其程度会因采取出口补贴措施国家的出口额占世界出口总额的比重不同(是出口大国还是出口小国)而不同。

1. 贸易小国实行出口补贴的影响

从经济效应上看,一般来说,贸易小国实行出口补贴的结果会使出口工业生产增加,国内消费减少,出口量增加,国内价格上涨。由于出口补贴使得出口在比国内销售更加有利可图,而且政府没有限制出口数量,企业当然要扩大生产以供出口,除非在国内市场销售也能获得同样的收入。由于补贴只是给出口的商品,要想在国内市场获得同样的收入,除了提价别无他法,在涨价之后,消费自然减少。从另一个角度来看,国内消费者也必须付出与生产者出口所能得到一样的价格,才能确保一部分商品留在国内市场而不是全部出口。

2. 贸易大国实行出口补贴的影响

如果是个出口大国,则出口补贴对其国内价格、生产、消费以及社会利益虽然具有相同的经济效应,但程度是大不同的。因为出口大国增加出口的结果会造成国际市场价格下降,出口商品生产者就不能得到商品出口全额补贴效益,生产和出口也会小于小国,国内价格的涨幅和消费量的下降也会低于小国,但整个社会的净损失却比小国补贴时要大。因此,在出口已占世界市场很大份额时,还使用补贴来刺激出口未必是明智之举。

综上所述,一国(不论是贸易小国还是贸易大国)采用出口补贴措施都会使本国的社会福利遭受一定的损失。为什么各国还要采取这种措施以鼓励出口呢？实际上,在出口国政府看来,如果短时间内的出口补贴损失或消费者福利损失能促成本国生产规模的扩大,进而获得规模经济效应,或者能够实现促进本国获得经济增长等长远利益,那么这种损失也许是值得的。

由于各国都实行奖出限入的外贸政策,因而纷纷采取形形色色的补贴措施以促进本国产品出口,而进口国政府往往采用反补贴政策以抵制和消除补贴这种行为对进口国的不利影响。因此,补贴和反补贴已成为当今国际经济贸易关系中的一个突出问题。据统计,1948—1993年间,在《关税与贸易总协定》处理的238个国际贸易纠纷中,有40个与补贴和反补贴措施有关,约占全部案件的17%。其中欧美关于农产品补贴之争差点断送了"乌拉圭回合"一揽子协议的最终达成这一事实,充分说明这一问题的严重性。

应当看到,出口补贴行为会扭曲商品在国际市场的价格,易于在价格竞争中获取一定优势,甚至会对进口国的商品或同类商品的生产造成损害。就此而言,出口补贴行为显然是国际贸易中的不公平行为。然而,对于经济落后的发展中国家而言,给予某些出口工业制成品以适度的补贴,仍旧是减少其国际收支逆差的重要一环。鉴于此,世界贸易组织在原则上反对出口补贴行为的同时,还是允许某些发展中国家在特殊情况下适度运用这种做法。因此,我们应该正确对待和运用这一手段。

六、经济特区

经济特区(special economic zone)是指一个国家或地区在其关境以外所划出的一定的特殊经济区域。在这个经济区域内,通过实行更加灵活开放的政策和措施,用降低土地价格、减免关税、放松海关管制和外汇管制、提供各种服务等优惠措施,吸引外国货物,发展转口贸易,或鼓励和吸引外资,引进先进技术,发展加工制造业,以达到开拓出口贸易、增加外汇收入,促进本国或本地区经济发展的目的。各国设立的经济特区规模不一、名目繁多,但一般主要有自由港或自由贸易区、保税区、出口加工区、科学工业园区、自由边境区、综合型经济特区6种类型。

(一)经济特区的发展历史

1.第一阶段为商业自由贸易区时期(20世纪50年代末以前),其经济活动的中心是进行商业性的转口贸易。

经济特区的最初形式是自由港、自由贸易区。它的历史可以追溯到古希腊时代。当时的腓尼基人将泰尔和迦太基两个港口划为特区,对外来的商船尽量保证安全航行,不受任何干涉。1228年,法国南部的马赛港在港区划出一定的区域,开辟为自由贸易区,规定外国货物可以在不征收任何税收的情况下,进出这一区域。1367年,德意志北部的几个自由市联合起来,建立了自由贸易联盟,史称"汉撒联盟",曾选定汉堡、不来梅两地为自由贸易区。1547年,意大利热那亚湾的里窝那(佛罗伦萨的外港)宣布为自由港,这是世界上第一个正式以"自由港"命名的特殊经济区域。继16至17世纪的自由港,自由贸易区在欧洲地中海一带陆续出现后,18至19世纪,它们又伴随着西方列强掠夺殖民地的需要而逐渐传播到世界其他地区。美国于1936年才创办了第一个自由贸易区,称之为对外贸易区。截至第二次世界大战结束前,世界有26个国家和地区共设立了75个以自由港和自由贸易区为主要内容的经济特区。

2.第二个阶段为工贸型出口加工区时期(20世纪50年代末—70年代末),其经济活动的中心是从事劳动密集型产品为主的出口替代工业。

出口加工区是1950年代末在欧洲最先出现的。1959年,爱尔兰政府在香农机场附近划出380多公顷的土地作自由加工区,专供外资厂商开展出口加工业务之用。这是出口加工区的始祖,被认为是世界上第一个出口加工区。典型的出口加工区诞生于亚洲。1966年,台湾地区创办了高雄出口加工区。这是亚洲第一个出口加工区,而且是世界上第一个正式以"出口加工区"命名的出口加工区。许多国家为了增强本国的经济实力和扩大对外贸易,不仅在原有的经济特区内放宽了对外国投资的限制,而且增设了更多经济特区。

3.第三个阶段为科技综合型加工区时期(20世纪70年代末至今),经济特区逐步向科学化和综合化发展。

从20世纪70年代末起,世界经济特区呈现出两个明显发展趋势。一是纵向趋势。在席卷全球的科技革命浪潮的冲击下,许多出口加工区在转型升级,向技术知识密集型发展。二是横向趋势。一些出口加工区开始向多行业、多功能发展,不仅重视出口工业和对外贸易,同时也经营农林牧渔业、商业、旅游业、房地产业、金融服务业、交通电信业、信息咨询业以及教育、科技事业等。

追踪世界经济特区发展的历史轨迹,至少可以获得以下启示:第一,经济特区的发展已超越了自然地域范围的限制,经济特区已从西欧扩展到世界五大洲。据有关资料显示,当今世界上的经济特区已达1000多个,分布于近百个国家和地区。第二,经济特区的发展已超越了经济发展水平的局限。无论是美国、日本、德国、英国等工业发达国家,韩国、新加坡、巴西、墨西哥等新兴工业化国家,还是泰国、印度尼西亚、马来西亚等发展中国家,抑或是经济极为落后的南太平洋岛国斐济,都在开辟经济特区,利用经济特区促进本国经济的发展。第三,经济特区的发展已超越了社会经济制度的界限。1970年代以前,经济特区只存在于资本主义和带有浓厚前资本主义色彩的国家。进入1970年代以后,一些社会主义国家也相继兴建和试办了各类经济特区,经济特区已从资本主义国家扩展到社会主义国家。

(二)经济特区的特点

1.以扩大出口贸易、开发经济区和提高技术水平为目的。各国建立经济特区,首要的目的就是扩大出口,增加外汇收入。在此基础之上,通过发展出口加工业,吸引外资和引进先进技术设备,开发本地区和邻近郊区地区的经济,提高国内的生产技术水平。

2.有一个开放的投资环境。经济特区大都是提供优惠待遇,同时,国家还采取财政措施等对特区的生产经营进行扶持,并简化各种行政手续,为外商投资提供方便。

3.具有一定的基础设施。这些基础设施主要包括水电设施、交通运输设施、仓储设施、通信邮电设施、生活文化设施。

4.具有良好的社会经济条件。一般来说,经济特区都有较丰富的劳动资源,文化教育程度较高,技术力量和管理能力也较强。

5.有良好的自然条件。经济特区大都设立在地理位置和自然环境较好的地方,交通运输方便,资源丰富或易于获得,气候温和,风景秀丽。

(三)经济特区的类型

1.自由港和自由贸易区

(1)自由港

①定义

自由港(free port)又称自由口岸。它是指全部或部分外国商品可以豁免关税而自由进出口的港口。这种港口一般划在一国关境之外,外国商品除进入港区时免交关税外,还准许在港区内开展商品自由储存、展览、拆散、改装、重新包装、整理、加工和制造等业务活动,以便于本地区的经济和对外贸易的发展,增加外汇收入和财政收入。现今的自由港以促进转口贸易及为转口服务的商品储存和简单再加工(包括商品拆装、混合、分类、重新包装)为主要功能。

②分类

自由港根据不同的标准,具有不同分类。

按其限制程度,分为完全自由港和有限自由港。前者对外国商品一律免征关税,现在世界上已为数不多;后者仅对少数指定出口商品征收关税或实施不同程度的贸易限制,其他商品可享受免税待遇,世界绝大部分自由港均属此类,如直布罗陀、汉堡、香港、新加坡、槟榔屿、吉布提等。

按其范围大小分为自由港市和自由港区。前者包括港口及所在城市全部地区,将其划为非关税地区,外商可自由居留及从事有关业务,所有居民和旅客均享受关税优惠,如新加坡和香港。后者仅包括港口或其所在城市的一部分,不允许外商自由居留,如哥本哈根等。

自由港对一个地区甚至一个国家外向型经济的发展起到重要的作用,从一般意义上讲,主要具有以下作用:一是提高港口对船东、货主的吸引力,扩大港口吞吐量,大大提高港口的中转功能;二是自由港的发展会促进港口向综合性、多功能方向发展,使港口成为外向型经济中心,同时,促进港口所在地区外向型经济的发展;三是最大限度地适应国际贸易灵活性的要求,提高贸易中各方的经济效益;四是促进自由港及毗邻地区的就业和第三产业的繁荣等。

(2)自由贸易区

①定义

自由贸易区(free trade zone)又称自由区、出口自由区、自由关税区、免税贸易区、免税区、自由贸易港、自由市、自由工业区、投资促进区及对外贸易区等。指在主权国家或地区的关境以外,划出特定的区域,准许外国商品豁免关税自由进出。实质上是采取自由港政策的关税隔离区。狭义仅指提供区内加工出口所需原料等货物的进口豁免关税的地区,类似于出口加工区。广义还包括自由港和转口贸易区。

自由贸易区内允许外国船舶自由进出,外国货物免税进口,取消对进口货物的配额管制,也是自由港的进一步延伸,是一个国家对外开放的一种特殊的功能区域。自由贸易区除了具有自由港的大部分特点外,还可以吸引外资设厂,发展出口加工企业,允许和鼓励外资设立大的商业企业、金融机构等促进区内经济综合、全面地发展。

②分类

根据不同的标准,自由贸易区有不同的分类:

就性质而言自由贸易区可分为:商业自由区和工业自由区。前者不允许货物的拆包零售和加工制造;后者允许免税进口原料、元件和辅料,并指定加工作业区加工制造。

就功能而言,自由贸易区的功能设定是根据区位条件和进出口贸易的流量而确定的,并且随着国内外经济形势的发展而调整和发展。其主要类型有以下几种:A.转口集散型。这一类自由贸易区利用优越的自然地理环境从事货物转口及分拨、货物储存、商业性加工等。最突出的是巴拿马的科隆自由贸易区。B.贸工结合、以贸为主型这类自由贸易区以从事进出口贸易为主,兼搞一些简单的加工和装配制造。在发展中国家最为普遍。例如阿联酋迪拜港自由港区。C.出口加工型,这类自由贸易区主要以从事加工为主,以转口贸易、国际贸易、仓储运输服务为辅。例如尼日利亚自由贸易区。D.保税仓储型,这类自由贸易区主要以保税为主,免除外国货物进出口手续,较长时间处于保税状态,例如荷兰阿姆斯特丹港自由贸易区。

自由港和自由贸易区都划在一国关境以外,设立的主要目的是方便转口和对进口货物进行简单加工,主要面向商业,并以转口邻近国家和地区为主要对象,多设在经济发达国家和地区。自由港以欧洲为最多,自由贸易区以美洲为最多。

2.出口加工区

出口加工区(export processing zone)是国家划定或开辟的专门制造、加工、装配出口商品的特殊工业区。狭义指某一国家或地区为利用外资,发展出口导向工业,扩大对外贸易,以实现开拓国际市场、发展外向型经济的目标,专为制造、加工、装配出口商品而开辟的特殊区域,其产品的全部或大部供出口。广义还包括自由贸易区、工业自由区、投资促成区和对外开放区等。

出口加工区是20世纪六七十年代,在一些发展中国家和地区建立和发展起来的,其分布以亚洲和非洲为最多。出口加工区与自由贸易区相比,其主要特点就是面向工业,以发展出口加工业为主,而不是面向商业。出口加工区既提供了自由贸易区的某些优惠待遇,又提供了发展工业所必需的基础设施,是自由贸易区和工业区的一种结合体,即兼有工业生产与出口贸易两种功能的工业贸易型经济特区。东道国设置出口加工区的主要目的是吸引外国投资,引进先进技术和设备,扩大出口加工工业和加工品出口,增加外汇收入,促进本地区外向型经济的发展。

加工区内,鼓励和准许外商投资于产品具有国际市场竞争能力的加工企业,并提供多种方便和给予关税等优惠待遇,如企业可免税或减税进口加工制造所需的设备、原料辅料、元件、半成品和零配件;生产的产品可免税或减税全部出口;对企业给予较多的国内税收优惠,并规定投产后在一定年限内完全免征或减征企业所得税;所获利润可自由汇出国外;向企业提供完善的基础设施,以及收费低廉的水、电及仓库设施等。

出口加工区的作用可归结为:①吸引了大量外资,为促进技术引进和产品产量、质量的提高,加速产品的升级换代创造了条件。②扩大出口,增加了外汇收入。通常利用进口原材料和元件的典型装配式工业,外汇收入可占出口额的30%~40%。③增加了就业机会,缓解了所在国和地区的大量失业问题。④提高了生产技术水平和经营管理水平,促进了各类人才的成长。⑤通过内联和技术、人才的扩散,带动和促进国内其他地区经济的发展。

3.科学工业园区

科学工业园区(science-based industrial park)又称工业科学园、科研工业区、新产业开发区、高技术园区、科学公园和科学城。是一种以加速高新技术研制及其成果推广应用、服务于本国或本地区工业现代化以及开拓国际市场的需要,通过多种优惠和方便条件,将智力、资金高度集中用于高新技术研究、试验和生产的区域。

科学工业园区最早形成于20世纪50年代末、60年代初的美国,70年代逐渐在世界范围内兴起,80年代以后进入发展期,90年代进入高峰期。科学工业园区主要分布在发达国家及新兴工业化国家和地区,以美洲为最多。世界知名的科学工业园区有美国的"硅谷"、英国的"剑桥科学园区"、新加坡的"肯特岗科学工业园区"、日本的"驻波科学城"、我国台湾的"新竹科学工业园区"等。

科学工业园区的主要特点是:有充足的科技和教育设施以及高校、研究机构;以一系列企业组成的专业性企业群为依托;区内企业设施先进、资本雄厚、技术密集程度高,信息渠道畅通,交通发达,政策优惠;鼓励外商在区内进行高科技产业的开发;吸引和培养高级技术人才;研究和发展尖端技术和产品。与出口加工区侧重于扩大制成品加工出口不同,科学工业园区旨在扩大科技产品的出口和扶持本国技术的发展。

4.自由边境区和过境区

(1)自由边境区

自由边境区(free perimeter),指设在本国边境地区的某一地段,按照自由贸易区或出口加工区的优惠措施,对区内使用的机器、设备、原料和消费品,实行减税或免税,以吸引国内外厂商投资。与出口加工区不同,外国商品在自由边境区内加工制造后主要用于区内使用,只有少数用于出口。因此,设立自由边境区的目的是吸引投资开发边境地区的经济。有些国家因而对优惠待遇规定了期限,或在边境地区生产能力发展后,就逐渐取消某些优惠待遇,甚至废除自由边境区。自由边境区现不常见,仅见于拉丁美洲少数国家。

(2)过境区

过境区(transit zone)又称中转贸易区,指某些沿海国家为方便内陆邻国的进出口货运,根据双边协定,开辟某些海港、河港作为过境货物的自由中转区,对过境货物简化海关手续,免征关税或只征收小额的过境费。过境区与自由港的明显区别在于,过境货物在过境区内可短期储存或重新包装,但不得加工制造。过境区一般都是提供保税仓库设施。泰国的曼谷、印度的加尔各答、阿根廷的布宜诺斯艾利斯等,都是这种以中转贸易为主的过境区。

5.综合型经济特区

是指一个国家或地区在其特定地区,划出一定范围的土地,新建或扩建基础设施,并提供减免税收等优惠政策,吸引外资发展各种产业。其主要的特点是规模大、经营范围广、功能多、行业间可提供更多服务。

世界上比较典型的综合型经济特区主要有巴西的玛瑙斯自由贸易区、印度尼西亚的巴浩岛自由贸易区、新加坡的裕廊工业区以及我国设立的经济特区。

6.保税区和保税港区

(1)保税区

保税区(bonded area)又称保税仓库区,是指海关所设置的或经海关批准注册的,受海关监督的特定地区和仓库。外国商品进入保税区,可以暂时不缴纳进口税,如再出口,不缴纳出口税,如要运入所在国国内市场销售,则须办理报关手续,缴纳进口税。运入保税区内的外国商品可进行储存、改装、分类、混合、展览、加工和制造等。此外,有的保税区还允许在区内经营金融、保险、房地产、展销和旅游业务。

有些国家如日本、荷兰,在没有设立自由港或自由贸易区的情况下设立保税区,它实际上起到了类似自由港和自由贸易区的作用,只是其地理范围一般相对较小。

(2)保税港区

保税港区的功能具体包括仓储物流,对外贸易,国际采购、分销和配送,国际中转,检测和售后服务维修,商品展示,研发、加工、制造,港口作业等8项功能。保税港区享受保税区、出口加工区、保税物流园区相关的税收和外汇管理政策。主要为:国外货物入港区保税;货物出港区进入国内销售按货物进口的有关规定办理报关,保税港区叠加了保税区及出口加工区的税收和外汇政策,在区位、功能和政策上优势更明显。

第二节 出口管制

出口管制(export control)是指出台国家法令和行政措施,对本国出口贸易实行管制行为的总称。许多国家为了达到一定的政治、军事和经济目的,往往对某些商品,特别是战略物资实行出口管制,限制或禁止这些商品的出口。出口管制是一国对外贸易政策的组成部分,尤其是西方发达国家往往运用出口管制作为其实行贸易歧视的重要手段。

一、出口管制的原因

(1)政治原因。政治原因往往是实行出口管制的主要原因,也是各国实行国别政策的重要手段之一。一些西方国家经常对与自己"敌对"或"不友好"的国家实行出口管制。

(2)军事原因。为了保证世界的和平与安全,国际社会通过了《核不扩散条约》,各国都有义务对可能用于核武器制造的技术与装置、原料的出口实行出口管制。

(3)经济原因。许多国家为了避免本国相对稀缺的商品的过量出口而造成不利的影响,常常会对该类商品实行出口管制,以保证国内需要。此外,当一国某些商品在国际贸易总额中占有很大的比重时,为了稳定国际市场价格、改善贸易条件,政府也会对这类产品实行出口管制。

(4)其他原因。如为了人权目的,禁止劳改产品的出口;为了保护地球生态环境和濒危动植物,对一些物资进行全球性的贸易禁运;为了保护历史文物,对一些特殊商品的出口实行管制。

二、出口管制的对象

(1)战略物资和先进技术资料。如军事设备、武器、军舰、飞机、先进的电子计算机和通信设备、先进的机器设备及其技术资料等。对这类商品实行出口管制,主要是从"国家安全"和"军事防务"的需要出发,以及从保持科技领先地位和经济优势的需要考虑。

(2)国内生产和生活紧缺的物资。其目的是保证国内生产和生活需要,抑制国内该商品价格上涨,稳定国内市场。如西方各国往往对石油、煤炭等能源商品实行出口管制。

(3)需要"自动"限制出口的商品。这是为了缓和与进口国的贸易摩擦,在进口国的要求下或迫于对方的压力,不得不对某些具有很强国际竞争力的商品实行出口管制。

(4)在国际市场上占主导地位的重要商品和出口额大的商品。对发展中国家来讲,这类商品实行出口管制尤为重要。因为发展中国家往往出口商品单一、出口市场集中,且该商品的市场价格容易出现大起大落的波动。控制该商品的出口可避免加剧世界市场供大于求的不利形势,使本国遭受更大的经济损失。比如,欧佩克(OPEC)对成员国的石油产量和出口量进行控制,以稳定石油价格。

(5)跨国公司的某些产品。跨国公司在发展中国家的大量投资,虽然会促进东道国经济的发展,但同时也可能利用国际贸易活动损害后者的对外贸易和经济利益。例如,跨国公司实施"转移定价"策略,就是一个典型的例子。因此,发展中国家有必要利用出口管制来制约跨国公司的这类行为,以维护自己的正当利益。

(6)历史文物和艺术珍品。这是出于保护本国文化艺术遗产和弘扬民族精神的需要而采取的出口管制措施。

三、出口管制的形式

(一)单方面出口管制

单方面出口管制指一国根据本国的出口管制法案,设立专门机构对本国某些商品出口进行审批和颁发出口许可证,实行出口管制。以美国为例,美国政府根据国会通过的有关出口管制方案,在美国商务部设立外贸管制局,专门办理出口管制的具体事务,美国绝大部分受出口管制的商品的出口许可证都由这个机构办理。早在1917年,美国国会就通过了《与敌对国家贸易法案》,禁止所有私人与美国敌人及其同盟者在战时或国家紧急时期进行财政金融和商业贸易上的交易。第二次世界大战结束后,为了对当时存在的社会主义国家(如苏联)进行禁运,又于1949年通过了《出口管制法案》,以禁止和削减全部商品和技术资料经由贸易渠道出口。这个法案以后几经修改直至1969年《出口管理法》出台才被取代。以后美国国会又颁布了1979年《出口管理法》《出口管理法1985年修正案》等,这些法案或修正案一次比一次宽松,但主要规定不变。

(二)多边出口管制

多边出口管制是指几个国家政府,通过一定的方式建立国际性的多边出口管制机构,商讨和编制多边出口管制货单和出口管制国别,规定出口管制的办法等,以协调彼此的出口管制政策和措施。然后由各参加国依据上述精神,自行办理出口商品的具体管制和出口申报手续。例如,1949年11月成立的巴黎统筹委员会(简称"巴统")就是一个国际性的多边出口管制机构,主要是对社会主义国家实行出口管制。其主要工作是编制禁运货单、规定禁运国别或地区、确定审批程序、加强转口管制、讨论例外程序、交换情报等。但有关出口管制商品的申报手续和具体管理仍由各参加国自行实施。随着国际形势的变化,"巴统"委员会的管制逐步放宽,到1994年4月宣布解散。

四、出口管制手段

一般而言,西方国家出口管制的程序是,其有关机构根据进出口管制的有关法案制定出口管制货单(commodity control list)和输往国别管制表(export control country group);而列入出口管制的商品,必须办理出口申报手续,获取出口许可证后方可出口。对出口受管制的商品,出口商必须向贸易管理局申请出口许可证。

一国控制出口的方式有很多种,例如可以采用出口商品的国家专营、征收高额的出口关税、实行出口配额等,但是出口管制最常见和最有效的手段是运用出口许可证制度,出口许可证分为一般许可证和特殊许可证。

(一)一般许可证

一般许可证又称普通许可证,这种许可证相对较易取得,出口商无须向有关机构专门申请,只要在出口报关单上填写这类商品的普通许可证编号,在经过海关核实后就办妥了出口许可证手续。

(二)特殊许可证

出口属于特种许可证范围的商品,必须向有关机构申请特殊许可证。出口商要在许可证上填写清楚商品的名称、数量、管制编号以及输出用途,再附上有关交易的证明书和说明书报批,获得批准后方能出口,如不予批准就禁止出口。

总之,西方国家的出口管制,不仅是国家管理对外贸易的一种经济手段,也是对外实行差别待遇和歧视政策的政治工具。20世纪70年代以来,各国的出口管制有所放松,特别是出口管制政治倾向有所减弱,但它仍作为一种重要的经济手段和政治工具而存在。

本章小结

各国除了利用关税与非关税措施限制进口外,还采取各种鼓励出口的措施扩大商品出口。鼓励出口与限制出口共同构成了当今流行的奖出限入的贸易政策。

出口信贷指一个国家的银行为了鼓励商品出口,对本国厂商或外国厂商提供贷款。这是当今比较流行的一种鼓励出口政策措施。许多国家专门设立银行来办理此项业务。我国于1994年7月1日专门成立了中国进出口银行。

商品倾销是以低于成本价或比国内更低的价格向国外出口某种商品。倾销分掠夺性倾销、偶然性倾销和持续性倾销。长期以来,商品倾销是发达国家对外竞争和争夺国际市场的一个重要手段。

外汇倾销是国家利用本国货币对外贬值的机会向国外倾销商品的一种特殊措施。实行外汇倾销会同时起到扩大出口和限制进口的双重作用。

出口补贴是政府为了降低出口产品的成本而给予出口商的一项现金补助或财政上的优惠待遇。出口补贴的结果会使得出口工业增加,国内消费减少,国内物价上涨。与关税一样,补贴会使得出口国产生福利的净损失。

经济特区是指一个国家或地区在其管辖的地域内划出一定的地域,实行特殊的经济政策,以吸引外商从事贸易和出口加工等业务的活动。经济特区的类型主要有自由港或自由贸易区、保税区、出口加工区、科学工业园区、自由边境区、综合型经济特区等。

大多数国家一般都会鼓励出口,但出于政治、经济及其他方面的考虑,一些国家也有可能限制和禁止某些战略性商品和其他重要商品出口,对出口商品实行出口管制。

【课后练习】

1. 分析出口管制及管制对象。
2. 分析商品倾销的种类和倾销损失的补偿方式。
3. 促进出口的措施有哪些?
4. 卖方信贷和买方信贷有哪些区别?
5. 论述外汇倾销的作用和条件。

第四篇　国际贸易组织理论部分

第八章 区域经济一体化

学习目标

(1)了解和掌握区域经济一体化的概念和形式
(2)了解世界主要经济一体化组织的发展及区域经济一体化加强的原因
(3)重点掌握关税同盟的静态、动态效应
(4)重点掌握大市场理论和协议性国际分工理论

教学内容

第一节 区域经济一体化概述

一、区域经济一体化含义及特征

(一)区域经济一体化的含义

"一体化"一词英文为 Integration,它源于拉丁文 Integratio,原意为"更新",后来具有将各个部分结合为一个整体的含义。在经济领域,20 世纪 50 年代初,人们开始用"国际经济一体化"来表示将各个分立的国民经济结合成更大范围的经济区,也就是指各国家间在经济上结合起来形成一个经济联合体的事态或过程。

经济一体化含义有广义和狭义之分。广义经济一体化,即世界经济一体化,指世界各国经济之间彼此相互开放,形成一个相互联系、相互依赖的有机体。狭义经济一体化是指区域内两个或两个以上的国家或地区之间,通过建立共同的协调机构,制定统一的经济贸易政策,消除相互之间的贸易壁垒,逐步实现成员国产品甚至生产要素在区域内自由流动,从而达到资源的优化配置,促进经济贸易发展,最终形成一个超国家的和经济贸易高度协调统一的整体的过程。

(二)区域经济一体化的特征

1.以贸易自由化为起点

从已建立的区域经济一体化组织来看,无论规模大小、成员多少、一体化程度高低,都是以贸易自由化为起点的。一体化组织成立的协定或条约,均以成员国相互之间提供关税减让为互惠互利条件,并以此为契机不断降低区域内的关税和非关税壁垒,促进区域内商品的自由流动。贸易自由化是各区域经济一体化组织的共同目标。在成员国关税一体化和区域内贸易自由化的基础上,区域贸易一体化向更高的层次扩展。

2.以政府推动为契机

与经济全球化本质上是一种自发的市场行为不同,无论是哪种形式的区域经济一体化组织,都是由政府出面,在签订某种互惠互利的一体化协议的基础上建立的。这种国家间的协议,不仅是区域性经济组织成立的基石和标志,而且成为区域性一体化组织运行和合作的机制。成员国以协议的规则为行为准则,自觉遵守、认真执行和共同维护协议的各项条款,从而保证参加国在履行协议规定的义务的同时,能够充分享受到应有的权益,实现成员国共同的目标。这种涉及国家之间的经济关系,甚至是部分经济主权让渡的超国家经济决策,如果没有政府的参与是不可能的。也就是说,区域经济一体化组织的建立是以政府的推动为直接表现的。

3.具有对内自由和对外保护的双重特性

通过签订不同程度的优惠协定,区域经济一体化组织成员国之间消除关税和非关税壁垒,推动着商品和各种生产要素的自由流动,从而促进了成员国贸易的自由化和经济发展。但任何区域一体化组织的各种优惠措施都仅仅适用于区域内的成员,而对区外的其他国家则实行共同的贸易壁垒政策,以保护区域市场和产业免受外来商品的冲击。也就是说,区域经济组织在加强成员国对内开放、促进区域内贸易自由化的同时,对外则通过共同的关税和非关税壁垒等保护措施,限制非成员国商品的进入。这充分体现了区域经济一体化组织作为一种区域性经济组织,同时具有开放性和排他性的双重属性。

4.贸易创造与贸易转移双重效应兼备

区域经济组织成立后,由于成员国之间取消了关税及其他贸易壁垒的限制,产品在区域内自由流动。因此,使得部分原先由国内以较高生产成本生产的商品改由从低成本的成员国进口,从而使进口和出口的成员国都能够更专业化于具有比较优势的产品,提高了资源的使用效率,扩大了生产规模和贸易规模。同时,由于低成本产品的流入,减少了消费者的消费开支,增加了消费者用于其他产品的消费,扩大了社会需求。生产、消费和贸易的同时扩大,提高了成员国的社会福利水平。这就是区域经济组织的贸易创造效应(trade creating effect)。

但与此同时,区域经济组织成立后,使成员国原来从区域外低成本生产国进口的某种产品改由从区域内较高成本生产的成员国进口,使其进口成本增加,社会福利水平下降。从全球的角度讲,生产从效率较高的国家转移到效率较低的国家。这种转移使生产背离了比较优势原则,从而造成国际资源分配的恶化和全社会经济财富的浪费,使社会经济福利水平降低。这就是区域经济组织带来的贸易的转移效应(trade diverting effect)。

5.由地缘性向广泛性扩展

地理位置邻近,民族传统、宗教信仰、风俗习惯相近,劳务、资本、人员、信息等生产要素和商品的跨国流动便捷,不仅可以大大减少交易中的流通费用,而且易于在价值理念沟通的基础上达成一致。因此,地缘关系是区域经济一体化组织产生和发展的首要因素。实践中,几乎所有紧密型区域经济一体化组织都是起源于地理位置邻近的国家,这是基于地理条件、文化背景、经济联系及社会制度相似等因素的考虑。但随着经济全球化的深入发展,地缘关系逐渐为共同的经济利益取代而成为次要条件。互惠互利、谋求更大发展,成为区域经济一体化的基本原则和前提条件。

在区域经济一体化合作的形式上,已打破地理位置的界限,向更广阔的范围扩展。特别是20世纪90年代以来,在各区域经济组织规模扩大、一体化进程加快的同时,区域经济组织的形式结构和主体结构同时发生变化,突破了成员国多为地理位置邻近、经济发展水平相似的旧式结构,出现了合纵连横、区域集团与区域集团之间、发达国家与发展中国家之间以及社会制度不同的国家之间组成的"跨区域"、"次区域",甚至跨洲的各种形式的新型组合。例如,一个大区域组织内部又存在着若干联系更为紧密的小区域组织(如亚太经合组织和其区域内存在着联系更加紧密的其他区域性经济合作组织),东盟自由贸易区和其他国家结成的经济合作组织(如"10+1""10+3"等)。再如,欧盟提出与北美自由贸易区联合为"泛大西洋自由贸易区",并已得到加拿大的支持;东盟与南美的南锥共同市场建立一个跨洲的自由贸易区计划正在协商酝酿之中。这种多层次、多角化的经济联合和合作的结构使许多国家同时是几个区域经济组织的成员,或者既处于某一大区域组织中,同时又是其中某一个,甚至是某几个次区域组织的成员,且这种趋势还在随着经济全球化和区域经济一体化程度的加深而发展。

在地域范围扩大的同时,区域经济组织合作的领域也越来越宽,由单纯的货物贸易领域扩展到服务贸易、技术贸易、知识产权和投资等领域的合作。

二、区域经济一体化的形式

(一)按一体化的程度划分

1. 特惠贸易协定

特惠贸易协定(preferential trade agreement,简称"PTA")有时也被称为特惠贸易区(a preferential trade area),是指成员国之间通过协定或其他形式,对全部商品或部分商品规定较为优惠的关税,但各成员国保持其独立的对非成员国的关税和其他贸易壁垒,是区域经济合作中最低级的和最松散的组织形式。第二次世界大战前的"英联邦特惠制"和战后的"东南亚国家联盟"(东盟)就属于这种形式。

2. 自由贸易区

自由贸易区(free trade area),是指两个以上的国家或地区,通过签订自由贸易协定,相互取消绝大部分货物的关税和非关税壁垒,取消绝大多数服务部门的市场准入限制,开放投资,从而促进商品、服务和资本、技术、人员等生产要素的自由流动,实现优势互补,促进共同发展。这是一种松散的经济一体化形式,其基础特点是用关税措施突出了成员国与非成员国之间的差别待遇。例如1960年成立的欧洲自由贸易联盟和1994年1月1日建立的北美自由贸易区。

3. 关税同盟

关税同盟(customs union)指两个或两个以上国家缔结协定,除了相互取消大部分关税和非关税壁垒外,还对从关境以外的国家或地区的商品进口实行共同的关税税率和外贸政策。这在一体化程度上比自由贸易区更进了一步。它除了包括自由贸易区的基本内容外,而且成员国对同盟外的国家建立了共同的、统一的关税税率。结盟的目的在于使参加国的商品在统一关境以内在市场上处于有利地位,排除非成员国商品的竞争,它开始带有超国家的性质。

关税同盟大体可分为两类:一类是发达国家间建立的,如欧洲经济共同体的关税同盟,其目的在于确保西欧国家的市场,抵制美国产品的竞争,促进内部贸易的发展,积极推进欧洲经济一体化的进程。另一类是由发展中国家建立的关税同盟,其目的主要是维护本地区各国的民族利益,促进区内的经济合作和共同发展。如中非关税同盟与经济联盟、安第斯条约组织、加勒比共同体和共同市场、西非国家经济共同体、大湖国家经济共同体、中非国家经济共同体等。

4.共同市场

共同市场(common market)是指除了在成员国内完全废除关税与数量限制并建立对非成员国的共同关税外,还取消了对生产要素流动的各自限制,允许劳动、资本等在成员国之间的自由流动,甚至企业主可以享有投资开厂办企业的自由。"欧洲经济共同体"在20世纪80年代的发展接近这一水平。

5.经济同盟

经济同盟(economic union)是指实现商品、生产要素的自由流动,建立共同对外关税,并且制定和执行统一对外的某些共同的经济政策和社会政策,逐步废除政策方面的差异,使一体化的程度从商品交换扩展到生产、分配乃至整个国民经济,形成一个有机的经济实体。如1991年解散的经济互助委员会。

6.完全经济一体化

完全经济一体化(perfectly economic integration),是经济一体化的最高形式和最高阶段。在这一阶段,区域内各国在经济、金融、财政等政策方面均完全统一,在成员国之间完全取消商品、资本、劳动力、服务等自由流动的人为障碍,并且进一步实现经济制度、政治制度和法律制度等方面的协调,乃至统一的经济一体化形式。完全的经济一体化特点是,就其过程而言是逐步实现经济及其他方面制度的一体化;从结果上看,它是类似于一个国家的区域经济一体化组织,已从经济联盟扩展到政治联盟。目前欧盟正在向此形式迈进。

以上六种经济一体化形式(见 8-1),虽然依次反映经济一体化的逐级深化,但一体化的不同层次并不意味着不同的一体化集团必然从现有形式向较高级形式发展和过渡。也就是说,阶段之间不一定具有必然过程。此外,一体化目标有高有低,结合范围有广有狭,但都涉及成员国将部分主权让渡给共同体的问题。权力让渡的程度,一般都取决于一体化目标的高低。

表 8-1 经济一体化形式的比较

特定形式	减少彼此间的贸易壁垒	取消彼此间的贸易壁垒	共同的对外贸易壁垒	生产要素的自由流动	宏观经济政策的协调	由中心机构决定共同的货币、财政政策
特惠贸易协定	有	无	无	无	无	无
自由贸易区	有	有	无	无	无	无

续表

关税同盟	有	有	有	无	无	无
共同市场	有	有	有	有	无	无
经济联盟	有	有	有	有	有	无
完全经济一体化	有	有	有	有	有	有

(二)按成员国构成的不同划分

1.发达国家型,即由发达国家组建的经济一体化组织,典型的如欧洲联盟。

2.发展中国家型,即由发展中国家组成的经济一体化组织,如东南亚国家联盟。

3.南北型,即由发达国家和发展中国家共同组建的经济一体化组织,如北美自由贸易区。这三类组织虽然形式上有相似之处,但目标、运行机制、发展历程等都有明显不同。

(三)按经济一体化的范围划分

1.部门一体化

部门一体化(sectoral integration),是指区域内各成员国的一种或几种产业(或商品)的一体化。如1952年建立的欧洲煤钢共同体与1958年建立的欧洲原子能共同体均属此类。

2.全盘一体化

全盘一体化(overall integration),是指区域内各成员国的所有经济部门加以一体化,欧洲经济共同体(欧洲联盟)就属此类。

(四)按经济发展水平划分

1.水平一体化

水平一体化(horizontal integration),又称横向一体化,是指由经济发展水平相同或接近的国家形成的经济一体化形式。从经济一体化的发展实践来看,现存的一体化大多属于这种形式,如欧盟、中美洲共同市场等。

2.垂直一体化

垂直一体化(vertical integration),又称纵向一体化,是指由经济发展水平不同的国家所形成的一体化。如1994年1月1日成立的北美自由贸易区由经济发展水平不同的发达国家(美国、加拿大)和发展中国家(墨西哥)联系在一起,使建立自由贸易区的国家之间在经济上具有更大的互补性。

三、区域经济一体化的影响

(一)区域经济一体化对内部的影响

1.促进了区域内部贸易的增长

区域经济一体化通过取消关税,形成区域性的统一市场使区域内部的贸易壁垒进一步消除,为各成员国提供了比非成员国更为优惠的贸易政策和投资环境。生产要素冲破了国界的樊篱,各国的市场都更加开放,使得企业获得更广阔的贸易空间和发展机会。各成员国的经济相互渗透、融合,促进了国际分工进一步深化,大大地刺激了区域内部贸易的增长。以拉美的南方共同市场为例,巴西、阿根廷、乌拉圭及巴拉圭在建立区域经济一体化组织后,4个成员国之间的贸易额从1991年的40多亿美元猛增到1998年的210多亿美元,平均每年递增20%,有力地促进了区域经济的快速增长。其他的区域经济一体化组织成立后的表现亦是如此。

2. 促进了产业结构的优化和技术进步

区域经济一体化组织建立后,各成员国经济间相互开放和融合的程度大大加深,增强了区域内生产要素和产品的自由流动,各国之间的资源得到合理的组合和利用,人力、技术和物力在技术交流和投资合作的过程中互补互利。各成员国为获取更多的经济利益,也因此增加了对本国优势产品的生产和销售,使得区域内部竞争加剧,迫使生产企业不得不改善经营管理,更多地采用、研发新技术以应对新的经济形势。区域内的竞争使得部分企业或产能被淘汰,由此形成区域内部新的国际分工和生产经营的专业化,使得各国产业结构进一步优化,极大地促进了技术进步。

3. 稳定汇率,增强金融安全

一个国家经济的发展,必然需要一个安全稳定的金融环境,然而,随着金融和资本的国际化,有着巨大规模的国际投机资本不时在国际市场上兴风作浪,面对动辄上万亿美元规模的国际投机资金,对于缺乏应对金融风险经验、经济实力又相对弱小的国家来说,是完全无法与富可敌国的国际投机者相抗衡的。发生在1997年的东南亚金融危机就是一个典型的例子。因此,实行区域经济一体化,有助于共同稳定汇率,防范金融危机,抵御国际资本发起的货币战争。同时,区域经济一体化使得产品的生产和流通费用降低,市场商品供应量增加,有利于物价的稳定和通货膨胀的控制,这从另一个角度保障了金融的稳定。

4. 有利于经济一体化国家整体贸易地位的提高

在经济上实力较为薄弱的国家,由于本国人力物力等多方面限制,无法独自形成强大的优势,在国际市场上面对实力强大的国家或集团的激烈竞争,处于十分不利的地位。而当他们成立区域经济一体化组织,通过多国联合来增强竞争实力,就能有效地摆脱其在市场竞争中的困境。对于较贫困国家来说,区域经济一体化实际是他们增强综合经济实力的一个捷径。它们可以通过借助区域内其他发达国家的联合,则可以使强者更强,形成一个更有竞争力的实体。比如欧洲共同体当年成立的主要意图,就是为了增强成员国与美国和苏联的整体竞争相抗衡的实力。区域经济一体化使得各成员国的力量汇集起来,形成了你中有我、我中有你的关系。它们以统一的面貌、统一协调的行动面向国际社会,极大地提高了同盟在整个世界经济中的地位。

5. 成员国经贸政策的自主权受到一定约束

区域经济一体化之前,各成员国的贸易政策基本具有自主性,但为了建立共同的市场实现一体化,就需要成员国让渡多方面的权力。在区域经济一体化集团内,成员国之间不仅实现了商品的自由流动,还实现了生产要素和服务的自由流动。为实现上述要素的自由流动,区域性国际协调必然渗透到各成员国经济贸易政策的制定过程中,例如,外汇体制及产业政策,协调各成员国之间同一产品的税率,协调金融市场管理的法律法规,以及成员国学历的相互承认等等。各成员国必须遵守区域集团的相关规范、承担相应的义务,并不断协调彼此间的实施步伐和利益分配,使区域性国际协调渗透至各成员国经贸政策的制定过程中,从而导致成员国的经济自主权必然在一定程度上受到约束。

(二)区域经济一体化对外部的影响

1. 区域经济一体化推动了经济全球化

区域经济一体化建立后,使得区域经济的活力增强,促进各成员国的经济加速发展,从而产生了更为强劲的对外需求,这就在一定程度上促进了世界贸易总量的增长。此外,由于区域经济一体化在技术的开发与合作上取得进展,这些先进的新成果也会向外扩散,使得区域外国家也可受益。例如欧盟在经济一体化过程中实施的优惠的科技合作政策,让区域内各国的顶级科技人才汇集在一起,推动高新技术的联合开发,这些成果也会随出口的增长转移到其他国家,促进了世界的科技水平的进步和全球经济的发展。因此,区域经济一体化对经济全球化起到了优化和推动的作用,区域经济一体化不仅有利于生产要素的国际流通,而且亦能提高资源配置的效能并刺激经济增长,最终加快经济全球化进程。同时,区域经济一体化组织相互重叠。一个国家可能既是这个区域组织的成员,也是另一个组织的成员国,它在国际经济中实际上起到了一个桥梁的作用,可以加强其他国家间的相互沟通和合作,从而推动经济全球化的发展。

2. 改变了世界经济格局

自欧共体成立以来不断地探索和尝试,采取了一系列推进区域经济一体化的举措,使得对外贸易得到迅猛发展。历史数据显示:欧洲共同体的世界出口占比由1950年的27.7%上升到1970年的36.7%。而欧元的启动,将其成员国更紧密地捆绑在同一辆经济战车上,成为一个足以与美国抗衡的强大经济实体。2004年5月欧盟正式吸收10个中东欧新成员国,人口从38亿增加到45.5亿,整体国内生产总值也从9万亿美元增加到10万亿美元,超出美国的GDP。欧盟(欧共体)经济实力的强大,使美国感到了不安,于是美国在1992年联合墨西哥与加拿大签署了北美自由贸易协定,建立起北美自由贸易区,开创了经济发展水平不同国家组建区域经济组织的先例,成为与欧盟同等量级的区域经济组织。而与此同时,亚洲的区域经济合作也开始兴起。北美自由贸易区、欧盟和亚太三大区域经济逐步形成了世界最大的三大地区经济圈,改变了世界经济的发展格局。

3. 为区域外国家带来的机会

统一的区域市场创立后可以提供更多的投资机会,使原本受保护的市场也放开了对外来竞争的限制。例如,在1992年以前,法国和意大利的市场受到高度的贸易保护,其他国家很难进入这两国市场,而随着区域经济一体化的发展,这些市场在出口和直接投资方面对外来竞争者的开放程度比起过去大为改善。使得很多原来不能进入到该国市场的区域外企业获得了机会。另外,由于区域经济一体化在技术开发领域创造的新成果随着贸易和投资会向区域外国家扩散,使得非成员国也能在一定程度上享受到该区域组织发展所带来的效益。

4. 改变了国际直接投资的地区流向

由于贸易转移影响,原来以出口方式进入市场的外国跨国公司,因受到区域集团贸易壁垒的阻碍而改为直接投资取代出口,到一体化区域内直接进行生产,这样可以绕过进口国关税和非关税壁垒,以保护以前通过出口所占的市场。由于成员国内部取消关税,就会使外国的跨国公司与区域组织内的跨国公司相比处于劣势,只有投资于区域集团内部,以享有国民待遇,才能将外国跨国公司的劣势转化为优势,进而保护其传统市场。显然,流入的外国直接投资是从世界其他地区潜在的投资中转移而来的,所以,一体化区域外国直接投资的增加,意味着一体化区域外的投资相应下降。

5.对非成员国经贸活动的不利影响

由于区域经济一体化都具有对内开放、对外保护的特征。这就必然对非成员国建立起贸易壁垒,使区域外非成员国受到歧视和排斥而难以进入该区域的市场。扩大内部贸易往往是以牺牲与区域外国家的部分贸易额为代价的。历史数据也可以证明这一点。1958年,美国对欧共体的出口额占到其进口总额中的比例为11.4%,而到了1982年则下降到8.6%。同期,发展中国家的出口在欧共体进口总额中的比例从30%下降到了20.49%。同样,北美自由贸易区的建成也造成了亚洲国家特别是中国和东南亚国家在北美市场份额的减少。

总之,区域经济一体化对世界经济与贸易产生了巨大的影响,虽然一部分贸易转移带来了一定的不利影响,但总体而言,对世界经济起到了积极的促进作用,各成员国经济也因区域一体化的建立得到迅速发展。因此,只要正确把握区域经济组织所带来的贸易创造、贸易转移和扩散效应的变化,就一定能在区域经济合作中获得更大的经济效益,进而为全球经济的增长做出贡献。

第二节　区域经济一体化组织

一、欧洲联盟

(一)欧洲联盟概述

欧洲联盟(European Union,EU,简称欧盟),总部设在比利时首都布鲁塞尔(Brussel),是由欧洲共同体发展而来的,创始成员国有6个,分别为德国、法国、意大利、荷兰、比利时和卢森堡。该联盟现拥有28个会员国(2013年7月1日克罗地亚正式加入欧盟后为28个),正式官方语言有24种,人口5.125亿,GDP17.278万亿美元(2017年)。欧盟的宗旨是"通过建立无内部边界的空间,加强经济、社会的协调发展和建立最终实行统一货币的经济货币联盟,促进成员国经济和社会的均衡发展","通过实行共同外交和安全政策,在国际舞台上弘扬联盟的个性"。欧盟28国总面积438万平方公里。1991年12月,欧洲共同体马斯特里赫特首脑会议通过《欧洲联盟条约》,通称《马斯特里赫特条约》,简称马约。1993年11月1日,《马斯特里赫特条约》正式生效,欧盟正式诞生。2012年,欧盟获得诺贝尔和平奖。目前欧洲理事会主席为图斯克,欧洲议会议长为安东尼奥·塔亚尼,卢森堡前首相容克为欧盟委员会主席。

欧盟的条约经过多次修订,运作方式依照《里斯本条约》。政治上所有成员国均为民主国家(2008年《经济学人》民主状态调查),经济上为世界上第一大经济实体(其中德国、法国、意大利为八国集团成员),军事上绝大多数欧盟成员国为北大西洋公约组织成员。

欧盟已经形成了一个单一市场,制定了标准化的法律制度,适用于所有会员国,保证人、货物、服务和资本的迁徙自由。

(二)欧洲联盟的主要原则

1.实现关税同盟和共同外贸政策

1967年起欧共体对外实行统一的关税率,1968年7月1日起成员国之间取消商品的关税和限额,建立关税同盟(西班牙、葡萄牙1986年加入后,与其他成员国间的关税需经过10年的过渡期后才能完全取消)。1973年,欧共体实现了统一的外贸政策。马约生效后,为进一步确立欧洲联盟单一市场的共同贸易制度,欧共体各国外长于1994年2月8日一致同意取消此前由各国实行的6400多种进口配额,而代之以一些旨在保护低科技产业的措施。

2.实行共同的农业政策

1962年7月1日,欧共体开始实行共同农业政策;1968年8月,开始实行农产品统一价格;1969年取消农产品内部关税;1971年起对农产品贸易实施货币补贴制度。

3.建立政治合作制度

1970年10月建立,1986年签署,1987年生效的《欧洲单一文件》,把在外交领域进行政治合作正式列入欧共体条约。为此,部长理事会设立了政治合作秘书处,定期召开成员国外交部部长参加的政治合作会议,讨论并决定欧共体对各种国际事务的立场。1993年11月1日马约生效后,政治合作制度被纳入欧洲政治联盟活动范围。

4.基本建成内部统一大市场

1985年6月,欧共体首脑会议批准了建设内部统一大市场的白皮书;1986年2月,各成员国正式签署为建成大市场而对《罗马条约》进行修改的《欧洲单一文件》。统一大市场的目标是逐步取消各种非关税壁垒,包括有形障碍(海关关卡、过境手续、卫生检疫标准等)、技术障碍(法规、技术标准)和财政障碍(税别、税率差别),于1993年1月1日起实现商品、人员、资本和劳务自由流通。为此,欧共体委员会于1990年4月前提出了实现上述目标的282项指令。截至1993年12月10日,264项已经理事会批准,尚有18项待批。在必须转化为12国国内法方可在整个联盟生效的219项法律中,已有115项被12国纳入国内法。需转化为成员国国内法的法律,平均已完成87%。1993年1月1日,欧共体宣布其统一大市场基本建成,并正式投入运行。

5.建立政治联盟

1990年4月,法国总统密特朗和联邦德国总理科尔联合倡议于当年底召开关于政治联盟问题的政府间会议。同年10月,欧共体罗马特别首脑会议进一步明确了政治联盟的基本方向。同年12月,欧共体有关建立政治联盟问题的政府间会议开始举行。经过1年的谈判,12国在1991年12月召开的马斯特里赫特首脑会议上通过了政治联盟条约。其主要内容是12国将实行共同的外交和安全政策,并将最终实行共同的防务政策。此外,还实行了共同的渔业政策、建立欧洲货币体系、建设经济货币联盟等措施。

(三)欧盟的经济建设

欧盟的诞生使欧洲的商品、劳务、人员、资本自由流通,使欧洲的经济增长速度快速提高。欧共体是世界上一支重要的经济力量。1992年欧共体12国国内生产总值为68412

亿美元(按当年汇率和价格)。欧共体是世界上最大的贸易集团,1992年外贸总额约为29722亿美元,其中出口14518.6亿美元,进口15202.7亿美元。欧盟成立后,经济快速发展,数据显示1995年至2000年间经济增速达3%,国内生产总值由1997年的1.9万美元提升到1999年的2.06万美元。欧盟的经济总量由1993年的约6.7万亿美元增长到2002年的近10万亿美元。

欧盟的经济实力已经超过美国居世界第一。而随着欧盟的扩大,欧盟的经济实力进一步加强,尤其重要的是,欧盟不仅因为新加入国家正处于经济起飞阶段而拥有更大的市场规模与市场容量,而且欧盟作为世界上最大的资本输出的国家集团和商品与服务出口的国家集团,再加上欧盟相对宽容的对外技术交流与发展合作政策,对世界其他地区的经济发展特别是包括中国在内的发展中国家至关重要。欧盟可以称得上是个经济"巨人"。

二、北美自由贸易区

(一)北美自由贸易区概述

北美自由贸易区由美国、加拿大和墨西哥三国组成,三国于1992年8月12日就《北美自由贸易协定》达成一致意见,并于同年12月17日由三国领导人分别在各自国家正式签署。1994年1月1日,协定正式生效,北美自由贸易区宣布成立。协定的宗旨是,取消贸易壁垒;创造公平的条件,增加投资机会;保护知识产权;建立执行协定和解决贸易争端的有效机制,促进三边和多边合作。

北美自由贸易区的组织机构体系,包括了自由贸易委员会、秘书处、专门委员会、工作组、专家组、环境合作委员、劳工合作委员会、各国行政办事处、北美发展银行和边境环境委员会。

(二)北美自由贸易区的发展历程

1.美加自由贸易区的建立

1985年3月,加拿大总理马尔罗尼在与美国总统里根会晤时,首次正式提出美、加两国加强经济合作、实行自由贸易的主张。由于两国经济发展水平及文化、生活习俗相近,交通运输便利,经济上的互相依赖程度很高,所以自1986年5月开始经过一年多的协商与谈判于1987年10月达成了协议,次年1月2日,双方正式签署了《美加自由贸易协定》。经美国国会和加拿大联邦议会批准,该协定于1989年1月生效。

《美加自由贸易协定》规定在10年内逐步取消商品进口(包括农产品)关税和非关税壁垒,取消对服务业的关税限制和汽车进出口的管制,开展公平、自由的能源贸易。在投资方面两国将提供国民待遇,并建立一套共同监督的有效程序和解决相互间贸易纠纷的机制。另外,为防止转口逃税,还确定了原产地原则。美加自由贸易区是一种类似于共同市场的区域经济一体化组织,标志着北美自由贸易区的萌芽。

2.北美自由贸易区的成立

由于区域经济一体化的蓬勃发展和《美加自由贸易协定》的签署,墨西哥开始把与美国建立自由贸易区的问题列上了议事日程。1986年8月两国领导人提出双边的框架协定计划,并于1987年11月签订了一项有关磋商两国间贸易和投资的框架原则和程序的协议。在此基础上,两国进行多次谈判,于1990年7月正式达成了美墨贸易与投资协定

(也称"谅解"协议)。同年9月,加拿大宣布将参与谈判,三国于1991年6月12日在加拿大的多伦多举行首轮谈判,经过14个月的磋商,终于于1992年8月12日达成了《北美自由贸易协定》。该协定于1994年1月1日正式生效,北美自由贸易区宣告成立。

(三)北美自由贸易区的特点

北美自由贸易区是典型的南北双方为共同发展与繁荣而组建的区域经济一体化组织,南北合作和大国主导是其最显著的特征。

1.南北合作

北美自由贸易区既有经济实力强大的发达国家(如美国),也有经济发展水平较低的发展中国家,区内成员国的综合国力和市场成熟程度差距很大,经济上的互补性较强。各成员国在发挥各自比较优势的同时,通过自由的贸易和投资,推动区内产业结构的调整,促进区内发展中国家的经济发展,从而缩小与发达国家的差距。

2.大国主导

北美自由贸易区是以美国为主导的自由贸易区,美国的经济运行在区域内占据主导和支配地位。由于美国在世界上经济发展水平最高,综合实力最强;加拿大虽是发达国家,但其国民生产总值仅为美国的7.9%(1996年数据),经济实力远不如美国;墨西哥是发展中国家,对美国经济的依赖性很强,因此,北美自由贸易区的运行方向与进程在很大程度上体现了美国的意愿。

3.减免关税的不同步性

由于墨西哥与美国、加拿大的经济发展水平差距较大,而且在经济体制、经济结构和国家竞争力等方面存在较大的差别,因此,自《美加自由贸易协定》生效以来,美国对墨西哥的产品进口关税平均下降84%,而墨西哥对美国的产品进口关税只下降43%;墨西哥在肉、奶制品、玉米等竞争力较弱的产品方面,有较长的过渡期。同时,一些缺乏竞争力的产业部门有10~15年的缓冲期。

4.战略的过渡性

美国积极倡导建立的北美自由贸易区,实际上只是美国战略构想的一个前奏,其最终目的是在整个美洲建立自由贸易区。美国试图通过北美自由贸易区来主导整个美洲,一来为美国提供巨大的潜在市场,促进其经济的持续增长;二来为美国扩大其在亚太地区的势力,与欧洲争夺世界的主导权。1990年6月27日,美国总统布什在国会提出了"开创美洲事业倡议",随后美国于1994年9月正式提出"美洲自由贸易区(FTAA)"计划,同年12月,在美国迈阿密举行了由北美、南美和加勒比海所有国家(古巴除外)共34个国家参加的"美洲首脑会议",会议决定于2005年建成美洲自由贸易区,但到2018年仍未建成。

三、亚太经济合作组织

(一)亚太经济合作组织概述

亚洲太平洋经济合作组织(Asia-Pacific Economic Cooperation,APEC),简称亚太经合组织,成立于1989年,是亚洲—太平洋地区级别最高、影响最大的区域性经济组织。1989年1月,澳大利亚总理霍克访问韩国时建议召开部长级会议,讨论加强亚太经济合作问题。经与有关国家磋商,1989年11月5日至7日,澳大利亚、美国、加拿大、日本、韩国、新西兰和东盟 6 国在澳大利亚首都堪培拉举行亚太经济合作会议首届部长级会议,这标志着亚太经济合作会议的成立。1991 年 11 月,在汉城亚太经合组织第三届部长级会议上通过的《汉城宣言》,正式确定该组织的宗旨和目标是:相互依存,共同受益,坚持开放性多边贸易体制和减少区域内贸易壁垒。1993 年 6 月改名为亚太经济合作组织,简称亚太经合组织或 APEC。

亚太经济合作组织的宗旨是:保持经济的增长和发展;促进成员间经济的相互依存;加强开放的多边贸易体制;减少区域贸易和投资壁垒,维护本地区人民的共同利益。

APEC 的大家庭精神是在 1993 年西雅图领导人非正式会议宣言中提出的:为该地区人民创造稳定和繁荣的未来,建立亚太经济的大家庭,在这个大家庭中要深化开放和伙伴精神,为世界经济作出贡献并支持开放的国际贸易体制。在围绕亚太经济合作的基本方针所展开的讨论中,以下 7 个词出现的频率很高,它们是:开放、渐进、自愿、协商、发展、互利与共同利益,被称为反映 APEC 精神的 7 个关键词。

APEC 主要讨论与全球及区域经济有关的议题,如促进全球多边贸易体制,实施亚太地区贸易投资自由化和便利化,推动金融稳定和改革,开展经济技术合作和能力建设等。APEC 也开始介入一些与经济相关的其他议题,如人类安全(包括反恐、卫生和能源)、反腐败、备灾和文化合作等。

(二)亚太经济合作组织的发展历程

亚太经合组织诞生于全球冷战结束的年代。20 世纪 80 年代末,随着冷战的结束,国际形势日趋缓和,经济全球化、贸易投资自由化和区域集团化的趋势渐成为潮流。同时,亚洲地区在世界经济中的比重也明显上升。

1989 年 1 月,澳大利亚总理波比·霍克访问韩国时在汉城(今首尔)倡议召开"亚洲及太平洋国家部长级会议"。

1989 年 11 月 6 日至 7 日,12 个创始会员国在澳大利亚堪培拉举行首届"亚洲太平洋经济合作部长级会议"。

1991 年 11 月 12 日至 14 日,第三届部长级会议在韩国汉城(今首尔)举行并通过《汉城宣言》,正式确定亚太经合的宗旨目标、工作范围、运作方式、参与形式、组织架构、亚太经合前景。这次会议也正式将中国、中国香港、中国台北三个经济体同时纳入亚太经合会。

1992 年 9 月 10 日至 11 日,第四届部长级会议在泰国曼谷召开,确定将亚太经合秘书处设于新加坡,并确立亚太经合运作基金的预算规则。

1993 年 1 月,亚太经合秘书处在新加坡成立,负责该组织的日常事务性工作。

1993 年 11 月 20 日,首届亚太经合经济领袖会议在美国西雅图布莱克岛(Blake Island)举行,并宣示亚太经合的目的是为亚太人民谋取稳定、安全、繁荣。

1994 年 11 月 15 日,在印度尼西亚茂物举行的经济领袖会议设立"茂物目标":发达成员国在 2010 年前、发展中国家成员在 2020 年前,实现亚太地区自由与开放的贸易及投资。

1997 年的部门提前自由化在一定程度上超越了亚太地区的现实情况,难以按原有设想加以推进。经济技术合作得以保持发展势头,但因发达成员态度消极,要取得实质性进展仍需时日。

1998年和1999年的两年，APEC进入一个巩固、徘徊和再摸索的调整阶段。

2000年非正式领导人会议重申了应坚持茂物确定的贸易投资自由化目标，并加强人力、基础设施和市场等方面的能力建设活动（见表8-2）。

表8-2　APEC发展历程一览

发展历程	初期阶段（1989—1992年）	这一阶段APEC建立了它作为一个区域性经济组织的基本构架。第一、二届双部长会议上，各方就致力于地区自由贸易与投资和技术合作达成了某些共识，确定设立10个专题工作组展开具体合作。1991年召开的汉城会议通过了《汉城宣言》，它作为APEC的基本章程，首次对该论坛的宗旨、原则、活动范围、加入标准等做了规定。1992年的曼谷会议决定在新加坡设立APEC秘书处，由各成员认缴会费，使APEC在组织结构上进一步完善
	快速阶段（1993—1997年）	自1993年，APEC从部长级会议升格到经济体领导人非正式会议，发展进程加快。1993—1997年这5年，每年都有新的进展，解决了区域合作所面临的问题，是APEC进程的"五部曲"。例如：1993年解决了"APEC不应该做什么"的问题；1994年解决了"APEC应该做什么"的问题；1995年解决了"APEC应该怎么做"的问题；1996年制定了具体的合作蓝图
	调整阶段（1998至今）	1997—1998年亚洲金融危机直接影响到APEC进程，危机的受害者开始对贸易投资自由化采取慎重态度，在APEC内部，始于1997年的部门提前自由化在一定程度上超越了亚太地区的现实情况

(三)亚太经济合作组织的性质特点

1.成员的广泛性

亚太经济合作组织是仅次于欧盟的多边区域经济集团化组织，APEC成员的广泛性是世界上其他经济组织所少有的。APEC的21个成员，就地理位置来说，遍及北美、南美、东亚和大洋洲；就经济发展水平来说，既有发达的工业国家，又有发展中国家；就社会政治制度而言，既有资本主义国家，又有社会主义国家；就宗教信仰而言，既有基督教国家，又有佛教国家；就文化而言，既有西方文化，又有东方文化。成员的复杂多样性是APEC存在的基础，也是制定一切纲领所要优先考虑的前提。

2.独特的官方经济性质

APEC是一个区域性的官方经济论坛，在此合作模式下，不存在超越成员主权的组织机构，成员自然也无需向有关机构进行主权让渡。

坚持APEC官方论坛的性质，是符合亚太地区经济体社会政治经济体制多样性、文化传统多元性、利益关系复杂性的现实情况的。它的这种比较松散的"软"合作特征，很容易把成员体之间的共同点汇聚在一起，并抛开分歧和矛盾，来培养和创造相互信任及缓解或消除紧张关系，从而达到通过平等互利的经济合作，共同发展、共同繁荣，同时推动世界经济增长，以实现通过发展促和平的愿望。

3.开放性

APEC是一个开放的区域经济组织。APEC之所以坚持开放性，其中一个重要原因是APEC大多数成员在经济发展过程中，采取以加工贸易或出口为导向的经济增长方式及发展战略。这样的发展战略所形成的贸易格局使这一地区对区外经济的依赖程度非常高,而采取开放的政策,不仅可以最大限度地发挥区域内贸易长处,同时也可以避免对区域外的歧视政策而减小区域外的经济利益。除此之外,APEC成员多样性,以及其实行的单边自由化计划也客观要求它奉行"开放的地区主义"。

4. 自愿性

由于成员之间政治经济上的巨大差异,在推动区域经济一体化和投资贸易自由化方面要想取得"协商一致"是非常困难的,APEC成立之初就决定了其决策程序的软约束力,是一种非制度化的安排。不具有硬性条件,只能在自愿经济合作的前提下,以公开对话为基础。各成员根据各自经济发展水平、市场开放程度与承受能力对具体产业及部门的贸易和投资自由化进程自行作出灵活、有序的安排,并在符合其国内法规的前提下予以实施,这就是所谓的"单边自主行动(IAPs)"计划。

5. 松散性

(1)没有组织首脑。(2)没有常设机构(各成员轮流举办。2001年7月在中国上海举行非正式首脑会晤,这是自该组织成立以来首次在中国举办)。(3)对成员的约束力较小。

四、东南亚国家联盟

(一)东南亚国家联盟概述

东南亚国家联盟是东南亚地区的一个国际组织。新加坡及马来西亚通行把英语的缩写"ASEAN"音译为亚细安;中国内地和香港一般称呼为东南亚国家联盟,简称东盟;而台湾则一般称为东南亚国协,简称东协。

东南亚国家联盟的前身是由马来西亚、菲律宾和泰国3国于1961年7月31日在曼谷成立的东南亚联盟。1967年8月7日至8日,印度尼西亚、新加坡、泰国、菲律宾四国外长和马来西亚副总理在泰国首都曼谷举行会议,发表了《东南亚国家联盟成立宣言》,即《曼谷宣言》,正式宣告东南亚国家联盟(简称东南亚国家联盟,Association of Southeast Asian Nations —— ASEAN)的成立。成立几十年来,东南亚国家联盟已日益成为东南亚地区以经济合作为基础的政治、经济、安全一体化合作组织,并建立起一系列合作机制。

东南亚国家联盟的宗旨和目标是本着平等与合作精神,共同促进本地区的经济增长、社会进步和文化发展,为建立一个繁荣、和平的东南亚国家共同体奠定基础,以促进本地区的和平与稳定。

东南亚国家联盟成立之初只是一个保卫自己安全利益及与西方保持战略关系的联盟,其活动仅限于探讨经济、文化等方面的合作。1976年2月,第一次东南亚国家联盟首脑会议在印尼巴厘岛举行,会议签署了《东南亚友好合作条约》以及强调东南亚国家联盟各国协调一致的《巴厘宣言》。此后,东南亚国家联盟各国加强了政治、经济和军事领域的合作,并采取了切实可行的经济发展战略,推动经济迅速增长,逐步成为一个有一定影响的区域性组织。除印度尼西亚、马来西亚、菲律宾、新加坡和泰国5个创始成员国外,20世纪80年代后,文莱(1984年)、越南(1995年)、老挝(1997年)、缅甸(1997年)和柬埔寨(1999年)5国先后加入东南亚国家联盟,使这一组织涵盖整个东南亚地区,形成一个人口超过5亿、面积达450万平方公里的10国集团。巴布亚新几内亚为其观察员国。东南亚国家联盟 10 个对话伙伴国是：澳大利亚、加拿大、中国、欧盟、印度、日本、新西兰、俄罗斯、韩国和美国。

几十年来，东南亚国家联盟不仅在经济实力和影响力方面不断得到加强，而且在地区和国际事务中也发挥着越来越重要的作用。

20 世纪 90 年代初，东南亚国家联盟率先发起区域合作进程，逐步形成了以东南亚国家联盟为中心的一系列区域合作机制。1994 年 7 月成立东南亚国家联盟地区论坛，1999 年 9 月成立东亚—拉美合作论坛。其中，东南亚国家联盟与中日韩（10＋3）、东南亚国家联盟分别与中日韩（10＋1）合作机制已经发展成为东亚合作的主要渠道。此外，东南亚国家联盟还与美国、日本、澳大利亚、新西兰、加拿大、欧盟、韩国、中国、俄罗斯和印度 10 个国家形成对话伙伴关系。2003 年，中国与东南亚国家联盟的关系发展到战略协作伙伴关系，中国成为第一个加入《东南亚友好合作条约》的非东南亚国家联盟国家。

根据 2003 年 10 月在印尼巴厘岛举行的第九届东南亚国家联盟首脑会议发表的《东南亚国家联盟协调一致第二宣言》（亦称《第二巴厘宣言》），东南亚国家联盟将于 2020 年建成东南亚国家联盟共同体。为实现这一目标，2004 年 11 月举行的东南亚国家联盟首脑会议还通过了为期 6 年的《万象行动计划》，签署并发表了《东南亚国家联盟一体化建设重点领域框架协议》《东南亚国家联盟安全共同体行动计划》等。

为了早日实现东南亚国家联盟内部的经济一体化，东盟自由贸易区于 2002 年 1 月 1 日正式启动。自由贸易区的目标是实现区域内贸易的零关税。文莱、印度尼西亚、马来西亚、菲律宾、新加坡和泰国 6 国已于 2002 年将绝大多数产品的关税降至 0～5%。

(二)东南亚国家联盟的宗旨和目标

1.以平等与协作精神，共同努力促进本地区的经济增长、社会进步和文化发展；

2.遵循正义、国家关系准则和《联合国宪章》，促进本地区的和平与稳定；

3.促进经济、社会、文化、技术和科学等问题的合作与相互支援；

4.在教育、职业和技术及行政训练和研究设施方面互相支援；

5.在充分利用农业和工业、扩大贸易、改善交通运输、提高人民生活水平方面进行更有效的合作；

6.促进对东南亚问题的研究；

7.同具有相似宗旨和目标的国际和地区组织保持紧密和互利的合作，探寻与其更紧密的合作途径。

(三)东南亚国家联盟主要活动

2003 年 10 月在印度尼西亚巴厘岛举行的第九届东南亚国家联盟首脑会议发表了《东南亚国家联盟协调一致第二宣言》（亦称《第二巴厘宣言》），宣布将于 2020 年建成东南亚国家联盟共同体，其三大支柱分别是"东南亚国家联盟安全共同体"、"东南亚国家联盟经济共同体"和"东南亚国家联盟社会与文化共同体"。

2004 年 11 月在老挝万象举行的第十届东南亚国家联盟首脑会议通过了为期 6 年的《万象行动计划》(VAP)以进一步推进一体化建设，并决定建立"东南亚国家联盟发展基金"以保障落实。会议签署并发表了《东南亚国家联盟一体化建设重点领域框架协议》、《东南亚国家联盟安全共同体行动计划》、《东南亚国家联盟社会文化共同体行动计划》和

《东南亚国家联盟打击贩卖人口特别是妇女和儿童宣言》。会议还决定起草《东南亚国家联盟宪章》以加强东南亚国家联盟机制建设。

2005年12月在马来西亚吉隆坡举行的第十一届东南亚国家联盟首脑会议签署了《关于制定〈东南亚国家联盟宪章〉的吉隆坡宣言》,会议责成部长们成立高级别工作组负责起草宪章,并成立名人小组为起草宪章提出建议。会议认为,缩小发展差距对东南亚国家联盟一体化具有重要意义,决定进一步加大《东南亚国家联盟一体化倡议》等有关计划的落实力度,并高度评价东盟东部增长区、印尼—马来西亚—泰国增长三角区、越老柬缅四国合作、大湄公河次区域合作、三河流域经济合作战略机制等次区域合作机制为缩小东南亚国家联盟发展差距做出的贡献。会议认为,《万象行动计划》正在稳步落实,欢迎东南亚国家联盟发展基金的设立并呼吁东南亚国家联盟成员国和对话伙伴国向其提供资金支持。

东南亚国家联盟积极开展多方位外交。1994年7月,东南亚国家联盟倡导成立东南亚国家联盟地区论坛(ARF),主要就亚太地区政治和安全问题交换意见。1994年10月,东南亚国家联盟倡议召开亚欧会议(ASEM),促进东亚和欧盟的政治对话与经济合作。1999年9月,在东南亚国家联盟的倡议下,东亚—拉美合作论坛(FEALAC)成立。此外,自1978年始,东南亚国家联盟国家每年与其对话伙伴举行对话会议,就重大的国际政治和经济问题交换意见。

五、石油输出国组织及其他

(一)石油输出国组织概述

石油输出国组织,简称"欧佩克"。石油输出国组织是一个自愿结成的政府间组织,对其成员国的石油政策进行协调、统一。1960年9月,伊朗、伊拉克、科威特、沙特阿拉伯和委内瑞拉的代表在巴格达开会,决定联合起来共同对付西方石油公司以及反对国际石油垄断资本的控制与剥削,维护石油收入。14日,五国宣告成立石油输出国组织,总部设在维也纳。1962年11月6日,石油输出国组织在联合国秘书处备案,成为正式的国际组织。同时,随着成员的增加,石油输出国组织发展成为亚洲、非洲和拉丁美洲一些主要石油生产国的国际性石油组织。

石油输出国组织宗旨:协调和统一各成员国的石油政策,并确定以最适宜的手段来维护它们各自和共同的利益。

石油输出国组织主要机构:大会,是最高权力机关;理事会,负责执行大会决议和指导该组织的管理;秘书处,在理事会指导下主持日常事务工作。秘书处内设有一专门机构——经济委员会,协助该组织把国际石油价格稳定在公平合理的水平上。

为使石油生产者与消费者的利益都得到保证,石油输出国组织实行石油生产配额制。为防止石油价格飙升,石油输出国组织可依据市场形势增加其石油产量;为阻止石油价格下滑,石油输出国组织则可依据市场形势减少其石油产量。

(二)石油输出国组织成员国资格及其成员国

石油输出国组织组织条例规定:"在根本利益上与各成员国相一致、确实可实现原油净出口的任何国家,在为全权成员国的三分之二多数接纳,并为所有创始成员国一致接纳后,可成为本组织的全权成员国。"

石油输出国组织组织条例进一步区分了3类成员国的范畴:

创始成员国——1960年9月出席在伊拉克首都巴格达举行的石油输出国组织第一次会议,并签署成立石油输出国组织原始协议的国家;

全权成员国——包括创始成员国,以及加入石油输出国组织的申请已为大会所接受的所有国家;

准成员国——虽未获得全权成员国的资格,但在大会规定的特殊情况下仍为大会所接纳的国家。

目前,石油输出国组织共有11个成员国(括号内为加入石油输出国组织的时间),它们是:阿尔及利亚(1969年)、印度尼西亚(1962年)、伊朗(1960年)、伊拉克(1960年)、科威特(1960年)、利比亚(1962年)、尼日利亚(1971年)、卡塔尔(1961年)、沙特阿拉伯(1960年)、阿拉伯联合酋长国(1967年)和委内瑞拉(1960年)。

(三)石油输出国组织结构

1.石油输出国组织大会

石油输出国组织大会是该组织的最高权力机构,各成员国向大会派出以石油、矿产和能源部长(大臣)为首的代表团。大会每年召开两次,如有需要还可召开特别会议。大会奉行全体成员国一致原则,每个成员国均为一票,负责制定该组织的大政方针,并决定以何种适当方式加以执行。

石油输出国组织大会同时还决定是否接纳新的成员国,审议理事会就该组织事务提交的报告和建议。大会有权要求理事会就涉及该组织利益的任何事项提交报告或提出建议。大会还要对理事会提交的石油输出国组织预算报告加以审议,并决定是否进行修订。

2.石油输出国组织理事会

石油输出国组织理事会类似于普通商业机构的理事会,由各成员国提名并经大会通过的理事组成,每两年为一届。理事会负责管理石油输出国组织的日常事务,执行大会决议,起草年度预算报告,并提交给大会审议通过。理事会还审议由秘书长向大会提交的有关石油输出国组织日常事务的报告。

3.石油输出国组织秘书处

石油输出国组织秘书处依据石油输出国组织条例,在理事会的领导下负责行使该组织的行政性职能。秘书处由秘书长、调研室、数据服务中心、能源形势研究部门、石油市场分析部门、行政与人事部门、信息部门、秘书长办公室以及法律室组成。秘书处1961年设立,办公地点最初在日内瓦,后于1965年移至维也纳。

(四)其他区域经济合作组织

此外,南亚各国在1985年也创立了南亚合作联盟。1990年11月在马尔举行了第五届南亚合作联盟首脑会议,并通过《马尔宣言》。1993年4月11日在达卡会议上,各国首脑签署了《南亚优惠贸易安排》,承诺会员国之间进口商品时,可以享受10%的关税优惠待遇。不过,南亚诸国产业结构趋同,产品相互竞争的可能远大于相互间的互补,加之经济发展程度较低,短期内难以调整产业结构,这在一定程度上影响了经济合作的深化。

在非洲,1964年成立了中非关税和经济同盟,1967年成立了东非经济共同体。近几年来，非洲大陆各种一体化组织发展迅速。据不完全统计，全非已有 40 多个国家的元首、政府首脑及其代表签署了建立"非洲经济共同体"的条约，规定到 2015 年间，分六个阶段逐步建成一个"非洲经济共同体"，最终在非洲实现商品、资金和劳务的自由流动，并建立统一的中央银行，发行非洲统一货币。当然，由于历史、政治和经济等方面的诸多原因，其实际进程可能较为艰难坎坷。但面临着沦为赤贫的巨大压力和其他地区经济集团化的严峻挑战，21 世纪，"非洲经济圈"的建设有可能获得比较顺利的进展。

目前，中亚国家的经济一体化也在迅速发展。哈萨克斯坦、吉尔吉斯斯坦、塔吉克斯坦、乌兹别克斯坦和土库曼斯坦等国需要某种一体化形式来加强彼此间的经济联合，以巩固其独立的地位。这些国家将进而参加中国、日本、韩国的东亚经济区及土耳其、伊朗等国筹划的黑海和里海经济区，如 1992 年成立的"黑海经济合作区"。此外，西亚的海湾合作委员会各国于 1992 年年底达成协议，宣布从 1993 年起建立共同市场，统一进口关税，以保证进口货物在沙特、科威特、巴林、卡塔尔、阿曼和阿联酋六国间的自由流动。西亚地区多为阿拉伯国家，在经济上与北非的阿拉伯国家关系密切，与欧洲国家有着传统的经济联系。所以西亚各国在未来的经济一体化进程中，一种可能是会加强内部的合作；另一种可能则是各奔前程，各自向欧洲经济区和非洲经济区靠拢。

俄罗斯在将来的世界经济合作中可能是，其地广人稀的亚洲部分回归中国和日本为主宰的东亚经济集团或西太平洋经济区，其人口密集、地域狭小的欧洲部分逐步纳入欧洲经济圈。

由此可见，经济一体化已是全球的浪潮。这一方面反映了国际分工在当代的深化，各国之间的经济关系日益紧密，生产和消费越来越超越国界走向国际化，各国经济各自为政的局面已成过去，国家之间、地区之间经济联系越来越需要更多的协调及相应的制度安排；另一方面，它反映了自由贸易体制正面临巨大挑战及贸易保护主义抬头的一种倾向。世界经济一体化的现状和发展趋势表明，这种经济形式对成员国的经济发展和外贸推动是利大于弊的，同时使得非成员国的对外贸易面临着目前国际规则认可的新的障碍和限制，因此一国单枪匹马地参与国际竞争将会困难重重。

第三节 区域经济一体化理论

二战后区域经济一体化的产生和迅猛发展引起许多经济学家对其进行研究和探讨，形成了一些理论。其中具有代表性的有关税同盟理论、大市场理论和协议性国际分工理论等。

一、关税同盟理论

关税同盟（customs union），是指在自由贸易区的基础上，所有成员统一对非成员国实现进口关税或其他贸易政策措施。对关税同盟理论研究最有影响的是美国经济学家维纳(Jacok Viner)和李普西(K.G.Lipsey)。按照范纳的关税同盟理论，完全形态的关税同盟应具备以下三个条件：

①完全取消各成员国间的关税。

②对来自成员国以外的国家和地区的进口设置统一的关税。

③通过协商方式在成员国之间分配关税收入。这种自由贸易和保护贸易相结合的结构，使得关税同盟对整个世界经济福利的影响呈现双重性，即贸易创造和贸易转移并存。

因此，关税同盟有着互相矛盾的两种职能：对成员国内部采取贸易自由化措施，对成员国以外则是采取差别待遇措施。关税同盟理论主要研究关税形成后，关税体制的变更（对内取消关税，对外设置共同关税）对国际贸易的静态和动态效应。

(一)关税同盟的静态效应

所谓关税同盟的静态效应，是指假定在经济资源总量不变、技术条件没有改进的情况下，关税同盟对集团内外国家、经济发展以及物质福利的影响。具体来说，关税同盟的静态效应可以概括为：贸易创造(trade creation)和贸易转移(trade diversion)效应。

1.贸易创造效应和贸易转移效应

(1)贸易创造效应

贸易创造效应是指由于关税同盟内实行自由贸易后，产品从成本较高的国内生产转往成本较低的成员国生产，从成员国的进口量增加，新的贸易得以"创造"。

此外，一国由原先从同盟外国家的高价购买转而从结盟成员国的低价购买也属于贸易创造。其效果是：①由于成员国之间相互取消关税，成员国由原先生产并消费本国的高成本、高价格产品，转向购买成员国的低价格产品，从而使消费者节省开支，增加福利。②提高生产效率，降低成本。从一国看，以扩大的贸易取代了本国的低效率生产；从关税同盟的整体看，生产从高成本的成员国转向低成本成员国，因而提高了资源配置效率，给成员国带来福利的增加。它代表了关税同盟的自由贸易方向。

现引用李普西的数字例子加以说明，如图 8-1 所示。

假定在固定的汇率下，X 商品的货币价格在 A 国为 35 美元，在 B 国为 26 美元，在 C 国为 20 美元，并假定 A、B 两国结成关税同盟，互相取消关税。

假定缔结关税同盟前，A 国凭借保护关税，自己生产 X 商品。在这种情况下，为阻止价格最低的(20 美元)来自 C 国的进口，就需要征收 75% 以上的关税，现假定关税为 100%。当 A 国与 B 国结成关税同盟，互相取消关税后，从 B 国的进口从以前的 35 美元降低到 26 美元。不言而喻，A 国必须停止 X 商品的生产(在成本可变的情况下，必须把生产成本压缩到 26 美元才合算)。这时 A、B 两国都要凭借保护才能阻止来自 C 国的进口。也就是说，缔结关税同盟以前，因为 A、B 两国设有保护关税，A、B、C 三国都生产 X 商品，三国的贸易被关税隔断了。而在缔结关税同盟之后，则创造出从 B 国向 A 国出口的新的贸易和国际分工(专业化)，这就是所谓的贸易创造效应。这时，A 国可以用较低的价格(以前是 35 美元，现在是 26 美元)买到 X 商品，从而提高了福利。从 A、B 两国整体情况看，由于生产从高成本转向了低成本，节省了资源，因而能提高福利。对 C 国来说，因为它原来就不与 A、B 两国发生贸易关系，所以仍和以前一样，没有不利。而如果把关税同盟国家增加收入、增加进口的动态效果计算进去，C 国也会有利可得。因此，对整个世界是有利的。也就是说，建立关税同盟后，关税同盟与外部关系未变，但在同盟内部实现了生产的专业化和自由贸易。从这个意义上讲，关税同盟推动了贸易自由化的发展。

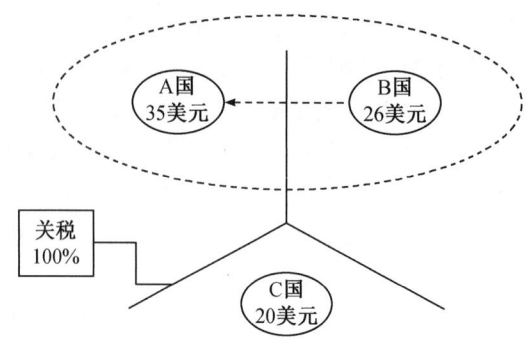

图 8-1　贸易创造效果示意图

(2) 贸易转移效应

贸易转移,是指由于关税同盟对外实行保护贸易,导致从外部非成员国较低成本的进口,转向从成员国较高成本的进口,发生"贸易转移"。其效果是：①由于关税同盟,组织从外部低成本进口,而以高成本的供给来源代替低成本的供给来源,使消费者由于购买外部的低价格产品转向成员国的高价格产品,增加了开支,造成了损失,减少了福利。②从全世界的角度看,这种生产资源的重新配置导致了生产效率的降低和生产成本的提高。由于这种转移有利于低效率的生产者,使资源不能有效地分配和利用,整个世界的福利水平降低。

在图 8-2 中,假定缔结关税同盟前 A 国不生产 X 商品,而采取自由贸易,无税(或关税很低)地从国外进口,则当然是从成本最低的供给者 C 国以 20 美元价格进口。而在同 B 国缔结关税同盟后,A 国将从 B 国花 26 美元进口。假定 A、B 两国的关税同盟按照 C 国 20 美元与 B 国 26 美元的差距征收 30% 以上的统一进口关税,则共同关税阻碍了从低价格(20 美元)的 C 国的进口,保护了 B 国(26 美元)低效率、高成本的生产,使 B 国 X 商品在 A 国获得市场。这意味着在关税同盟中保护了落后工业,出现了贸易转移效应。显然,这是一种贸易保护的倾向,并因不能有效地分配资源而使整个世界(包括 B 国在内)的福利降低。前面假定 A 国在缔结关税同盟之前是无税的,即使是有税的(例如在 C 国 20 美元与 B 国 26 美元之差的 30% 范围以内,假定是 20%),结果也是一样的。这是因为,A 国的进口还是从结盟前的较低供给来源(20 美元)转向了现在的较高供给来源(26 美元)。因为,贸易转移效应必然表现为贸易保护的加强。

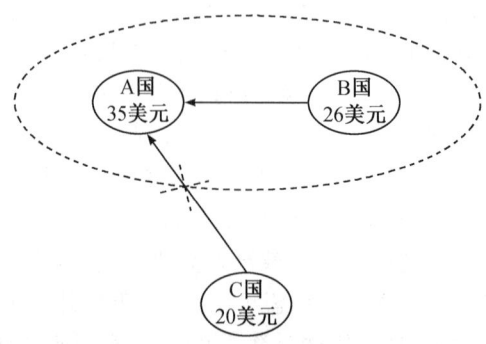

图 8-2　贸易转移效果示意图

2.关税同盟的福利效应

缔结关税同盟后,A 国消费者福利改善,而生产者福利则降低。如图 8-3 所示,综合起来,关税同盟对 A 国的净福利效应=$(a+b+c+d)-a-(c+e)=(b+d)-e$。其中,$(a+b+c+d)$ 为消费者剩余增加,a 为生产者剩余减少,$(c+e)$ 为关税收入丧失;$(b+d)$ 为贸易创造的福利效应;e 则表示贸易转移的负的福利效应,原因是进口来源由低成本的 C 国转向高成本的成员国 B 国。

而对 B 国而言,组成关税同盟后,出口增加,生产扩张,所以对 B 国有利;对 C 国来说,因贸易转移,其出口减少,所以 C 国福利必然因其贸易规模缩减而下降。

根据以上讨论,可以判断出关税同盟的福利效应受以下几种因素的影响:①A 国的供需弹性越大,贸易创造的福利效应就越明显,在图 8-3 中,若 A 国的供给曲线和需求曲线越平坦,则 b、d 的面积就越大;②组成关税同盟前,A 国的关税水平越高,则组成同盟后贸易创造的福利效应就越大,而贸易转移的福利效应就越小;③B、C 两国的成本越接近,则贸易转移的福利损失就越小。

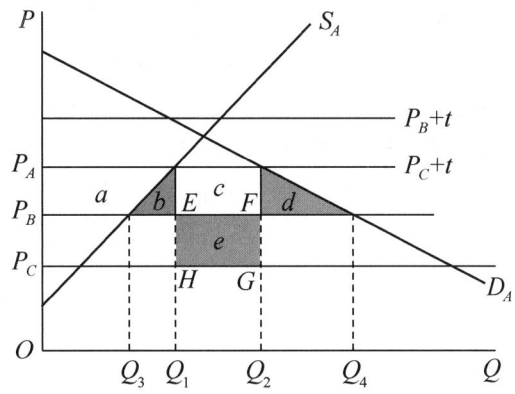

图 8-3 贸易创造与贸易转移的福利分析

可见,关税同盟以两种相反的方式影响贸易和福利。如果说贸易创造代表利益,贸易转移所增加的成本便是代价。结成关税同盟是获得净利益还是带来净损失,取决于贸易创造和贸易转移影响的大小。而贸易创造和贸易转移对经济福利影响的大小,又取决于进口需求弹性和成员国与非成员国之间的成本差异。一般来说,一国进口需求的价格弹性越大,与成员国的成本差异越大,贸易创造就越大,关税同盟所带来的收益就越大;相反,一国进口需求的价格弹性越小,与成员国的成本差异越小,而与非成员国的成本差异越大,关税同盟带来的损失就越大。

3.关税同盟的贸易扩大效应

贸易扩大效应(trade expansion effect)是指成立关税同盟后,关税取消使成员国商品的进口价格下降,导致进出口量增加。

贸易创造效应和贸易转移效应是从生产方面考察关税同盟对贸易的影响,而贸易扩大效应则是从需求方面分析的。关税同盟不论是在贸易创造,还是在贸易转移的情况下,都会导致贸易量的增加。因而,从这个意义上讲,关税同盟可以促进贸易的扩大。

当成员国的生产结构较具竞争性时,关税同盟的贸易创造效应就较大;当成员国的生产结构较具互补性时,关税同盟的贸易转移效应就较大;组成关税同盟的成员国越多,形成统一的市场越大,成员国之间的距离越近,都会使关税同盟的贸易扩大效应越大。

(二)关税同盟的动态效应

关税同盟不仅会给参加国带来静态影响,还会给它们带来某些动态影响。有时,这种动态效应比其静态效应更为重要,对成员国的经济增长有重要的影响。

1.获得规模经济效应

关税同盟建立以后在排斥第三国产品的同时,为成员国之间产品的相互出口创造了良好的条件。所有成员国的国内市场组成一个统一的区域性市场。这种市场范围的扩大促进了企业生产的发展,使生产者可以不断扩大生产规模,降低成本,享受到规模经济的利益,并且可进一步增强同盟内的企业对外,特别是对非成员国同类企业的竞争能力。因此关税同盟所创造的大市场效应引发了企业规模经济的实现,这种效应与幼稚产业保护论有某些相似之处,因而比较适合于一些国内市场狭小或比较依赖对外贸易的国家。

2.加强了成员国间的竞争

在各成员国组成关税同盟以前许多部门已经形成了国内的垄断,几家企业长期占据国内市场,获取超额垄断利润,因而不利于各国的资源配置和技术进步。组成关税同盟以后,由于各国市场的相互开放,各国企业面临着来自其他成员国同类企业的竞争,谁在竞争中取胜,谁就可以享受大市场带来的规模经济的利益,否则就会被淘汰,各企业为在竞争中取得有利地位,必然会纷纷改善生产经营效率,增加研究与开发投入,增强采用新技术的意识,不断降低生产成本,从而在同盟内营造一种浓烈的竞争气氛,提高经济效率,促进技术进步。

3.刺激投资

关税同盟成立后,可以从三个方面刺激投资:

(1)随着市场的扩大,风险与不稳定性降低,会吸引成员中新的厂商进行投资;(2)为了提高竞争力,原有厂商也会增加投资,以改进产品质量,降低生产成本;(3)迫使非成员国到关税同盟区域内设立避税工厂,即以直接投资取代出口贸易,以绕开关税壁垒。

4.促进生产要素的自由流动

关税同盟建立后,市场趋于统一,要素可以在成员国间自由流动,生产要素得到更加合理、有效的配置。生产要素在移动中还会带来较多的潜在利益,例如,劳动力的自由流动有利于人尽其才,增加就业机会,提高劳动者素质;自然资源的流动能使物尽其用;生产要素的自由流动还可以促进区域内新技术、新观念、新管理方式的传播,减少各国的歧视性政策与措施。

二、大市场理论

(一)大市场理论的提出

大市场理论是从动态角度来分析区域经济一体化所取得的经济效应,是针对共同市场提出的,其代表人物为西托夫斯基(T.Scitovsky)和德纽(J.F.Deniau)。共同市场在一体化程度上比关税同盟又进了一步,它将那些被保护主义分割的小市场统一起来,结成大市场,然后通过大市场内激烈竞争,实现大批生产带来的规模经济等方面的利益。

大市场理论认为,各国在实行区域经济一体化之前,为了保护自身的利益,一般都推行较为狭隘的政策,一般为贸易保护政策,这导致市场缺乏一定的弹性,同时由于政策的不同,市场被无形中划分。这种狭隘的贸易政策大多只能为本国的企业提供较为狭小的生存空间,无法通过规模生产实现规模经济效应。而区域经济一体化之后,因为一体化的建立和存在,规模经济的优势将迅速得到体现,各国也将因规模生产获得更大效益。

德纽对大市场带来的规模化生产进行了描述,最终得出结论:"这样一来,经济就会开始其滚雪球式的扩张。消费的扩大引起投资的增加,增加的投资又导致价格下降,工资提高,购买力的提高……只有市场规模迅速扩大,才能促进和刺激经济扩张。"西托夫斯基则从西欧的现状入手,提出西欧陷入了高利润率,低资本周转率,高价格的矛盾,存在着"小市场与保守的企业家态度的恶性循环"。因而,只有通过共同市场或贸易自由化条件下的激烈竞争,才能迫使企业家停止过去那种旧式的小规模生产而转向大规模生产,最终出现一种积极扩张的良性循环。

(二)大市场理论的核心内容

综合西托夫斯基和德纽的阐述,可以把握住大市场理论的核心,即通过扩大市场,获得规模经济,从而实现经济利益。也可以一般表述为,通过建立共同市场,使得市场扩大,将比较分散的生产集中起来进行规模化的大生产,这样,机器得到充分利用,生产更加专业化、社会化,高新科技得到更广泛的利用,竞争更加剧烈,从而生产成本下降,加之取消了关税及其他一些费用,使得销售价格下降。这必将导致购买力的增强与生活水平的提高,消费也会增加,消费的增加又促进投资的增加。于是,便进入了良性的循环之中。由此可见,大市场的形成会促进和刺激经济的良性循环,带动经济蓬勃发展。

(三)大市场理论的缺陷

1.大市场理论无法解释国内市场存量相当大的国家也在同其他国家实行国际经济区域一体化。

2.根据大市场理论,建立共同市场是为了克服企业家的保守态度,但从国内经济政策入手,克服国内的行业垄断弊端,建立共同市场照样可使市场更具竞争力。

3.将竞争激化的规模经济作为共同市场产生的依据也有些勉强。

三、协议性国际分工理论

(一)协议国际分工理论概述

协议性国际分工理论的提出者是日本的学者小岛清。他认为:经济一体化组织内部如果仅仅依靠比较优势原理进行分工,不可能完全获得规模经济的好处,反而可能会导致各国企业的集中和垄断,影响经济一体化组织内部分工的发展和贸易的稳定。因此,必须实行协议性国际分工,使竞争性贸易的不稳定性尽可能保持稳定,并促进这种稳定。

所谓协议性国际分工,是指一国放弃某种商品的生产并把国内市场提供给另一国,而另一国则放弃另外一种商品的生产并把国内市场提供给对方,即两国达成相互提供市场的协议,实行协议性国际分工。协议性分工不能指望通过价格机制自动地实现,而必须通过当事国的某种协议来加以实现,也就是通过经济一体化的制度把协议性分工组织化。如拉美中部共同市场统一产业政策,由国家间的计划决定的分工,就是典型的协议国际分工。

(二)协议性国际分工原理的运用条件

为了互相获得规模经济的好处,实行协议性国际分工是非常有利的,但达成协议性分工还必须具备下列条件:

1.两个或两个以上国家和地区的资本劳动禀赋比例差异不大,工业化水平和经济发展阶段大致相同,协议性分工的对象产品在每一个国家和地区都能生产。

2.作为协议性分工对象的商品,必须是能够获得规模经济的商品,一般是重工业、化学工业等商品。

3.每个国家自己实行专业化的产业和让给对方的产业之间没有优劣之分,否则不容易达成协议。这种产业优劣主要取决于规模扩大后的成本降低率和随着分工而增加的需求量以及增长率。

上述三个条件表明,经济一体化或共同市场必须在同等发展阶段的国家之间建立,而不能在工业国与初级产品生产国即发展阶段不同的国家之间建立;同时也表明,在发达工业国家之间,可以进行协议性分工的商品的范围较广,因而利益也较大。另外,生活水平和文化等相类似、接近的地区,容易达成协议,并且容易保证相互需求的均等增长。

四、综合发展战略理论

(一)综合发展战略理论概述

解释发展中国家经济一体化现象较有影响的理论是"综合发展战略理论"。它是由鲍里斯·塞泽尔基在《南南合作的挑战》一书中系统提出来的。综合发展战略理论认为:经济一体化是发展中国家的一种发展战略,要求有强有力的共同机构和政治意志来保护较不发达国家的优势。所以,有效的政府干预对于经济一体化是很重要的,发展中国家的经济一体化是变革世界经济格局、建立国际经济新秩序的要素。

这种理论主要是针对发展中国家的,因为其实施的前提是国家可以通过政治意志来决定经济政策和发展战略,是通过国家政治意志的强势表达来实现其国家优势得到保护的一种方法和理论。但该理论具有一定的局限性,实现的前提也比较模糊,且随着区域经济一体化的深入,某一国政治意志的实施会受到其他国家的抵触。

(二)综合发展战略理论的内容

1.综合发展战略理论的原则

(1)经济一体化是发展中国家的一种发展战略,它不限于市场的统一,也不必在一切情况下都寻求尽可能高的其他一体化形式;

(2)两极分化是伴随一体化出现的一种特征,只能通过强有力的共同机构和政治意志制定系统的政策来避免它;

(3)鉴于私营部门在发展中国家一体化进程中是导致其失败的重要原因之一,故有效的政府干预对于经济一体化的成功至关重要;

(4)发展中国家的经济一体化是集体自力更生的手段和按新秩序逐渐改变世界经济的要素。

2.发展中国家地区经济一体化的主要因素

经济因素:区域内经济发展水平及各国间的差异;各国间经济的相互依赖程度;新建

经济区的最优利用情况,特别是资源与生产要素的互补性及其整体发展潜力;与第三国经济关系的性质,外国经济实体(如跨国公司)在特定经济集团中的地位;特定集团中的一定条件;各国选择的一体化政策模式和类型的适用性。

政治和机构因素:各国间社会政治制度的差异;各国间有利于实现一体化的"政治意志"状况及稳定性;该集团对外政治关系模式;共同机构的效率及其有利于集团共同利益的创造性活动的可能性。

3.制定经济一体化政策应注意的问题

(1)各成员国的发展战略和经济政策应有利于经济一体化发展;

(2)生产和基础设施是经济一体化的基本领域,集团内的贸易自由只应是这一进程的补充;

(3)在形势允许时,经济一体化应包括尽可能多的经济和社会活动;

(4)应特别重视通过区域工业化来加强相互依存性,并减小发展水平的差异;

(5)通过协商来协调成员国利用外资的政策;

(6)对较不发达成员国给予优惠待遇,以减轻一体化对成员国两极分化的影响。

(三)综合发展战略理论的特征

1.突破了以往经济一体化理论的研究方法,抛弃了用自由贸易和保护贸易理论来研究发展中国家的经济一体化进程,主张用与发展理论紧密相连的跨学科的研究方法,把一体化作为发展中国家的发展战略,不限于市场的统一;

2.充分考虑了发展中国家经济一体化过程中国内外的制约因素,把一体化当作发展中国家集体自力更生的手段和按新秩序变革世界经济的要素;

3.在制定经济一体化政策时,主张综合考虑政治、经济因素,强调经济一体化的基础是生产及基础设施领域,必须有有效的政府干预。

本章小结

区域经济一体化是指加入一体化成员国(地区)之间减少贸易壁垒的商业政策。按照一体化的程度划分,主要包括优惠贸易安排、自由贸易区、关税同盟、共同市场、经济联盟和完全经济一体化。

在优惠贸易安排中,贸易壁垒只在特定的参加国、特定的产品中减少。自由贸易区在成员国(地区)之间消除所有贸易壁垒,但每个成员国(地区)保留自己的贸易壁垒。关税同盟更进一步,对同盟国(地区)外的贸易也采取了共同的商业政策。共同市场则进一步将贸易自由化扩展到劳动与资本的自由流动。而经济同盟则能够协调甚至统一各成员国(地区)的货币和财政政策。完全经济一体化则在上面的基础上建立了超国家(地区)的统一经济机构。

随着国家之间、地区之间的经济联系日益紧密,经济一体化是社会经济发展的必然趋势。在为数众多的地区经济贸易集团中,以发达国家为主的地区经济贸易集团成效显著。迄今,影响较大的地区经济贸易组织包括欧盟、北美自由贸易区、亚太经济合作组织、东南亚国家联盟、石油输出国组织等,除此之外,还有南亚合作联盟、中非关税和经济同盟、非洲经济共同体、黑海经济合作区等区域经济一体化组织。

二战后,经济学家开始研究区域经济一体化成效的标准,其中最著名的是关税同盟理论。随着区域经济一体化的发展,又相继出现了大市场理论、协议国际分工理论和综合发展战略理论。

关税同盟的静态效应应该根据贸易创造与贸易转移来衡量。贸易创造提高了同盟内资源的利用效率,进而提高关税同盟的专业化水平和福利;而贸易转移则使生产从具有比较优势的地区转移出去,带来成员国(地区)福利的减少。关税同盟除了具有静态效应之外,还有加剧国家之间竞争,扩大经济规模,刺激投资,更好利用资源等方面的动态效应。

大市场理论的核心,即通过扩大市场,获得规模经济。

协议性国际分工理论认为参加区域经济一体化的成员国(地区)可以获得规模经济的好处,使竞争性贸易的不稳定性尽可能保持稳定。但实行协议性国际分工必须具备一定的条件。

综合发展战略理论主要是针对发展中国家的,通过有效的政府干预来决定经济政策和发展战略。

【课后练习】

1. 什么是区域经济一体化?它有哪几个层次?
2. 分析关税同盟的静态效应和动态效应。

第九章　国际贸易协定与世贸组织

学习目标

(1) 了解贸易条约与协定的含义及种类
(2) 了解关税与贸易总协定的产生背景及其宗旨
(3) 理解世界贸易组织的宗旨与组织结构
(4) 理解并掌握世界贸易组织的基本原则

教学内容

第一节　国际贸易条约与协定

一、国际贸易条约与协定概述

(一)含义

国际贸易条约与协定,是两个或两个以上的国家之间、国家与国际组织之间,以及国际组织之间依据国际经济法所缔结的,以条约、公约、协定和协议等名称出现的,以调整国际贸易关系为内容的一切有法律约束力的文件。一般地,国际贸易条约作为国际经济法的渊源,其约束力仅以其缔约国为限。国际贸易条约可以是双边的,也可以是多边的;前者是指仅有两个缔约方的国际贸易条约,后者是指有三个或三个以上缔约方的国际贸易条约。

广义的国际贸易条约,是国家间(包括民间团体)在贸易关系方面缔结的各种书面协议的总称;如通商航海条约、贸易协定、换货协定、支付协定、贸易议定书、换文和各种公约、规则,其内容、名称虽不同,但都有法律效力。狭义的国际贸易条约,仅指以条约、公约及协定、协议名称缔结的关于贸易关系方面的书面协议;主要是大型的或综合性的贸易协议,并以国家或政府首脑的名义由国家或政府首脑特派全权代表签订,按缔约国法律程序完成批准手续后才能生效。

国际贸易条约是国际条约的一种,也是一国对外贸易政策的措施之一,它反映缔约国的对外政策和对外贸易政策,并为实施其政策服务。

(二)一般特性

1.国家是主体

国际贸易条约与协定的主体只能是国家。而自然人与自然人之间、法人与法人之间、国家与法人或自然人之间达成的有关协议,无论其内容或性质何等重要,都不能成为国际贸易条约与协定或其组成部分。

2.国际法为准则

必须符合国际法是国际贸易条约与协定合法性的根本标志,否则就不具有法律约束力。这成为判断国际贸易条约与协定是否平等、是否具有权威性的基础。

3.规定主体之间的权利义务关系

国际贸易条约与协定规定了缔约国之间经济贸易交流中的权利义务关系。

4.书面形式表达

条约与协定的内容要形成文字,作为一个书面文件出现。国际贸易条约与协定的内容涉及缔约国之间的经济利益和国家政策,如果不把达成的协议用准确的文字记载下来,则不能保证缔约国如实履行条约。

(三)独有特性

国际贸易条约与协定和其他政治性的国际条约相比,又有自己的特殊之处。根据国际惯例,在没有正式建立外交关系的国家之间,不能签订政治性条约,但可签订双边贸易条约与协定。在很多情况下,双边贸易条约与协定的缔结,往往为外交关系的建立创造了有利的先行条件。

(四)与国内政策的约束关系

国际贸易条约与协定是一个国家实现其对外贸易政策的重要措施之一,同关税措施、非关税措施等对外贸易的措施相比,有其不同之处。关税等对外贸易措施属于国内法范畴,而国际贸易条约与协定受到国际法规范的约束。但是二者之间有着密切的关系,彼此应相互配合。国内的立法和行政措施是一国同他国进行贸易条约与协定谈判的基础。当一国的立法和行政措施同其他国家发生利益冲突时,就必须通过双边或多边谈判,采取协议的方式进行解决。

二、国际贸易条约和协定的类型

(一)双边贸易条约与协定

常见的双边贸易条约与协定有通商航海条约、贸易协定、贸易议定书、支付协定、关税协定、政府间大量商品供应和购买协定、贷款协定等。

1.通商航海条约

通商航海条约(Treaty of Commerce and Navigation)又称友好通商条约,即狭义的贸易条约,是指全面规定缔约国之间经济、贸易关系的条约。它的内容涉及缔约国经济和贸易关系的各个方面,包括关税的征收、海关手续、船舶航行、使用港口、双方公民与企业在对方国家所享受的待遇、知识产权的保护、进口商品征收国内税、过境、铁路、争端仲裁、移民等。

由于贸易条约的内容关系到国家的主权与经济权益,因此,这种条约是由国家元首或他的特派全权代表以国家的名义签订的。双方代表在条约上签字之后,还需按有关缔约国的法律程序完成批准手续,缔约国间互相换文后才能生效。有效期限一般比较长。

2.贸易协定

贸易协定(trade agreement)是缔约国间为调整和发展相互间经济贸易关系而签订的书面协议。其特点是,与贸易条约相比,所涉及的面比较窄,对缔约国之间的贸易关系往往规定得比较具体,有效期较短,签订程序也较简单,一般只需经签字国的行政首脑或其代表签署即可生效。

3.贸易议定书

贸易议定书(trade protocol)是缔约国就发展贸易关系中某项具体问题所达成的书面协议。这种议定书往往是作为贸易协定的补充、解释或修改而签订的,内容较为简单,其签订程序比贸易协定更为简单,一般经签字国有关行政部门的代表签署后即可生效。

4.支付协定

支付协定(payment agreement)是两国间关于贸易和其他方面债权、债务结算办法的书面协议。它是各国实行外汇管制的产物。在货币不能自由兑换的条件下,双边的债权债务只能在双边范围内结算,为此,需要签订支付协定的办法来解决两国间的债权债务的清偿。支付协定有双边和多边之分,大多数是双边支付协定。

5.国际商品协定

国际商品协定(international commodity agreement)是指某种商品的主要生产出口国之间,或者主要生产国与主要进口国之间为了稳定或者操纵该种商品的世界市场价格,获得足够的垄断利润,保证世界范围内的供求基本平衡而签订的多边国际协议。

6.商品综合方案

商品综合方案是在1976年联合国贸易与发展会议第四届大会上通过的。主要是为了解决发展中国家初级产品贸易问题。

(二)多边贸易条约与协定

两个以上国家或单独关税区签订的贸易条约和贸易协定称为多边贸易条约与协定,如《关税与贸易总协定》,商品生产国和消费国签订的国际商品协定。

三、国际贸易条约与协定所适用的主要法律条款

(一)最惠国待遇条款(most-favored nation treatment, MFNT)

1.含义

最惠国待遇条款是指缔约国一方现在和将来给予任何第三国的一切特权、优惠和豁免,也同样给予对方。最惠国待遇原则是从国际法中国家平等原则派生出来的,是国家平等原则在经贸关系上的具体使用。在国际贸易条约与协定中,依据最惠国待遇原则而制定的条款称为"最惠国待遇条款"。

2.特征

(1)最惠国待遇一般是相互给予的。

(2)最惠国待遇一般是平等的待遇,而不是享有独有的特殊利益。

(3)缔约国双方对于最惠国条款所规定的特权、优惠和豁免必须是自动地适用于缔约

国对方,而不另外需要对方的申请手续和法律程序。

(4)缔约国根据最惠国待遇条款给予缔约国对方的特权、优惠和豁免,在时间上不仅包括以往在缔约前所给予任何第三国而现时仍继续有效的一切特权、优惠和豁免,同时也包括缔约以后在条约有效期内给予任何第三国的一切特权、优惠和豁免。

(5)最惠国待遇条款在国际惯例上是经济和贸易性的条款,如条约与协定无特殊规定,将不适用于经济和贸易关系以外的事项。

3.分类

(1)无条件式(欧洲式或英国式)最惠国待遇条款。无条件式的最惠国待遇条款是指,凡缔约国一方现在或将来给予任何第三国的特权、利益、优惠和豁免,缔约国对方无须提出任何补偿作为交换而立即无条件地享受同样的特权、利益、优待和豁免。

(2)有条件式(美洲式或美国式)最惠国待遇条款。有条件式最惠国待遇条款是指,如果缔约国一方现在或将来给予任何第三国的优惠是有条件的,那么缔约国另一方必须提供同样的补偿才能享受这种优惠。

在现代国际贸易条约与协定中,有条件的最惠国待遇条款已属罕见,但为了避免歧义,现在国际贸易条约与协定中的最惠国待遇条款上,仍有必要注明"无条件"的字样。

3.适用范围

(1)一切与进出口商品有关的关税与费用;(2)与进出口有关的国际支付转账所征收的关税和费用;(3)征收上述税、费的方法;(4)与进出口相关的所有规章和手续方法;(5)与进出口相关的国内税或其他国内费用的征收;(6)任何影响进口商品在进出口国国内销售、购买、提供、运输、分销等方面的法律、规章及要求等。

4.限制和例外

最惠国待遇条款的限制是指在贸易条约和协定所规定的理由存在时,不适用该条款。例如,在关税方面的最惠国待遇只限于某些商品,或最惠国待遇条款只包括缔约国的某些地区等。

最惠国待遇条款的例外是指在贸易条约和协定所规定的某些场合下,不适用最惠国待遇。常见的有:

(1)边境贸易;(2)关税同盟;(3)沿海贸易和内河航行;(4)多边国际条约或协定承担的义务;(5)区域性特惠条款;(6)其他例外,如沿海捕鱼、武器进口、金银外币的输出入以及文物、贵重艺术品的出口限制和禁止等,也常作为例外。

(二)国民待遇原则

1.含义

国民待遇原则指在民事权利方面一个国家给予在其国境内的外国公民和企业与其国内公民、企业同等待遇,而非政治方面的待遇。

国民待遇原则是最惠国待遇原则的重要补充。在实现所有世贸组织成员平等待遇基础上,世贸组织成员的商品或服务进入另一成员领土后,也应该享受与该国的商品或服务相同的待遇,这正是世贸组织非歧视贸易原则的重要体现。国民待遇原则严格讲就是外国商品或服务与进口国国内商品或服务处于平等待遇的原则。

2.基本要求

国民待遇原则就是缔约双方相互承诺,保证对方的公民、企业和船舶在本国境内享有与本国公民、企业和船舶同等的待遇。其基本要求是:缔约一方根据条约的规定,应将本国公民、企业和船舶享有的权利和优惠扩及缔约对方在本国境内的公民、企业和船舶。

3.适用范围

其适用范围通常包括:外国公民的私人经济权利、外国产品应缴纳的国内税、利用铁路运输转口过境的条件、船舶在港口的待遇、商标注册、著作权及发明专利权的保护等等。

4.适用例外

国民待遇条款的适用是有一定范围的,并不是将本国公民或企业所享有的一切权利都包括在内,例如,沿海航行权、领海捕鱼权、土地购买权、零售贸易权以及充当经纪人通常不包括在内,一般也都不给予外国侨民或企业,只准本国公民或企业享有。

(三)互惠待遇原则

互惠待遇又称互惠权利。从形式上看,互惠待遇是一种差别待遇。互惠协定是双边协定,但在国际上普遍缔结最惠国待遇条款的条件下,尤其是在 1947 年关贸总协定和世贸组织中,互惠待遇实际上具有最惠国待遇和多边协定的特点,即成员双方给予的互惠待遇,通过最惠国待遇,其他成员方同样享受。从内容上看,成员方之间给予的优惠待遇,需要规定具体内容。最惠国待遇条款仅规定相互给予任何第三方同样的优惠待遇,并不规定具体内容,因此,互惠待遇成为最惠国待遇具体适用的条件。

互惠待遇原则的基本要求是:缔约双方根据协议相互给予对方的法人或自然人对等的权利和待遇。这项原则不能单独使用,必须与其他特定的权利或制度的内容结合在一起,才能成为独立的单项条款。

第二节　世界贸易组织

一、世界贸易组织的前身:关税与贸易总协定

(一)产生背景

关税与贸易总协定(简称"关贸总协定",General Agreement on Tariffs and Trade——GATT)是关于关税和贸易准则的多边国际协定和组织。是 1947 年由美国、英国、法国等 23 个国家在日内瓦签订的,旨在降低关税,减少贸易壁垒的有关关税和贸易政策的多边国际协定。

二战之后,国际经济严重萧条,国际贸易秩序混乱,1944 年 7 月在美国的布雷顿森林召开的国际货币与金融会议(44 个国家参加)建议成立国际货币基金组织、国际复兴开发银行(即世界银行)和国际贸易组织,作为支撑全球经济的三大支柱来调节世界经贸关系,推动全球经济的复苏和发展。1946 年,联合国经社理事会决定召开一次国际贸易与就业会议,并成立了一个筹备委员会着手起草国际贸易组织章程。1947 年 4 月至 10 月,在日内瓦召开的第二次筹委会会议同意将正在起草中的国际贸易组织宪章草案中涉及关税与

贸易的条款抽取出来，构成一个单独的协定，并把它命名为《关税与贸易总协定》，23个国家和地区签署了这份"临时适用"议定书。它于1948年1月1日起正式生效，并根据该文件成立了相应机构，其总部设在日内瓦，成员最后发展到130多个。其成员国分为三个层次，即缔约方国家、事实上适用关贸总协定国家和观察员国家。

关贸总协定从1947年至1994年共举行了8轮多边贸易谈判。据不完全统计，前7轮谈判中达成关税减让的商品就近10万种。1993年12月15日，第8轮谈判（即乌拉圭回合）谈判取得更为重大的进展，代表批准了一份"最后文件"。文件规定将建立世界贸易组织，以取代目前的关贸总协定的临时机构，同时对几千种产品的关税进行了削减，并把全球贸易规则扩大到农产品和服务业。1995年12月12日，关贸总协定128个缔约方在日内瓦举行最后一次会议，宣告关贸总协定的历史使命完结。根据乌拉圭回合多边贸易谈判达成的协议，从1996年1月1日起，由世界贸易组织（World Trade Organization，WTO）取代关贸总协定。

（二）《关税与贸易总协定》的内容

《关税与贸易总协定》分为序言和四大部分，共计38条，另附若干附件。第一部分从第1条到第2条，规定缔约各方在关税及贸易方面相互提供无条件最惠国待遇和关税减让事项。第二部分从第3条到第23条，规定取消数量限制以及允许采取的例外和紧急措施。第三部分从第24条到第35条，规定本协定的接受、生效、减让的停止或撤销以及退出等程序。第四部分从第36条到第38条，规定了缔约国中发展中国家的贸易和发展问题。这一部分是后加的，于1966年开始生效。

《关税与贸易总协定》的宗旨是为了提高缔约国人民的生活水平，保证充分就业、实际收入和有效需求的增长，扩大世界资源的利用。主要内容有：

1.适用最惠国待遇。缔约国之间对于进出口货物及有关的关税规费征收方法、规章制度、销售和运输等方面，一律适用无条件最惠国待遇原则。但关税同盟、自由贸易区以及对发展中国家的优惠安排都作为最惠国待遇的例外。

2.关税减让。缔约国之间通过谈判，在互惠基础上互减关税，并对减让结果进行约束，以保障缔约国的出口商品适用稳定的税率。

3.取消进口数量限制。总协定规定原则上应取消进口数量限制。但由于国际收支出现困难的，属于例外。

4.保护和紧急措施。对因意外情况或因某一产品输入数量剧增，对该国相同产品或与它直接竞争的生产者造成重大损害或重大威胁时，该缔约国可在防止或纠正这种损害所必需的程度和时间内，暂停所承担的义务，或撤销、修改所作的减让。

（三）关税与贸易总协定的作用

关贸总协定实施以后，即开始进行全球多边贸易谈判，40多年来，经过多次关税减让谈判，缔约国关税已有大幅度的削减，世界贸易已增长十几倍，其在国际贸易领域内所发挥的作用越来越大，主要表现在以下几个方面：

1.总协定为各成员国规范了一套处理它们之间贸易关系的原则及规章。总协定通过签署大量协议，不断丰富、完善多边贸易体制的法律规范，对国际贸易进行全面的协调和管理。

2.总协定为解决各成员国在相互的贸易关系中所产生的矛盾和纠纷提供了场所和规则。总协定为了解决各成员国在国际贸易关系中所产生的矛盾和争议,制定了一套调解各成员国争议的程序和方法。总协定虽然是一个临时协定,但由于其协调机制有较强的权威性,它使大多数的贸易纠纷得到了解决。

3.总协定为成员国举行关税减让谈判提供了可能和方针。总协定为各国提供了进行关税减让谈判的场所。总协定自成立以来,进行过八大回合的多边贸易谈判,关税税率有了较大幅度的下降。发达国家的平均关税已从1948年的36%降到1990年代中期的3.8%,发展中国家和地区同期降至12.7%。这种大幅度地减让关税是国际贸易发展史上前所未有的,对于推动国际贸易的发展起了很大作用,为实现贸易自由化创造了条件。

4.总协定努力为发展中国家争取贸易优惠条件。关贸总协定成立后被长期称作"富人俱乐部",因为它所倡导的各类自由贸易规则对发达国家更有利。但随着发展中成员国的增多和力量的增大,总协定不再是发达国家一手遮天的地方,已经增加了若干有利于发展中国家的条款,为发展中国家分享国际贸易利益起到了积极作用。

5.总协定为各国提供经贸资料和培训经贸人才。关贸总协定与联合国合办的"国际贸易中心",从各国搜集统计资料和其他资料,经过整理后再发给各成员国,并且举办各类培训班,积极为发展中国家培训经贸人才。

(四)关税与贸易总协定的主要活动

在关税与贸易总协定组织主持下,从1947年迄今已举行了8次多边贸易谈判:

第一次于1947年4—10月在日内瓦举行,使占资本主义国家进口值54%的商品平均降低关税35%。

第二次于1949年4—10月在法国安纳西举行,使占应征税进口值5.6%的商品平均降低关税35%。

第三次于1950年9月至1951年4月在英国托基举行,使占进口值11.7%的商品平均降低关税26%。

第四次于1956年1—5月在日内瓦举行,使占进口值16%的商品平均降低关税15%。

第五次于1960年9月至1961年7月在日内瓦举行,被称为"迪龙回合",使占进口值20%的商品平均降低关税20%。

第六次于1964年5月至1967年6月在日内瓦举行,被称为"肯尼迪回合",使关税税率平均水平下降35%。

第七次于1973年9月至1979年4月在日内瓦举行,被称为"东京回合"。这次谈判的重心已从关税转移到非关税壁垒上,并达成七个非关税壁垒方面的守则。这七个守则,在法律上独立于总协定,它们仅对在守则上签字的成员国具有法律效力。

第八次于1986年9月开始,被称为"乌拉圭回合"。谈判涉及货物贸易,并首次将服务贸易列入多边贸易谈判范围。除了货物贸易外,还将知识产权和投资问题列入了谈判内容。1990年12月,各谈判组都形成了框架协议,但是在布鲁塞尔部长级会议上讨论的一揽子最后文件,因美国和欧洲共同体对农产品价格补贴问题的谈判破裂,未能如期完成。

(五)关税与贸易总协定与中国关系

中国是关贸总协定的创始国之一。1949年中华人民共和国建立后,台湾当局占据中国席位。1950年3月台湾退出关贸总协定,但以观察员身份列席总协定会议。1971年11月关贸总协定取消台湾的观察员资格。1986年7月,中华人民共和国政府正式提出恢复关贸总协定缔约国地位的申请。

二、世界贸易组织

1994年4月15日,在摩洛哥的马拉喀什市举行的关贸总协定乌拉圭回合部长会议决定成立更具全球性的世界贸易组织,以取代成立于1947年的关贸总协定,1995年1月1日正式开始运作,负责管理世界经济和贸易秩序,总部设在瑞士日内瓦莱蒙湖畔。世贸组织是一个独立于联合国的永久性国际组织,具有法人地位,在调解成员争端方面具有更高的权威性。与国际货币基金组织、世界银行一起被称为世界经济发展的三大支柱。1999年11月15日,中国和美国签署关于中国加入世界贸易组织的双边协议。2001年11月10日,中国被批准加入世界贸易组织。2001年12月11日,中国正式成为其第143个成员。

(一)世界贸易组织的宗旨

提高生活水平,保证充分就业和大幅度、稳步提高实际收入和有效需求;扩大货物和服务的生产与贸易;坚持走可持续发展之路,各成员方应促进对世界资源的最优利用、保护和维护环境,并以符合不同经济发展水平下各成员需要的方式,加强采取各种相应的措施;积极努力确保发展中国家,尤其是最不发达国家在国际贸易增长中获得与其经济发展水平相适应的份额和利益;建立一体化的多边贸易体制;通过实质性削减关税等措施,建立一个完整的、更具活力的、持久的多边贸易体制;以开放、平等、互惠的原则,逐步调降各会员国关税与非关税贸易障碍,并消除各成员方在国际贸易上的歧视待遇。

(二)世界贸易组织的基本原则

1.互惠原则

互惠(reciprocity)原则,也叫对等原则,是WTO最为重要的原则之一,是指两成员方在国际贸易中相互给予对方贸易上的优惠待遇。它明确了成员方在关税与贸易谈判中必须采取的基本立场和相互之间必须建立一种什么样的贸易关系。

世贸组织的互惠原则主要通过以下几种形式体现:

(1)通过举行多边贸易谈判进行关税或非关税措施的削减,对等地向其他成员开放本国市场,以获得本国产品或服务进入其他成员市场的机会,即所谓"投之以桃,报之以李"。

(2)当一国或地区申请加入世贸组织时,由于新成员可以享有所有老成员过去已达成的开放市场的优惠待遇,老成员就会一致地要求新成员必须按照世贸组织现行协定、协议的规定缴纳"入门费"——开放申请方商品或服务市场。

(3)互惠贸易是多边贸易谈判及一成员贸易自由化过程中与其他成员实现经贸合作的主要工具。

2.透明度原则

透明度(transparency)原则是指,WTO成员方应公布所制定和实施的贸易措施及其变化情况,没有公布的措施不得实施,同时还应将这些贸易措施及其变化情况通知世贸组织。此外,成员方所参加的有关影响国际贸易政策的国际协定,也应及时公布和通知WTO。

透明度原则是世贸组织的重要原则,它体现在世贸组织的主要协定、协议中。根据该原则,世贸组织成员需公布有效实施的、现行的贸易政策法规有:

(1)海关法规,即海关对产品的分类、估价方法的规则,海关对进出口货物征收的关税税率和其他费用;

(2)进出口管理的有关法规和行政规章制度;

(3)有关进出口商品征收的国内税、法规和规章;

(4)进出口商品检验、检疫的有关法规和规章;

(5)有关进出口货物及其支付方面的外汇管理和对外汇管理的一般法规和规章;

(6)利用外资的立法及规章制度;

(7)有关知识产权保护的法规和规章;

(8)有关出口加工区、自由贸易区、边境贸易区、经济特区的法规和规章;

(9)有关服务贸易的法规和规章;

(10)有关仲裁的裁决规定;

(11)成员方政府及其机构所签订的有关影响贸易政策的现行双边或多边协定、协议;

(12)其他有关影响贸易行为的国内立法或行政规章。

透明度原则规定各成员应公正、合理、统一地实施上述的有关法规、条例、判决和决定。统一性要求在成员领土范围内管理贸易的有关法规不应有差别待遇,即中央政府统一颁布有关政策法规,地方政府颁布的有关上述事项的法规不应与中央政府有任何抵触。但是,中央政府授权的特别行政区、地方政府除外。公正性和合理性要求成员对法规的实施履行非歧视原则。

透明度原则还规定,鉴于对海关行政行为进行检查和纠正的必要,要求各成员应保留或尽快建立司法的或仲裁的或行政的机构和程序。这类法庭或程序独立于负责行政实施的机构之外。除进口商在所规定允许的上诉期内可向上级法庭或机构申诉外,其裁决一律由这些机构加以执行。

透明度原则对公平贸易和竞争的实现起到了十分重要的作用。

3.市场准入原则

世界贸易组织市场准入(market access)原则是可见的和不断增长的,它以要求各国开放市场为目的,有计划、有步骤、分阶段地实现最大限度的贸易自由化。市场准入原则的主要内容包括关税保护与减让,取消数量限制和透明度原则。世贸组织倡导最终取消一切贸易壁垒,包括关税和非关税壁垒,虽然关税壁垒仍然是世界贸易组织所允许的合法的保护手段,但是关税的水平必须是不断下降的。

4.促进公平竞争原则

世界贸易组织不允许缔约国以不公正的贸易手段进行不公平竞争,特别禁止采取倾销和补贴的形式出口商品,对倾销和补贴都做了明确的规定,制定了具体而详细的实施办法,世界贸易组织主张采取公正的贸易手段进行公平的竞争。

5.经济发展原则

也称鼓励经济发展与经济改革原则,该原则以帮助和促进发展中国家的经济迅速发展为目的,针对发展中国家和经济接轨国家而制定,是给予这些国家的特殊优惠待遇,如允许发展中国家在一定范围内实施进口数量限制或是提高关税的"政府对经济发展援助"条款,仅要求发达国家单方面承担义务而发展中国家无偿享有某些特定优惠的"贸易和发展条款",以及确立了发达国家给予发展中国家和转型国家更长的过渡期待遇和普惠制待遇的合法性。

6.非歧视性原则

这一原则包括两个方面,一方面是最惠国待遇,另一方面是国民待遇。成员一般不能在贸易伙伴之间实行歧视;给予一个成员的优惠,也应同样给予其他成员。这就是最惠国待遇。这个原则在管理货物贸易的《关税与贸易总协定》中位居第一条,在《服务贸易总协定》中是第二条,在《与贸易有关的知识产权协议》中是第四条。因此,最惠国待遇适用于世贸组织所有三个贸易领域。

国民待遇是指对外国的货物、服务以及知识产权应与本地的同等对待。最惠国待遇的根本目的是保证本国以外的其他缔约方能够在本国的市场上与其他国企业在平等的条件下进行公平竞争。非歧视性原则是世界贸易组织的基石,是避免贸易歧视和摩擦的重要手段,是实现各国间平等贸易的重要保证。

(1)最惠国待遇原则:一成员方将在货物贸易、服务贸易和知识产权领域给予任何其他国家的优惠待遇,立即和无条件地给予其他各成员方。

特点:①自动性——立即和无条件;②同一性——受惠标的必须相同;③相互性——既是受惠方又是给惠方,承担义务同时享受权利;④普遍性——适用于全部进出口产品、服务贸易、各个部门和所有种类的知识产权所有者及持有者。

例外情况:①以关税同盟和自由贸易区等形式出现的区域经济安排,在这些区域内部实行的比最惠国待遇更优惠的优惠,区域外世界贸易组织成员无权享受;②对发展中成员方实行的特殊和差别待遇,如普遍优惠制;③在边境贸易中对毗邻国家给予更多的贸易便利;④在知识产权领域允许成员方就一般司法协助国际协定中享有的权利等方面保留例外。

(2)国民待遇原则:对其他成员方的产品、服务和服务提供者及知识产权所有者和持有者所提供的待遇,不低于本国同类产品、服务和服务提供者及知识产权所有者和持有者所享有的待遇。

适用的对象是产品、服务和服务提供者及知识产权所有者和持有者;只涉及其他成员方的产品、服务和服务提供者及知识产权所有者和持有者,在进口成员方境内所享有的待遇。

定义中不低于一词的含义是指,其他成员方的产品、服务和服务提供者及知识产权所有者和持有者应与进口成员方同类产品、相同服务和服务提供者及知识产权所有者和持有者享有同等待遇,若进口成员方给予前者更高的待遇,并不违反国民待遇原则。

7.争端协商解决原则

世界贸易组织的争端解决机构是总理事会,该机构负责处理围绕乌拉圭回合最后文件所包括的任何协定或协议而产生的争端。根据世界贸易组织成员的承诺,在发生贸易争端时,当事各方不应采取单边行动对抗,而是通过争端解决机制寻求救济并遵守其规则及其所做出的裁决。

争端解决的基本程序是:

(1)磋商:根据《争端解决规则和程序谅解》规定,争端当事方应当首先采取磋商方式解决贸易纠纷。磋商要通知争端解决机构。磋商是秘密进行的,是给予争端各方能够自行解决问题的一个机会。

(2)成立专家小组:如果有关成员在10天内对磋商置之不理或在60天后未获解决,受损害的一方可要求争端解决机构成立专家小组。专家小组一般由3人组成,依当事人的请求,对争端案件进行审查,听取双方陈述,调查分析事实,提出调查结果,帮助争端解决机构作出建议或裁决。专家组成立后一般应在6个月内向争端各方提交终期报告,在紧急情况下,终期报告的时间将缩短为3个月。

(3)通过专家组报告:争端解决机构在接到专家组报告后20~60天内研究通过,除非当事方决定上诉,或经协商一致反对通过这一报告。

(4)上诉机构审议:专家小组的终期报告公布后,争端各方均有上诉的机会。上诉由争端解决机构设立的常设上诉机构受理。上诉机构可以维持、修正、撤销专家小组的裁决结论,并向争端解决机构提交审议报告。

(5)争端解决机构裁决:争端解决机构应在上诉机构的报告向世贸组织成员散发后的30天内通过该报告,一经采纳,则争端各方必须无条件接受。

(6)执行和监督:争端解决机构监督裁决和建议的执行情况。如果违背义务的一方未能履行建议并拒绝提供补偿时,受侵害的一方可以要求争端解决机构授权采取报复措施,中止协议项下的减让或其他义务。

(三)世界贸易组织的管辖范围和职能范围

1.管辖范围

(1)有关货物贸易的13个多边协议。具体包括:1994年《关贸总协定》《农业协议》《关于卫生和动植物检疫措施协议》《纺织品与服装协议》《贸易的技术性壁垒协议》《与贸易有关的投资措施协议》《反倾销协议》《海关估价协议》《装船前检验协议》《原产地协议》《进出口许可证协议》《补贴与反补贴协议》《保障措施协议》。

(2)《服务贸易总协定》及附件。《服务贸易总协定》《基础电信服务协定》《金融服务协定》及其他附件。

(3)《与贸易有关的知识产权协定》,该协定制定了世界贸易组织范围内加强知识产权国际保护的有关原则和具体实施措施,包括对版权、商标权、专利权等的规定。

(4)《贸易争端解决程序与规则的谅解》。

(5)贸易政策审议机制。

(6)《信息技术协议》,世界贸易组织40多个成员参加,旨在努力实现290多个税号的信息技术产品零关税的目标。

(7)诸边贸易协定。世界贸易组织成员可以自愿选择参加的协议,只有参加方才受这些协议的约束,包括《政府采购协议》《民用航空器贸易协议》《国际奶制品协议》《国际牛肉协议》等。

2.职能范围

(1)组织实施世界贸易组织负责管辖的各项贸易协定、协议,积极采取各种努力实现各项协定、协议的目标,并对所辖的不属于"一揽子"协议项下的诸边贸易协议的执行管理和运行提供组织保障。

(2)为成员提供贸易谈判的场所和谈判成果执行的机构。

(3)解决各成员间发生的贸易争端,负责管理争端解决的协议。

(4)对各成员的贸易政策、法规进行定期评审。

(5)协调与国际货币基金组织和世界银行等国际经济组织的关系,保障全球经济决策的凝聚力和一致性,避免政策冲突。

(四)世界贸易组织机构

1.部长级会议

部长级会议是世贸组织的最高决策权力机构,由所有成员国主管外经贸的部长、副部长级官员或其全权代表组成,一般两年举行一次会议,讨论和决定涉及世贸组织职能的所有重要问题,并采取行动。

部长级会议的主要职能是:任命世贸组织总干事并制定有关规则;确定总干事的权力、职责、任职条件和任期以及秘书处工作人员的职责及任职条件;对世贸组织协定和多边贸易协定做出解释;豁免某成员对世贸组织协定和其他多边贸易协定所承担的义务;审议其成员对世贸组织协定或多边贸易协定提出修改的动议;决定是否接纳申请加入世贸组织的国家或地区为世贸组织成员;决定世贸组织协定及多边贸易协定生效的日期等。下设总理事会和秘书处,负责世贸组织日常会议和工作。世贸组织成员资格有创始成员和新加入成员之分,创始成员必须是关贸总协定的缔约方,新成员必须由其决策机构(部长会议)以三分之二多数票通过方可加入。

第一次会议于1996年12月在新加坡举行。会议主要审议了世界贸易组织成立以来的工作及上一轮多边贸易谈判即"乌拉圭回合"协议的执行情况,并决定成立贸易与投资、贸易与竞争、政府采购透明度3个工作组,同时将贸易便利化纳入货物理事会的职责范围。会议最后通过了《新加坡宣言》。

第二次会议于1998年5月在瑞士日内瓦举行。会议主要讨论了已达成的贸易协议的执行情况、既定日程和未来谈判日程等问题以及第三次部长级会议举行的时间和地点。会议的主要目的是为第三次部长级会议启动新一轮多边贸易谈判做准备。

第三次会议于1999年11月30日至12月3日在美国西雅图举行。由于非政府组织的示威游行和干扰所产生的压力以及成员方在一系列重大问题上的意见分歧,会议未能启动拟议中的新一轮多边贸易谈判,最终以失败告终。

第四次会议于2001年11月在卡塔尔首都多哈举行。会议启动了被称为"多哈发展议程"即所谓"多哈回合"的新一轮多边贸易谈判。多哈回合涵盖大约20个议题。其中农业和非农产品市场准入被认为是最关键也是世贸组织成员分歧最集中的两个议题。这两个议题不解决,其他议题的谈判便无法取得进展。会议的另一个重要成果是批准中国加入世贸组织。

第五次会议于 2003 年 9 月在墨西哥坎昆举行。会议对世贸组织新一轮谈判进行了中期评估,同意接纳柬埔寨和尼泊尔两国为世贸组织正式成员,发表了《部长会议声明》。由于各方对《部长宣言草案》存在巨大分歧,大会未取得实质性成果,这是世贸组织成立 8 年来无果而终的第二次部长级会议。

第六次会议于 2005 年 12 月在中国香港举行。会议通过了《部长宣言》,规定发达成员和部分发展中成员 2008 年前向最不发达国家所有产品提供免关税、免配额的市场准入;发达成员 2006 年取消棉花的出口补贴,2013 年年底前取消所有形式农产品的出口补贴。

第七次会议于 2009 年 11 月 30 日至 12 月 2 日在瑞士日内瓦举行。会议的主题是"WTO:多边贸易体制和当今全球经济环境",会议回顾了自 2005 年中国香港部长级会议以来,WTO 各项工作包括多哈回合谈判的进展情况,同时讨论 WTO 对世界经济复苏和增长的贡献。

第八次会议于 2011 年 12 月 15 日至 17 日在瑞士日内瓦举行。会议将讨论的重点放在发展问题上,以认真务实的态度,研究对最不发达国家经济体进行贸易援助等具体问题。

2.总理事会

在部长级会议休会期间,其职能由总理事会行使,总理事会也由全体成员组成。总理事会可视情况需要随时开会,自行拟订议事规则及议程。同时,总理事会还必须履行其解决贸易争端和审议各成员贸易政策的职责。

总理事会下设货物贸易理事会、服务贸易理事会、知识产权理事会。这些理事会可视情况自行拟订议事规则,经总理事会批准后执行。所有成员均可参加各理事会。

3.各专门委员会

各专门委员会部长会议下设立专门委员会,以处理特定的贸易及其他有关事宜。已设立贸易与发展委员会;国际收支限制委员会;预算、财务与行政委员会;贸易与环境委员会等 10 多个专门委员会。

4.秘书处与总干事

由部长级会议任命的总干事领导的世界贸易组织秘书处(下称秘书处),设在瑞士日内瓦,大约有 500 人。秘书处工作人员由总干事指派,并按部长会议通过的规则决定他们的职责和服务条件。部长会议明确了总干事的权力、职责、服务条件及任期规则。世贸组织总干事主要有以下职责:他可以最大限度地向各成员施加影响,要求它们遵守世贸组织规则;总干事要考虑和预见世贸组织的最佳发展方针;帮助各成员解决它们之间所发生的争议;负责秘书处的工作,管理预算和与所有成员有关的行政事务;主持协商和非正式谈判,避免争议。

目前世贸组织共有 30 多个理事会和常设委员会。

(五)世界贸易组织建立后的作用

1.积极的作用

(1)加强了世界多边贸易体制。世界贸易组织继承和发展了 1947 年《关税与贸易总协定》的基本原则,成为当今世界贸易体制的组织和法律基础。到 2018 年 8 月底,世界贸易组织已拥有成员 164 个,成员贸易额已占国际贸易额的 90% 以上,此外,还有 20 多个国家正在申请加入世界贸易组织。中国加入世界贸易组织以后,注入了新的活力。因此,世界贸易组织对国际贸易和世界经济的影响是其他国际组织无法取代的。

(2)有利于世界市场竞争的规范化。世界贸易组织为世界市场竞争和合作提供了一个"开放、公平和无扭曲竞争"的规则,为不同体制、不同国家的企业竞争提供了一个平台。由于世界贸易组织的规则是各成员方协商的结果,因此在共同的规则下进行贸易活动,可以减少摩擦、缓解矛盾。世界贸易组织的争端解决机制在一定程度上避免了许多"贸易战",减少了贸易战给各方带来的损失。

(3)有利于世界经济的发展。世界贸易组织的运作推动了贸易和投资自由化,有利于世界各国比较优势的发挥,推动企业在世界范围内组织生产,寻求最低生产成本,从而提高资源和生产要素的使用效率;对知识产权的保护推动了科技成果在世界上的传播;市场规模的扩大给消费者提供了更大的选择范围,可以让消费者享受更多的产品和服务;同时关税水平和产品成本的降低,使消费者生活开支减少,增进了消费者的福利。

2. 面临的问题

(1)贸易大国在世界贸易组织中的强势地位。在世界贸易组织 164 个成员中,发达国家有 40 多个,其余为发展中国家和经济转型国家。但发达国家在国际贸易中的比重高达 65%。这种情况决定了发达国家在世界贸易组织中的决策中起着制衡作用,在谈判中居于强势地位,享受权利和履行义务的能力高于发展中国家。

(2)发展中国家不能充分享受权利。根据世界贸易组织规则,发展中国家在享受世界贸易组织普遍规则的基础上,还获得了一些特殊待遇。但一些因素影响着发展中国家充分享受这些权利。第一,随着关税逐步下降,普遍优惠制对发展中国家发展对外贸易、扩大出口的作用在减小。第二,因财力不足,发展中国家不能积极参与世界贸易组织的各种活动,使得发展中国家参与权受到削弱。至今,有 39 个发展中国家成员在世界贸易组织没有它们的代表处。第三,一些发展中国家,特别是最不发达国家,出现了边缘化。其主要原因是:在供应方面出现障碍,制约经济结构的改造;严重依赖初级产品的出口;由于政治不稳定等原因难以吸收外资等。

(3)地区经济一体化的挑战。一方面,地区经济一体化可以称为世界贸易组织的实验室,即实验还未在世界贸易体制范围内提出的各种合作问题;另一方面,如何约束地区经济一体化的排他性行为是摆在世界贸易组织面前的一个重要问题。世界贸易组织主持下的对地区经济一体化组织多边约束机制的作用,主要取决于成员本身对承诺的履行及地区经济一体化协议的开放和透明程度。

(4)矛盾协调的难度大。在世界贸易组织中存在和孕育着各种矛盾,诸如,发达国家和发展中国家的矛盾;世界贸易组织成员享受权利和履行义务的矛盾;世界贸易组织原则和例外的矛盾;旧贸易协定与协议和新贸易协定与协议的平衡执行的矛盾;合意决策和投票决策方式使用的矛盾;贸易自由化和允许合理保护的矛盾;比较优势变化和已有规则约束及规则滞后的矛盾;政府组织和非政府组织之间的矛盾;世界贸易组织共同规则和各国本身利益的矛盾;违规和报复之间的矛盾等。这些矛盾如果能得到合理协调处理,将使世界贸易组织的内聚力和影响力得到加强;如果处理不当和长期拖而不决,将加大世界贸易组织成员的离心力,影响世界贸易组织的形象和作用。

三、中国与世界贸易组织

中国是关贸总协定的 23 个原始缔约国之一,由当时的国民党政府参与了关贸总协定的谈判并签字,这一行为是有法律效力的。1950 年 3 月,关贸总协定生效后不久,台湾当局非法宣布退出总协定。1986 年我国政府开始了恢复关贸总协定缔约国地位的谈判,这就是所谓的"复关"谈判。1995 年 1 月 1 日关贸总协定被世界贸易组织取代后,我国又开始了"入世"谈判,直到 2001 年 12 月加入世界贸易组织。

(一)中国"入世"的权利和义务

1.基本权利

中国加入世界贸易组织后的基本权利包括有:全面参与世界贸易体制;享受非歧视待遇;享受发展中国家权利;获得市场开放和法规修改的过渡期;保留国营贸易体制;对国内产品提供必要的支持;维持国家定价;保留征收出口税的权利;有条件、有步骤地开放服务贸易领域并进行管理和审批。

2.基本义务

中国加入世界贸易组织后的基本义务包括有:遵守非歧视原则;统一实施贸易政策;确保贸易政策的透明度;为当事人提供司法审议的机会;逐步放开外贸经营权;逐步取消非关税措施;不再实行出口补贴;实施《与贸易有关的投资措施协议》;以折中方式处理反倾销、反补贴条款的可比价格;接受特殊保障条款;接受过渡性审议。

3.基本承诺

中国加入世界贸易组织后的基本承诺包括有:逐步降低关税;逐步开放服务市场,主要涉及电信、银行、保险、证券、分销等部门;根据《与贸易有关的知识产权协议》对知识产权进行保护。

(二)中国"入世"后的机遇

1.有利于深化经济体制改革。世贸组织的规则实质上是市场经济规则在全球范围内的普遍运用,这与我国致力于建设社会主义市场经济体制和相应的经济法律制度是一致的。我国经济体制改革目标的基本要求,是充分发挥市场竞争机制的作用,建立统一开放、竞争有序的市场体系。而世贸组织实际上是通过多边贸易规则,实现世界范围内市场经济向有序方向发展的贸易组织。

2.有利于更多地发挥比较优势,扩大出口和进一步扩大对外开放。加入世界贸易组织可以更好地利用外资,目前世贸组织的成员方与中国的贸易占中国对外贸易的 80% 以上。"入世"对中国经贸的发展将起到推动作用。

3.有利于推动我国国民经济结构调整和产业升级。加入世贸组织将有利于我国发挥自己的比较优势,依靠技术创新和科技进步,加快高新技术产业的发展,加大改造传统产业的力度以及大力发展金融、保险、信息、咨询等现代服务业,增加就业和转移农村剩余劳动力,从整体上提高国民经济运行的质量和效益。

4.有利于实现"走出去"战略。世贸组织与国际货币基金、世界银行构成了世界经济的三大支柱,它们对世界经济发展的影响巨大,中国与世界经济接轨,自然不能避开世贸组织。加入其成员的贸易投资占全球贸易和投资额 95% 以上的世贸组织,将使中国经济逐步与世界经济接轨,进一步扩大开放,全方位实现资源的合理配置,让更多的中国企业走出国门,更多的外资流入国内,广大的消费者也将得到更大的实惠。

5.有利于我国参与国际经贸规则的制定。加入世贸组织后,中国作为世贸组织的正式成员将可直接参与 21 世纪国际贸易规则的决策过程,摆脱别人制定规则,中国被动接受的不利地位,增大发言权;同时更能了解和研究国际贸易的惯例与程序,掌握对外经贸关系的主动权。

6.有利于解决贸易争端。入世前,中国在与别国的双边贸易中,受到不公正和歧视待遇时,只能通过双边谈判解决,有时在贸易基础和谈判力量不对等的情况下,不能得到满意解决。入世后再出现上述情况,中国可投诉到世贸组织争端解决机构,在世贸组织公认的规则下求得公正合理的解决。

(三)世贸组织中的中国

加入世贸组织这 17 年是中国人民生活水平不断提高、经济快速发展的 17 年,更是中国与世界各国经贸利益加速融合的 17 年。17 年来,中国为世界经济贸易发展带来了重要机遇,作出了重大贡献。

加入世贸组织后,中国积极践行自由贸易理念,全面履行加入承诺。

中国全面参与多哈回合各项议题谈判,提出和联署谈判建议百份以上,为推动达成《贸易便利化协定》、推动成员就取消农产品出口补贴等重要议题达成一揽子协议做出重要贡献。

中国积极推动诸边贸易自由化进程。积极参加《信息技术协定》扩围协议谈判、《环境产品协定》谈判等诸边倡议,并在仅有 25 个参加方(53 个世贸组织成员)的《信息技术协定》扩围协议谈判中,为推动各方就取消 201 项信息技术产品的关税达成协议做出重要贡献。

中国推动世贸组织积极推进投资便利化、电子商务等世贸组织成员普遍关注的新议题的讨论,积极帮助其他发展中成员特别是最不发达国家成员更好地融入多边贸易体制,并已帮助 6 个最不发达国家加入世贸组织。

本章小结

贸易条约和协定是两个或两个以上的国家、地区或贸易集团为了确定彼此的经济关系,特别是在贸易方面的权利和义务而缔结的书面协议。贸易条约和协定适用的法律原则有最惠国待遇条款、互惠条款和国民待遇条款。其种类包括:通商航海条约、国际贸易协定、国际贸易议定书、国际支付协定、国际商品协定、商品综合方案等。

WTO 的前身是关税与贸易总协定(简称为 GATT),自 1948 年 1 月 1 日生效。在 GATT 下,历经八轮多边贸易谈判,使世界关税总水平大幅度下降,促进了国际贸易的发展。但是由于关税总协定并不是真正意义上的国际组织,具有局限性,所以后来被 WTO 取代。

WTO 的基本原则包括：非歧视原则、自由贸易原则、公平贸易原则、透明度原则、允许例外和保障措施原则、发展中国家优惠待遇原则等。WTO 的职能包括：组织实施世界贸易组织负责管辖的各项贸易协定、协议，为成员提供贸易谈判的场所和谈判成果执行的机构，解决各成员间发生的贸易争端，对各成员的贸易政策进行评审，协调与国际货币基金组织和世界银行等国际经济组织的关系等。WTO 的组织机构包括部长会议、总理事会、专门会议、秘书处和总干事。WTO 运行以来在国际贸易中发挥了很大的作用。

【课后练习】

1. 中国加入 WTO 后所享有的主要权利包括哪些？
2. 与世界贸易组织合作的国际组织有哪些？
3. 世界贸易组织的主要职能有哪些？

课后练习及参考答案

第一章　国际贸易概论

1.货物贸易与服务贸易有何区别？

［答案要点］(1)服务贸易具有无形性、易逝性（不可储存性）、生产与消费的同时性等特点。(2)统计口径不同。货物贸易：进出口经过海关手续，从而表现在海关的贸易统计上，是国际收支的主要构成部分；服务贸易：不经过海关手续，通常不显示在海关的贸易统计上，但也是国际收支的一部分。

2.过境贸易和转口贸易有何区别？

［答案要点］(1)是否有第三国商人参与。过境贸易：第三国不直接参与贸易的交易过程（直接贸易）；转口贸易：必须由第三国商人参与来完成交易手续（间接贸易）。(2)费用。过境贸易：通常只收取少量手续费；转口贸易：以营利为目的，要有一个正常的商业加价。

3.总贸易与专门贸易有何区别？

［答案要点］(1)数额不相同。①国境和关境往往不一致。②对某些特殊形式的贸易（如过境贸易），两者的处理不同。(2)反映的问题各不相同。总贸易：包括所有进出入该国的商品，主要反映一国在国际商品流通中所处的地位；专门贸易：只包括那些进口是用于该国生产和消费、出口是由该国生产和制造的商品，主要反映一国作为生产者和消费者在国际贸易中所起的作用。

4.国际贸易产生的前提条件和产生发展的基础是什么？

［答案要点］(1)产生的前提条件：有可供交换的剩余产品（生产力条件）、存在各自为政的社会实体（政治条件）。(2)产生和发展的基础：社会生产力的发展、社会分工的不断扩大。

5.分析影响对外贸易依存度的主要因素。

［答案要点］(1)一国的经济发展水平：经济发展低级阶段，外贸依存度低；经济发展中级阶——外贸依存度较高；经济发展低级阶段，外贸依存度平稳或下降。(2)国民经济规模：负相关。(3)贸易方式结构：加工贸易比重大，外贸依存度高。(4)自然条件，如资源禀赋。(5)地理位置、运输条件等。(6)政府经济政策等。

第二章 国际分工与世界市场

1.分析影响世界市场价格的主要因素。

［答案要点］国际价值、国际供求关系、垄断和竞争、货币价值的变化、国际经济周期、各国政府政策、商品质量、包装、交换条件等等。

2.分析影响国际分工发展的因素。

［答案要点］(1)社会生产力是国际分工形成和发展的决定性因素。(2)自然条件对国际分工有一定的影响。(3)人口、生产规模、市场情况等因素也会制约着国际分工的发展。(4)国际生产关系决定国际分工的性质。(5)资本输出和跨国公司的发展对国际分工起着重要的推动作用。(6)国家政策和国际经济秩序可以推动或延缓国际分工的发展。

3.分析国际分工对国际贸易的影响。

［答案要点］(1)国际分工的发展与国际贸易的发展速度成同方向变化。(2)国际分工导致国际贸易商品结构发生了较大的变化。(3)极大地影响着国际贸易的地区分布。(4)国际分工影响国际贸易地理流向。(5)国际分工影响国际贸易利益分配。(6)国际分工使各国对外贸易依存度不同程度的提高。

4.分析世界市场的含义、构成及其当代世界市场的基本特征。

［答案要点］(1)含义：世界市场是世界各国交换产品、服务、科技的场所，是由世界范围内通过国际分工联系起来的各个国家的内部及各国之间的市场综合组成。(2)构成：它是由各种类型的国家、订约人、商品和劳务、国际商品生产与销售渠道、国际生产运输与信息网络和各种市场机构等构成。(3)特征：国际贸易方式多样化、商品结构复杂化、区域集团化趋势加强、跨国公司迅速发展、市场竞争激烈化等等。

第三章 传统国际贸易理论

1.为什么说比较优势理论是绝对优势理论的继承和发展？

［答案要点］(1)继承：①坚持劳动价值。②认为劳动生产率及由此决定的生产成本的差异是国际分工和贸易的原因。(2)发展：以劳动生产率及生产成本的相对差异取代绝对差异作为解释国际分工与贸易的原因。

2.列举从不同角度解释里昂惕夫之谜的代表性学说。

［答案要点］要素密集度逆转说、自然资源说、贸易壁垒说（关税结构说）、人力资本说、劳动效率说、需求偏好说等。

3.分析H-O理论推导的逻辑思路。

［答案要点］国际贸易←商品价格的国际差异←商品的成本的国际差异←各国不同的成本比例←各国生产要素的价格差异←各国生产要素的供给不同(假设各国生产要素需求相同)←各国的生产要素禀赋不同(即：国际贸易基础)。

4.请对里昂惕夫之谜(里昂惕夫悖论)加以评述。

[答案要点]里昂惕夫之谜(里昂惕夫悖论):里昂惕夫指出,与其他国家相比,美国资本拥有量相对丰富,按照赫—俄理论应该是资本密集型产品的出口国和劳动密集型产品的进口国。然而,他运用投入产出方法对美国经济统计资料进行验证的结果却与理论预测不同,被称为里昂惕夫之谜或里昂惕夫悖论。

评价:(1)里昂惕夫之谜源于 H-O 理论过于严格的假设前提脱离了现实经济世界。尤其在二战之后,国际经济格局与古典模型之间的差距越来越大,呼唤现代贸易理论的诞生。(2)里昂惕夫之谜促进了国际贸易理论的发展。里昂惕夫之谜是西方国际贸易理论发展史上的一个重大转折点,它引发了人们对二战后国际贸易新现象、新问题的深入探索,使当代国际贸易理论的研究更接近现实,补充了生产要素禀赋理论。(3)从对里昂惕夫之谜的解释可以看出,影响国际贸易格局的因素是多种多样的。(4)里昂惕夫之谜的提出,开创了用统计数据实证国际贸易理论的先河。

第四章 当代国际贸易理论

1.需求偏好相似理论是如何解释要素禀赋相同或相似国家之间的贸易行为的?

[答案要点]林德的需求偏好相似论运用需求结构相似的观点解释发达国家间工业制成品贸易的发展。(1)收入决定需求与需求结构。(2)发达国家收入水平相近,需求结构呈现同步特征。(3)需求结构越相似,产品的相互适应性越强,贸易机会越多。

2.产业内贸易理论是如何阐释产业内贸易形成的原因或前提条件的?

[答案要点](1)同类产品的异质性是产业内贸易形成的重要基础。(2)规模收益递增是产业内贸易的重要成因。(3)经济发展水平是产业内贸易的重要制约因素。

3.产品生命周期理论是如何解释产业优势地位在不同国家或地区进行转移的?

[答案要点]随着产品生命周期的展开,产品的要素密集特性在发生变化,经历技术密集→资本密集→劳动密集的变化,鉴于各国资源禀赋条件的差异,生产产品的比较优势在不同资源条件的国家间实现转移。

4.阐述你对波特的国家竞争优势理论的理解。

[答案要点]主要观点:(1)一国兴衰的根本在于能否在国际竞争中赢得优势,而取得国际竞争优势的关键在于国家是否有适宜的创新机制和充分的创新能力。(2)竞争力的影响因素(从宏观、中观、微观三个层次)。四组基本因素:生产要素,国内需求状况,相关产业和支持产业,企业战略、结构和竞争对手。这四组因素中的每一个都可单独发生作用,并同时作用于其他因素;四者构成一个钻石结构。两个辅助因素:机遇和政府作用。这六项因素共同构成所谓的"波特菱形"或完整的"钻石"系统。(3)国家竞争优势的发展阶段:要素驱动阶段、投资驱动阶段、创新驱动阶段、财富驱动阶段。

评价:(1)贡献:该理论对当今世界的经济和贸易格局进行了理论上的归纳总结。弥补了其他国际贸易理论的不足;发展了传统国际贸易理论对于在要素基础上形成优势的静态观点;充分反映了竞争的丰富内涵;强调国内因素对于竞争优势的重要性;在当代国际分工中具有重要的现实意义。(2)不足:过于强调企业和市场的作用,低估了政府的作用。

第五章　国际贸易政策相关理论

1.各国制定对外贸易政策的目的是什么?

答案要点:(1)保护本国市场;(2)扩大本国产品和服务的出口市场;(3)促进本国产业结构的改善;(4)积累资本或资金;(5)维护本国对外的政治关系。

2.论述李斯特的保护幼稚工业理论的主要内容,并对其进行评价。

[答案要点]主要内容:(1)生产力论:理论基础。核心思想:生产财富的能力或"财富的生产能力"比财富本身更重要。(2)经济发展阶段论:一国采取何种贸易政策,要根据本国经济发展的不同情况而定。五个阶段:原始未开化时期、畜牧时期、农业时期、农工业时期、农工商业时期。农工业阶段:保护关税制度(德国、美国)。(3)国家干预论:主张国家干预对外贸易。(4)关税保护制度。保护对象:幼稚工业,农业部门不属于保护的部门。保护的手段:征收高关税。保护的期限:最多30年。

评价:(1)重要意义。①历史意义:代表了后起国家的经济利益。②理论意义:建立了具有完整体系的保护贸易理论;③现实意义:在很长一段时期内,对指导发展中国家发展民族生产力,实行经济自卫起到了积极的作用。(2)理论缺陷。①难以准确界定幼稚产业;②容易造成过度保护。(在当代,需要批判地借鉴)

第六章　关税与非关税壁垒

1.分析关境和国境的关系。

[答案要点]关境大于国境,关境小于国境,关境等于国境。

2.关税的积极作用有哪些?

[答案要点]增加国家财政收入,保护国内市场,调节生产、市场供求和物价,维护对外关系。

3.什么是技术性贸易壁垒?它包括哪些类型?

[答案要点]技术性贸易壁垒:是指货物进口国为保护人类和动植物的生命健康、保护环境等,制定的强制性和非强制性的苛刻繁杂的技术法规、标准和合格评定程序,从而提高进口产品要求,增加进口难度,最终达到限制进口的目的。类型:技术法规、技术标准、合格评定程序。

4.分析关税的经济效应。

[答案要点]关税的经济效应:是指一国征收关税对进出口国国内价格、贸易条件、生产、消费、税收、再分配及福利等方面所产生的影响。

从单个商品市场的角度(局部均衡分析):(1)价格效应:是指征收进口税对征税国国内和国际市场价格的影响。一般说来,关税的价格效应表现为促使价格上涨,上涨程度取决于进口国对国际市场的影响力和该征税商品的供求弹性。具体来说,关税对国内市场价格和国际市场价格有不同的影响。(2)消费效应。由于征收关税,使进口商品价格上升,国内消费者减少购买,从而降低了消费者满足程度(消费者剩余)。消费效应的大小:取决于进口商品的国内需求弹性。(3)贸易条件效应。进口国为贸易小国时,对本国不产生贸易条件效应。(价格接受者,关税全部或大部分由本国消费者承担)进口国为贸易大国时,出口国的贸易条件恶化,征税国的贸易条件改善。(4)税收效应。取决于征税带来的税收收入增加与由于征税而减少进口从而减少的税收的净值。(5)保护效应(生产效应)。一般而言,进口关税对国内生产具有保护、促进、扩大作用,可以用来扶持国内幼稚产业和新兴产业。但会降低整个社会的资源配置效率。(6)收入再分配效应:征收关税使消费者的收入再分配。征收关税后,生产者福利增加,这是由消费者转移给生产者的。(7)净福利效应:是指征收关税后,各种福利效应的净值。一般说来,小国从征收关税中遭受净损失,因为外国出口价格或世界价格不受其影响;而大国征收关税对该国净福利的影响,则要把关税的保护成本与贸易条件改善而获得的利益相比较。

5.分析 WTO《反倾销协议》征收反倾销税的条件。

答:存在倾销、造成实质性损害或损害威胁、倾销与损害之间存在因果关系。

第七章 鼓励出口和出口管制

1.分析出口管制及管制对象。

[答案要点]出口管制是指出口国政府通过各种经济和行政的措施,对本国出口贸易进行管制的行为。

管制对象:(1)战略物资和先进技术资料。(2)国内生产和生活紧缺的物资。(3)需要"自动"限制出口的商品。(4)在国际市场上占主导地位的重要商品和出口额大的商品。(5)跨国公司的某些产品。(6)历史文物和艺术珍品。

2.分析商品倾销的种类和倾销损失的补偿方式。

[答案要点]种类:(1)商品倾销是指资本主义国家的大企业在控制国内市场的条件下,以低于国内市场的价格,甚至低于商品生产成本的价格,在国外市场抛售商品,打击竞争者以占领市场。(2)按照倾销的具体目的和时间的不同分为:①偶然性倾销。这种倾销通常是因为销售旺季已过,或因公司改营其他业务,在国内市场上不能售出"剩余货物",而以倾销方式在国外市场抛售。②间歇性或掠夺性倾销。是以低于国内价格甚至低于成本的价格,在某一国外市场上倾销商品,在打垮或摧毁了所有或大部分竞争对手,垄断了这个市场之后,再提高价格。③长期性倾销。这种倾销是长期以低于国内的价格,在国外市场销售商品。

倾销损失的补偿方式:(1)国内市场弥补;(2)国家提供出口补贴;(3)政府负担亏损(设立专门倾销机构);(4)先亏后盈。

3.促进出口的措施有哪些?

[答案要点]出口信贷、出口信贷国家担保制(出口信用保险)、出口补贴、商品倾销、外汇倾销、促进出口的组织措施等。

4.卖方信贷和买方信贷有哪些区别?

[答案要点]贷款对象不同。卖方信贷是出口方银行向出口厂商提供的贷款,买方信贷是出口银行直接向进口厂商或进口方银行提供的贷款。

5.论述外汇倾销的作用和条件。

[答案要点]作用:扩大出口、限制进口。当一国货币贬值后,出口商品以外国货币所表示的价格降低,提高了商品竞争能力,扩大了出口。不但如此,在货币贬值后,使货币贬值的国家进口商品的价格上涨,从而削弱了进口商品的竞争能力。

条件:(1)本国货币贬值的幅度必须大于国内物价上涨的幅度。当国内物价上涨幅度赶上或超过货币贬值的幅度,对外贬值与对内贬值差距也随之消失,外汇倾销的条件也不存在了。(2)其他国家不同时实行同等程度的货币贬值和采取其他报复性措施。如果其他国家也实行同幅度的贬值,那么两国货币贬值幅度就相互抵消,汇价仍处于贬值前的水平,得不到货币对外贬值的利益;如果外国采取提高关税等其他限制进口的报复性措施,也会起到抵消作用。(3)受出口商品供给和进口需求弹性的限制。(4)不宜在国内通货膨胀严重的背景下贸然采用。

第八章 区域经济一体化

1.什么是区域经济一体化?它有哪几个层次?

[答案要点]区域经济一体化:既是一个过程,也是一种状态。它是指两个或两个以上的国家或地区,通过签订协议或条约,逐步取消阻碍经济贸易发展的障碍,进行某种程度的合作,实现货物、服务和要素的自由流动,并为此协调成员国之间的社会经济政策。

6个层次:(1)优惠贸易安排:关税减让。(2)自由贸易区。成员国之间的自由贸易;(3)关税同盟。在自由贸易区基础上,实行统一对外关税;(4)共同市场。在关税同盟基础上,实现内部生产要素自由流动;(5)经济同盟。在共同市场基础上,实现经济政策协调;(6)完全经济一体化。在经济同盟基础上,实现经济政策统一。

2.分析关税同盟的静态效应和动态效应。

[答案要点](1)静态效应。①贸易创造效应:成员国之间相互取消关税和非关税壁垒所带来的贸易规模的扩大;②贸易转移效应:建立关税同盟之后,成员国之间的相互贸易代替了成员国与非成员国之间的贸易,从而造成贸易方向的转移;③贸易扩大效应;④减少走私;⑤增强关税同盟对外谈判力量。(2)动态效应。带动经济发展,规模经济效应、促进竞争效应、刺激投资效应、资源配置效应。

第九章 国际贸易协定与世界贸易组织

1. 中国加入 WTO 后所享有的主要权利包括哪些？

［答案要点］(1)享有多边的、无条件的、稳定的最惠国待遇；(2)使中国对大多数发达国家在制成品和半成品上享有普惠制待遇及其他给予发展中国家的特殊照顾；(3)可充分利用 WTO 争端解决机制，较好地解决中国与其他成员的贸易纠纷；(4)获得在多边贸易体制中参政议政的权利；(5)可利用 WTO 的基本原则采取例外保障措施的权利等；(6)获得市场开放和法规修改的过渡期；(7)有条件、有步骤地开放服务贸易领域；(8)保留国营贸易、政府指导价的权利等。(答对任意 5 项即可)

2. 与世界贸易组织合作的国际组织有哪些？

［答案要点］国际货币基金组织、世界银行、联合国、联合国贸易与发展会议、区域贸易集团、非政府组织等。

3. 世界贸易组织的主要职能有哪些？

［答案要点］(1)负责监督促进乌拉圭谈判结果和 WTO 各项协议的落实；(2)继续承担和推动国际多边贸易谈判，并为世贸组织发动多边贸易谈判提供场所、谈判准备和框架草案；(3)协调裁决成员方之间的贸易纠纷；(4)监督检查各成员方的贸易政策；(5)通过与其他国际经济组织(尤其是世界银行与国际货币基金组织)的合作，以保障全球经济决策的凝聚力和一致性，避免政策冲突；(6)通过技术援助和培训计划，在贸易政策事务上对发展中国家提供帮助。

参考文献

一、著作

[1] 喻志军. 国际贸易[M]. 企业管理出版社,2015.

[2] 卓骏. 国际贸易理论与实务[M]. 机械工业出版社,2016.

[3] 石良平,张晓娣,王晶晶等. 国际贸易学国际理论前沿[M]. 上海社会科学院出版社,2017.

[4] 李朝民. 国际贸易理论与实务[M]. 中国人民大学出版社,2010.

[5] 蔡茂森,李永主编. 国际贸易理论与实务[M]. 北京:清华大学出版社,2015.

[6] 孙睦优. 国际投资[M]. 北京:清华大学出版社,2016(05).

[7] 王新. 国际经济学[M]. 吉林大学出版社,2015(06).

[8] 王怀民. 国际经济学[M]. 对外经济贸易大学出版社,2014.

[9] 姜文学,邓立立. 国际经济学[M]. 东北财经大学出版社,2015.

[10] 董瑾. 国际贸易学[M]. 机械工业出版社,2016(03).

[11] 杨小凯. 当代经济学与中国经济[M]. 北京:中国社会科学出版社,1997.

[12] 周文贵. 国际贸易理论概览[M]. 北京:人民出版社,2015.

[13] 杨小凯,张永生. 新兴古典经济学与超边际分析[M]. 北京:社会科学文献出版社,2003.

[14] 余智. 国际贸易基础理论与研究前沿[M]. 上海:格致出版社,2015.

[15] 张鸿主编. 国际贸易概论[M]. 华东师范大学出版社,2015年.

[16] 周宝廉,尹炳文主编. 国际贸易概论[M]. 南开大学出版社,2016年.

[17] 朱坤萍主编. 国际贸易概论[M]. 清华大学出版社,2017年.

[18] 尤盛东主编. 国际贸易理论教程[M]. 北京:北京师范大学出版社,2011.

[19] 董瑾. 国际贸易学 第3版[M]. 北京:机械工业出版社,2016.

[20] 张为付编. 国际贸易学[M]. 南京:南京大学出版社,2012.

二、论文

[1] 赵永亮,朱英杰. 企业异质性、贸易理论与经验研究:综述[J]. 经济学家,2011(9):95－102.

[2] 吴小康,于津平. 新兴贸易理论的贡献——从贸易所得说起[J]. 南大商学评论,2014(4):94－109.

[3] 魏方. 生产率和产品品质双重异质性对企业出口的影响:文献综述[J]. 国际贸易

问题,2015(1):123—131.

[4]陈铭,刘仲英.国际贸易的内生化新体系:新兴古典贸易理论[J].经济经纬,2006,4:45—57.

[5]陈平,劳动分工的起源和制约—从斯密困境到广义斯密原理[J].经济学季刊,2001,1:227—249.

[6]钟昌标,黄远浙,刘伟.外资进入速度、企业异质性和企业生产率[J].世界经济,2015(7):53—72.

三、网站

[1]搜狗百科.https://baike.sogou.com/v2499507.htm? fromTitle＝区域经济一体化.

[2]MBA智库百科.http://wiki.mbalib.com/wiki/区域经济一体化.

[3]百度百科.https://baike.baidu.com/item/区域经济一体化.

[4]国际贸易条约 — MBA智库百科 http://wiki.mbalib.com/wiki.

[5]WTO_360百科 https://baike.so.com/doc/4251639—4454005.html

[6]产品生命周期理论[EB/OL].https://baike.so.com/doc/5567794—5782945.html.

[7]需求相似理论[EB/OL].https://baike.so.com/doc/5614926—5827536.html

[8]产业内贸易理论[EB/OL].https://baike.so.com/doc/6380732—6594381.html.

[9]国家竞争优势理论[EB/OL].https://baike.so.com/doc/6452760—6666445.html.